한·불 번역에서의 속격 명사구

한·불 번역에서의
속격 명사구

김지은

역락

머리말

이 책은 2011년 6월 경북대학교 대학원 국어국문학과에 제출한 저자의 박사학위 논문 『한·불 번역에서의 속격 명사구 연구』를 깁고 다듬은 것이다. 박사논문을 제출한 이후 시간을 갖고서 논문을 심화·발전시키려 했던 계획은 다른 목전의 과제들에 계속 밀려 10년째가 되는 오늘에 이르기까지 여전히 실행에 옮기지 못한 채 있다. 그러나 대조언어학 분야의 발전은 물론이고, 4차 산업시대를 맞이하고 있는 이때 기계 번역이라는 자연언어처리 분야에 조금이라도 기여할 수 있으리라는 생각에 역락출판사의 도움으로 이 책을 펴내게 되었다.

이 책은 한국어의 속격 명사구 'N1의 N2' 및 '그의 bpN(신체부위명사)'과 프랑스어로 번역된 그 대응어를 대조 분석함과 동시에 그것들의 불역을 지배하는 출발어(곧 한국어) 쪽의 언어학적 요인은 무엇인지를 기술하는 번역언어학 차원의 연구이다. 이를 위해서 우리는 한국어 원문 텍스트와 그 불역 텍스트 간의 등가성을 전제로 하는 코퍼스기반 번역학의 입장에서 접근하고 있다. 우리는 두 가지 방법으로 한국어-프랑스어 간 번역 병렬 코퍼스를 수집했다. 하나는 'N1의 N2'의 속격 명사구가 어떻게 불역되는지를 관찰하기 위한 코퍼스로 한국어 원문 소설과 그 불역 소설 간에 수집한 병렬 코퍼스이고, 다른 하나는 '그의 bpN(신체부위명사)'의 속격 명사구가 어떻게 불역되는지를 관찰하기 위한 코퍼스로 불한사전에서 동사들이 갖는 어휘 내항에서 수집한 병렬 코퍼스이다.

한국어 속격 조사 {의}로 연결되는 속격 명사구 'N1의 N2'의 불역 문제에 대한 우리의 연구 대상은 크게 두 가지이다. 첫째는 {의}의 전후 두 명사가 모두 명사 어휘로 구성된 속격 명사구 'N1의 N2'의 불역 문제이다. 둘째는 N1이 '나, 너, 그' 등과 같은 인칭대명사이고, N2가 신체부위명사(body parts' Noun, bpN으로 약칭)인 '그의 bpN'의 불역 문제이다. 이에 책은 다음과 같이 구성된다. 서론의 1장에 이어 2장에서는 속격 명사구 'N1의 N2'를 구성하는 두 명사가 만들어 내는 의미 결합 관계의 유형을 파악하기 위해 국어 명사를 의미-통사적 특성에 따라 계층적으로 분류하고, 'N1의 N2'이 구성할 수 있는 가능한 결합의 유형과 그 실례를 제시한다. 3장에서는 'N1의 N2'을 구성하는 두 명사의 의미 관계를 다섯 가지 큰 유형(1. N1이 N2의 주체인 경우, 2. N1이 N2의 공간적 지주인 경우, 3. N1이 N2의 객체인 경우, 4. N1이 N2의 존재 양식의 표지인 경우, 5. N2가 N1의 술어 명사인 경우)으로 나누고 이들 큰 유형의 세부 속격형(곧 'N1의')들이 프랑스어에서는 어떤 언어적 형식으로 번역되는지를 기술한다. 4장에서는 속격 명사구 'N1의 N2'를 구성하는 두 명사(곧 N1, N2)가 프랑스어에서 정관사와 부정관사 중 어느 관사를 수반하여 불역되는지를 알아본다. 5장에서는 속격 명사구 '그의 bpN'의 '그의'가 '부분적' 여격 lui(곧 luiP)나 소유 형용사 Son으로 불역되게끔 하는 통사-의미적 환경은 무엇인지를 주제성 정도의 개념으로 접근한다.

이렇듯, 이 연구의 궁극적인 목적은 'N1의 N2'와 '그의 bpN'이라는 한국어의 속격 명사구와 그 불역 대응어를 수집한 코퍼스를 중심으로 대조 기술함과 동시에, 그러한 불역을 지배하는 번역언어학적 원리(곧 불역을 위한 어휘-문법적 규칙)는 무엇인지를 구명하는 것이다.

박사논문 제출 후 10년째를 맞이한 지금 이 책이 나오기까지 도움을 주신 여러 선생님들께 감사드린다. 1976년 교양 국어 강의 때 가르침을 받은 이후 30년이 더 지나 2007년부터의 대학원 과정 기간 동안 국어의 미론과 대조언어학 분야의 가르침은 물론 지도교수로서의 조언을 아끼지 않으셨고, 퇴임하신 후에도 논문심사위원장으로서 조언과 응원을 주신 홍사만 선생님께 감사드린다. 대학원 과정 동안 인지언어학 분야의 큰 가름침은 물론 논문 지도교수를 흔쾌히 수락해주시고 논문 원고를 세밀히 읽으시는 수고를 아끼지 않으시면서 논문의 완성도를 높혀주신 임지룡 선생님께 감사드린다. 논문심사과정에서 논문의 부족한 점에 대해 고언을 아끼지 않으신 이상규, 송창선, 남길임 선생님께 감사드린다. 이 책의 프랑스어 쪽 부분을 세밀히 검토하여 논의 내용의 완성도를 높일 수 있도록 도와주신 프랑스 툴루즈 2대학(Université de Toulouse 2) 언어학과에 재직하고 계시는 최인주(Injoo Choi-Jonin) 교수님께 감사드린다.

출판시장의 어려움에도 불구하고 이 책의 출판을 맡아주신 도서출판 역락의 이대현 사장님, 저자와의 소통은 물론 표지 디자인을 해주신 박태훈 영업이사님, 편집일 전체를 총괄해주신 이태곤 편집이사님, 편집과 교정을 위해 수고해주신 임애정 대리님 등 편집부의 노력에 감사드린다.

마지막으로 프랑스 유학 시절에는 물론 또다시 대학원 박사과정을 시작할 수 있도록 응원해주고 뒷바라지해 준 아내 김경희에게는 물론, 본격적인 게임언어 공부에 앞서 국방의 의무에 충실하고 있는 준묵에게도 고마움을 표한다.

2020년 6월

김 지 은

차례

제1장

서론

1.1. 연구 목적 및 범위

언어 발생론적으로 한국어와 프랑스어는 계통관계가 전혀 다른 언어
이다. 한국어는 확실하게 고증되지 않았지만 터키어, 몽고어, 만주어가
중심인 알타이어족(Altaic family)에 속한다면, 프랑스어는 인도-유럽어족의
로망스제어(Romance languages)에 속한다. 실질 형태소와 문법 형태소의 결
합관계를 중심으로 언어의 유형을 나눌 때, 한국어는 다른 알타이어들과
마찬가지로 교착어(agglutinative language) 곧 첨가어(affixing language)로 특징되
는 반면, 프랑스어는 대부분의 인도-유럽어들과 같이 굴절어(inflectional
language)로서의 특징[1]을 가지고 있는 분석어(analytic language)이다.

---

1) 형태론적 언어 분류에는 교착어, 굴절어 외에 고립어와 통합어가 있다. 고립어란 베
트남어나 중국어처럼 실질적 형태만 있고 문법적 관계는 어순과 소수의 첨사만으로
이루어지는 언어이다. 통합어는 여러 어휘적 또는 문법적 형태소들이 한데 엉겨 붙어
서 한 단어를 이루는데, 다음 에스키모어의 예처럼 한 단어 속에 완전한 문장 형식이
들어있는 언어이다. Comrie(1981: 39-49). 손호민(2008: 18-19) 참조.

교착어란 실질적 의미를 가진 단어 또는 어근에 문법적인 기능을 가진 요소가 결합됨으로써 문장 속에서의 문법적인 역할이나 관계의 차이를 나타내는 언어이다. 다음 (1)의 예들을 통해서 교착어의 특성을 보기로 하자.

(1) a. '꽃' → '꽃이, 꽃을, 꽃은, 꽃에서, 꽃으로, 꽃도, 꽃마다, 꽃이다 등'
    b. 아버지 혹 어제 할아버지께서 영수에게 책을 읽히시었겠습니까?
    c. házakban 'in houses'
    d. ačimlúda 'he will give it to you'

 (1a)에서처럼 명사 '꽃'에 여러 유형의 조사들이 첨가되어 낱말 '꽃'의 문법적 역할을 달리 나타낼 수 있는 것은 한국어의 교착어적 특성 때문이다. 또한 (1b)에서처럼 어간 '읽-'에 '-히-', '-시-', '-었-', '-겠-', '-습니까'와 같은 접사와 어미가 순차적으로 첨가되어 각각 '사동', '존대', '과거', '추측', '의문'의 문법적 의미를 동시에 표시할 수 있는 것은 한국어가 교착어적 특성을 갖기 때문이다. (1c)에서처럼 헝가리어(Hungarian)도 명사 'ház(house)'에 문법적 표지인 '-ak-(-s)'와 '-ban(in)'이 첨가되는 교착어이다. (1d)는 또 다른 교착어인 아메리카 인디언의 치누크어(Chinook)의 예로서 분해하면, <a-'future', -č-'he', -i-'it', -m-'thee', -l-'to', -úd-'give', -a 'future'>와 같다.[2] 이 경우 문법 형태소들이 주로 실질 형태인 동사 -úd-'give' 앞에 독립된 성분으로 첨가되고 있음을 볼 수

(i) angya-ghlla-ng-yug-tug
    boat-big-acquire-wish-he
    '그는 큰 배를 장만하고 싶어한다.'
[2] 헝가리어와 치누크어의 예와 설명은 이정민 외(1987: 32-33) 참조.

있다.

이와 같이, 교착어의 가장 큰 특징은 결합된 실질 형태소와 문법 형태소들이 각기 독립된 의미와 음성형식을 갖기 때문에 그들 간의 식별이 항상 용이할 정도로 그 경계가 명확하다는 점이다.

굴절어란 실질 형태소가 문중에서 갖는 역할, 즉 격(case), 인칭(person), 수(number), 성(gender), 태(voice), 서법(mood), 시제(tense) 등의 여러 가지 문법적인 관계(곧 문법 범주)를 굴절 어미(inflectional endings)를 통해 표시하는 언어이다. 이러한 굴절어의 주된 특징은 실질 형태와 어미가, 또는 어미들이 서로 분리될 수 없을 정도로 융합되는 경우가 대부분이라는 점이다. 다음 (2)의 라틴어 예를 통해서 굴절어의 특성을 보기로 하자.

(2) a. Te am**o**. (Je t'aime. I love you.)

    b. Te ama**bo**. (Je t'aimerai. I will love you.)

    c. Puer puell**am** ama**t**. (Le garçon aime la fille. The boy loves the girl.)

    d. Rosa orna**t** Iulia mens**am**. (Iulia orne le bureau avec des roses. Iulia decorates the desk with roses.)

(2a)의 'amo'는 어간 'am-'에 어미 '-o'가 결합되어 있다. 굴절 어미 '-o'는 인칭(1인칭), 수(단수), 서법(직설법), 태(능동) 그리고 시제(현재)를 동시에 나타낸다. (2b)의 'amabo'는 어간 'ama-'에 어미 '-bo'가 결합된 것으로 어미 '-bo'는 '1인칭+단수+직설법+능동+미래'를 동시에 나타낸다면, (2c, d)의 'amat'와 'ornat'의 어미 '-t'는 '3인칭+단수+직설법+능동+현재'를 함께 표시한다. (2c, d)의 'puellam'과 'mensam'은 각각 '소녀'와 '책상'을 뜻하는 어근 'puell-'와 'mens-'에 '단수+목적격'을 동시에 나

타내는 어미 '-am'이 결합되어 있다. (2c)의 'puer'는 그 자체로 '소년'이라는 실질 의미와 함께 '단수+주격'의 문법 의미도 나타낸다면, (2d)의 'rosa'는 어근 'ros-'에 '단수+탈격'을 표시하는 어미 '-a'가 결합되어 있다. 이렇듯, 라틴어는 실질 형태소가 굴절 어미를 통해서 여러 문법적 기능을 융합된 형태로 나타낼 수 있는 굴절어의 전형이다.

이상에서와 같이 실질 형태에 문법적 요소가 결합되는 방식이 교착이거나 굴절인 언어를 종합적 언어(synthetic language)라 한다면, 분석어는 대명사, 조동사, 전치사 등과 같은 형태상 독립된 말을 사용하거나, 무형의 기호라 할 수 있는 어순(word order)에 의해 문장을 통사적으로 구성하는 언어를 말한다.

프랑스어와 영어는 분석어로서의 특징을 가진다. (2a, b)에서 라틴어의 경우 굴절 어미 '-o'나 '-bo' 속에 융합되어 있던 1인칭이 프랑스어와 영어에서는 각각 1인칭 대명사 'Je'와 'I'로 독립되어 있다. (2b)의 라틴어 어미 '-bo' 속에 융합되어 있는 미래 시제가 영어에서는 조동사 'will'로 분리되어 있다. (2d)에서 'rosa'(장미로)의 탈격 어미 '-a'가 프랑스어와 영어에서는 각각 전치사 'avec'와 'with'로 떨어져 나와 있다. (2c, d)는 라틴어의 경우는 격어미에 의해 어순이 자유로운 데 반해 그러한 격어미가 소실되어 버린 프랑스어와 영어의 경우에는 어순이 문법적 기능을 한다는 것을 보여준다. 이를테면, (2c)에서 라틴어의 경우 어순을 바꾸어 'Puer amat puellam.'라 하든, 'Puellam puer amat.'라 하든 의미 변화가 없지만, 프랑스어와 영어의 경우 각각 'La fille aime le garçon.'와 'The girl loves the boy'와 같이 어순을 바꾸면 주어와 목적어의 역할도 바뀌게 되고, 더욱이 동사가 문두나 문미에 위치하게 되면 완전히 비문이 된다.

그러나 프랑스어와 영어는 여전히 굴절어로서의 특징도 가지고 있다. 예컨대, 프랑스어의 경우 (2b)의 'aimerai(내가 사랑할 것이다)'에서 형태소 '-ai'는 '1인칭+단수+직설법+능동+미래'의 문법적 기능을 함께 나타내는 굴절 어미이다. 영어의 경우 (2c)의 'loves'에서 형태소 '-s'는 '3인칭+단수+직설법+능동+현재'의 문법적 기능을 동시에 나타내는 굴절 표지이다.[3]

이렇듯, 이 책에서 한국어와 대조 분석되는 프랑스어는 굴절어로서의 특징을 여전히 가지고 있는 분석어이다. 이처럼 언어 유형론적 성격을 상당히 달리하는 이 두 언어가 번역상에서, 곧 한국어에서 프랑스어로 번역될 때 어떤 규칙성을 보이는지를 수집한 코퍼스(corpus)를 통해서 기술하는 것은 해당 언어현상의 올바른 번역을 위해서뿐만 아니라 두 언어의 언어 유형론적 특징을 이해하는 데도 그 의의가 크다 할 것이다. 바로 그러한 맥락에서, 이 책은 한국어가 그 번역 대응어인 프랑스어로 어떻게 번역되는지를 코퍼스를 중심으로 기술하고, 또한 그러한 불역을 지배하는 언어학적 요인은 무엇인지를 밝히는 번역언어학(translation linguistics) 차원의 연구이다.

우리가 이 책에서 다루고자 하는 것은 한국어 속격 조사 {의}로 연결되는 속격 명사구의 불역 문제이다. 이에 대한 우리의 연구 대상은 크게 두 가지로 나뉜다. 첫 번째 대상은 다음 (3)에서처럼 {의}의 전후 두 명사구가 모두 명사 어휘로 구성된 속격 복합 명사구 'N1의 N2'[4]의 불역 문제이다.

---

3) 한국어와 프랑스어의 주어가 보이는 언어 유형론적 차이에 대해서는 김지은(2010a) 참조.
4) 앞으로 전후 두 명사구가 모두 명사 어휘로 구성된 속격 명사구 'N1의 N2'를 간단히 'N1의 N2'로 표기할 것이다.

(3) a. 지암스님은 <u>종조모 댁의</u> 산장에서 요양을 했다.(만 26)

   → Jiam resta dans **le pavillon de montagne** de ma grand-tante. (Man 21)

   [<u>종조모 댁의</u> 산장 → **le pavillon de montagne** de ma grand-tante]

b. 그는 파리 자동차 전시회에서 <u>아들의</u> 차를 샀다.

   → Il a acheté **une voiture** pour son fils dans le salon de l'auto de Paris.

   [<u>아들의</u> 차 → **une voiture** pour son fils]

c. 재무장관은 <u>인플레의</u> 방지책을 발표했다.

   → Le ministre des Finances a anoncé la mesure préventive contre l'inflation.

   [<u>인플레의</u> 방지책 → **la mesure préventive** contre l'inflation]

d. 오 박사가 웃으며 <u>민준이의</u> 등을 토닥였다.(고양이2-1: 49)

   → Et avec un sourire, il tapota **le dos** de Minjun. (chat2-1: 46)

   [<u>민준이의</u> 등 → **le dos** de Minjun]

e. 잡기장은 <u>새의</u> 날개처럼 불꽃 속으로 빨려 들어갔다.(만 204)

   → Le cahier s'est envolé dans les flammes comme sur **les ailes** d'un oiseau.

   (Man 198)

   [<u>새의</u> 날개 → **les ailes** d'un oiseau]

f. 가짜 중놈이 <u>가짜 부처의</u> 눈깔에 점안을 했구나.(만 163)

   → Un faux moine a peint **les yeux** à un faux Bouddha! (Man 159)

   [<u>가짜 부처의</u> 눈깔 → **les yeux** à un faux Bouddha]

g. 어째서 <u>세상의</u> 모든 여자들에겐 유방이 있는 것이지.(만 72)

   → Je me demande pourquoi **toutes les femmes** du monde ont des

   seins.(Man 67)

   [<u>세상의</u> 모든 여자들 → **toutes les femmes** du monde]

h. 대합실을 나와 <u>광장의</u> 벤치에 앉았지.(만 190)

   → Je sortis de la salle d'attente et allai m'asseoir sur **un banc** de la

   place.(Man 185)

   [<u>광장의</u> 벤치 → **un banc** de la place]

i. 나는 가을 <u>들판의</u> 갈대인 것을.(만 170)

→ Je suis **un roseau** <u>dans un champ</u>, en automne.(Man 165)

　　[<u>들판의</u> **갈대** → **un roseau** <u>dans un champ</u>]

j. 그는 <u>바닷가의</u> **돌멩이** 위에 쭈그리고 앉아 있었다.(만 170)

　　→ Il était assis sur **un rocher** <u>à la plage</u>. (Man 165)

　　[<u>바닷가의</u> **돌멩이** → **un rocher** <u>à la plage</u>]

k. 태양신검은 <u>평화의</u> **검**이다.(고양이2-2: 10)

　　→ L'épée de Soleil est **une arme** <u>de paix</u>.(chat2-2: 12)

　　[<u>평화의</u> **검** → **une arme** <u>de paix</u>]

l. 지산의 얼굴에 <u>체념의</u> **빛**이 어리고 있었다.(만 53)

　　→ Sur son visage se lisait **un air** <u>de résignation</u>.(Man 49)

　　[<u>체념의</u> **빛** → **un air** <u>de résignation</u>]

　(3)에서와 같은 'N1의 N2'의 속격 명사구가 'N2 de N1'의 복합 명사구(곧 속격 복합 명사구)로 불역될 때[5] 제기되는 문제는 다음 두 가지이다. 첫째는, N1과 N2 사이의 의미 관계를 수렴하는 {의}의 의미는 무엇이며, 불역에서 그 의미에 상응하는 프랑스어의 전치사는 어떤 유형들이 쓰이는가이다. 예컨대, (3a)에서처럼 'N1이 가지고 있는'을 의미하는 속격형 'N1의'[6]는 'de N1'로 불역되는 반면, (3b)에서처럼 'N1을 위한(위해)'을 의미하는 'N1의'[7]는 'pour N1'로 불역된다. 그리고 (3c)에서처럼

---

5) 한국어에서 머리명사 N2가 좌분지의 속격 보어 'N1의'를 수반하는 'N1의 N2'는 프랑스어에서는 N2가 전치사 de에 의해 지배되는 우분지의 속격 보어인 'de N1'을 동반하는 'N2 de N1'로 나타난다. 이때 {의}는 많은 경우 '속격' 전치사 de로 불역되지만, {의}가 수렴하는 의미에 따라 'à(...에(서); ...에 딸린), dans(...안에(서), ...에(서)), pour(...을 위해), contre(...에 반하여)' 등과 같은 다른 전치사로도 불역된다. 따라서 de는 {의}를 대표하는 불역 대응형일 뿐이다.

6) 앞으로 한국어의 속격형 'N1의'는 간단히 'N1의'로 나타낼 것이다.

7) 이곳 (3b)의 '아들의 차'는 사용 맥락에 따라 '아들이 소유한 차'나 '아들이 생산한 차'의 의미 등으로 해석될 수도 있다.

'N1에 대항하는'을 의미하는 'N1의'는 'contre N1'로 불역됨을 볼 수 있다. 한편, (3d, e, f)에서처럼 신체(몸체)부위의 N2가 그 주체의 N1에 '소속'되는 경우는 'N1의'가 'de N1'이나 'à N1'로 불역되는 반면, (3g, h, i, j)에서처럼 'N1에 있는'을 의미하는 'N1의'는 'de N1', 'dans N1'그리고 'à N1'로 불역됨을 볼 수 있다.

여기서 우리가 제기하는 문제는 한국어의 'N1의 N2'에서 상기 (3a~j)에서 나타나는 것과 같은 N1과 N2 사이의 의미 관계의 유형, 곧 {의}가 수렴하는 의미를 어느 정도까지 개념화할 수 있으며, 그러한 {의}의 여러 의미 유형은 프랑스어에서는 어떤 전치사로 나타나는가이다. 바로 이 문제가 본론의 3장에서 우리가 구명하고자 하는 것이다. 뿐만 아니라 이처럼 N1과 N2 사이의 의미 관계(곧 결합 관계)의 유형을 밝히기 위해서는 그것에 앞서 N1과 N2에 각각 위치하는 명사의 어휘-지시적 의미를 파악하는 것이 필수적이다. 우리가 본론의 2장에서 국어 명사에 대한 분류를 시도하고 그에 따라 'N1의 N2'의 결합 유형을 제시하는 것은 바로 그러한 필요성에 따른 것이다.

둘째는, (3)에서와 같은 'N1의 N2'의 불역에서 제기되는 관사 수반의 문제이다. 요컨대, 'N1의 N2'의 불역형인 'N2 de N1'에서 N1과 N2가 관사를 수반하는 것이 일반적이다. (3a, c, d, e, f, g)의 N2는 정관사[8]를 수반하고 있는 반면, (3b, h, i, j)의 N2는 부정관사[9]를 수반하고 있다. 또

---

8) 프랑스어의 정관사는 네 가지 형태를 가진다. 즉 남성 단수형 **le**, 여성 단수형 **la**, 모음이나 무음 h로 시작하는 남녀성의 단수 명사 앞에서는 '-e(ə)'와 '-a(a)'가 생략된 l' 그리고 남녀성의 복수형인 **les**이다. 앞으로 정관사를 가리키는 대표형으로 **le**를 사용할 것이다.

9) 프랑스어의 부정관사는 세 가지 형태를 가진다. 즉 남성 단수형 **un**, 여성 단수형 **une**, 그리고 남녀성의 복수형인 **des**이다. 앞으로 부정관사를 가리키는 대표형으로 **un**을 사용할 것이다.

한 (3c, g, h, j)의 N1은 정관사를 수반하고 있는 반면, (3e, f, i)의 N1은 부정관사를 수반하고 있다. 한편 (3k, l)의 N2는 모두 un을 수반하나 'N1의'는 관사의 수반 없이 'de ø N1'로 쓰이는 점이 주목된다.

그렇다면, 'N1의 N2'의 불역에서 N1과 N2가 각각 'un N'이나 'le N' 중의 하나로 (혹은 'ø N1'로) 불역되게끔 하는 언어학적 요인은 무엇일까? 바로 이 문제가 본론의 4장에서 우리가 명사구가 가질 수 있는 한정성(definiteness), 총칭성(genericity), 특정성(specificity), 비특정성(non-specificity) 그리고 술어성(predicativity) 등의 개념을 가지고 규명하고자 하는 것이다.

속격 명사구의 불역 문제에 대한 우리의 두 번째 연구 대상은 N1이 '나, 너, 그, 그녀, 우리, 그들' 등과 같은 인칭대명사이고, N2가 신체부위명사(body parts' Noun, 이하 **bpN**으로 약칭)인 '그의[10] bpN'형이다. 다음 (4)와 (5)의 예에서 보듯이 '그의'는 여격 lui[11]의 한 용법인 '부분적' 여격('partitive' dative)(이하 **lui**P로 약칭)이나 'mon(나의), ton(너의), son(그의/그녀의), leur(그들의)' 등의 소유 형용사(이하 삼인칭 소유 형용사인 **Son**을 대표형으로 사용)로 불역된다.[12][13]

---

10) 앞으로 '그의'는 '그, 그녀, 나, 너, 당신, 우리, 너희' 등과 같은 인칭대명사의 속격형을 대표한다.

11) 앞으로 삼인칭 여격 lui(그/그녀에게)가 'me(나에게), te(너에게), nous(우리들에게), vous(너희들에게), leur(그들에게)'와 같은 여타의 여격 대명사를 대표한다. 여격 lui가 주어와 공지시적일 때는 재귀적 용법을 갖는다. 재귀적 여격의 형태는 삼인칭일 때는 se이나, 1, 2인칭일 때는 비재귀적 여격형과 동일하다. 앞으로 재귀적인 '부분적' 여격의 대표형으로 *se*P가 사용될 것이다.

12) 단 본문 (5a)형의 목적어 '(그의) bpN을'은 그 개인 주체(곧 비실현된 '그의')가 주어와 공지시적(co-referential)이기 때문에 *lui*P나 Son의 도움 없이 그냥 'le bpN'으로 불역된다.

13) '(그의) N2'에서 N2가 bpN이 아닌 경우는 다음 (i)에서처럼 '그의'는 항상 소유 형용사 Son으로 불역된다.

(i) a. 그녀의 **오빠**는 나와 매우 친하다.
→ **Son frère** est très proche de moi. <새한불>

(4) a. <u>그의</u> 얼굴은 그가 화가 났음을 보여준다.

    → **Son visage** indique sa colère.

    / * **Le visage lui** indique sa colère.

  b. <u>그의</u> 입술이 가늘게 떨리고 있었다.

    → **Ses lèvres** frémissaient finement.

    / * **Les lèvres lui** frémissaient finement.

  c. <u>내</u> 눈이 따가워요

    → **Les yeux me** cuisent. / * **Mes yeux** cuisent.

---

  b. <u>내</u> 모자는 그녀의 것보다 더 크다.
    → **Mon chapeau** est plus grand que le sien. <새한불>
  c. <u>우리의</u> 임무는 다음과 같다.
    → **Notre devoir** est le suivant. <새한불>
  d. 나는 <u>당신의</u> 친절을 잊지 않을 것이다.
    → Je n'oublierai jamais **vos bontés**. <새한불>
  e. 그때 바나나는 <u>눈물을</u> 억누르고 생긋 웃으며 그에게 말했다. (다리 264)
    → (...), lorsque Vanina, retenant **ses larmes**, lui dit en souriant.(bles 66)
  f. 세나는 마당의 불을 켜고 <u>신발을</u> 신었다. (고양이2-2: 18)
    → Sena alluma la lumière extérieure et enfila **ses chaussures**. (chat2-2: 20)
  g. 민준이가 <u>손전등을</u> 껐다. (고양이2-1: 19)
    → Minjun éteignit brusquement **sa lampe électrique**.(chat2-1: 17)
  h. 오 박사는 음식점 '흥부네집' 마당에 <u>차를</u> 세웠다. (고양이2-1: 120)
    → M. Oh gara **sa voiture** dans la cour du restaurant «chez Heungbu». (chat2-1: 118)

바로 이러한 점에서 '(그의) N2'에서 N2가 bpN인 경우에만 그 속격형 '그의'-이때 '그의'가 명시적이든 아니면 함축적이든 간에-가 *lui*P로 불역되는지 아니면 Son으로 불역되는지가 문제가 되는 것이다.
한편, 한국어의 경우 (i)(e~h)의 예들에서처럼 동사 뒤에서 실현되는 문제의 명사구 (곧 비신체부위명사이다. 이들 명사를 5.2.2.2에서는 **개인주변명사(Npp)**로 명명하고 있다)가 해당 주어와 공지시적일 경우 속격형 '그의'가 나타나지 않지만, 프랑스어에서는 그러한 공지시적 관계가 Son으로 명시되어 실현된다는 점이 두 언어 간의 주목되는 차이이다.

d. 그의 가슴이 놀라서 두근거렸다.

→ **Le coeur lui** bondissait de surprise.

/ * **Son coeur** bondissait de surprise.

(5) a. 그는 선서를 하기 위해 손을 든다.

→ **Il** lève **la main** pour prêter serment.

/ * Il lève **sa main** pour prêter serment.

b. 나는 그의 손을 잡는다.

→ Je **lui** prends **les mains**. / * Je prends **ses mains**.

c. 나는 손을 씻었다.

→ **Je me** suis lavé **les mains**. / * **J'**ai lavé **mes mains**.

d. 불규칙적인 생활이 그의 위를 나빠지게 했다.

→ Sa vie irrégulière **lui** a déréglé **l'estomac**.

/ * Sa vie irrégulière a déréglé **son estomac**.

e. 나는 그녀의 귀를 상상한다.

→ J'imagine **ses oreilles**. / * Je lui imagine les oreilles.

f. 나는 그녀의 눈을 좋아한다.

→ J'aime **ses yeux**. / * Je **lui** aime **les yeux**.

g. 나는 그의 더러운 손을 씻었다.

→ J'ai lavé **ses mains sales**.

/ * Je **lui** ai lavé **les mains sales**.

h. 나는 끈으로 그녀의 머리를 묶는다.

→ Je noue **ses cheveux** avec une ficelle.

/ * Je **lui** noue **les cheveux** avec une ficelle.

먼저 bpN이 문장의 주어로 나타나는 (4)의 경우에 다음과 같은 문제
가 제기된다. 즉 (4a)에서처럼 '그의 bpN'이 타동문의 주어일 경우에는

'그의'가 *lui*P가 아닌 Son으로만 불역되는 이유는 어디에 있을까? 또한 (4b, c, d)에서처럼 '그의 bpN'이 모두 자동문의 주어로 실현될 때, (4b)의 '그의'는 *lui*P가 아닌 Son으로만 불역되는 데 반해, (4c, d)의 '그의'는 반대로 Son이 아닌 *lui*P로만 불역되는 이유는 어디에 있을까?

'그의 bpN'이 문장의 목적어로 나타나는 (5)의 경우에도, 다음과 같은 여러 가지 문제가 제기된다. [1] (5a, b, c)의 각 '(그의) bpN을'이 (5a)에서는 단순히 'le bpN'으로 불역되는 반면, (5b)에서는 '*lui*P ... le bpN'으로 불역되고, (5c)에서는 '*se*P ... le bpN'으로 불역되는 이유는 어디에 있을까? [2] 행위동사에 의해 지배되는 (5a, b, c)의 '(그의) bpN을'과는 달리 주관동사(subjective verbs)에 의해 지배되는 (5e, f)의 '그의'가 *lui*P가 아닌 Son으로만 불역되는 이유는 무엇일까? [3] (5d)에서처럼 '그의 bpN을'이 사동사의 지배를 받을 때 '그의'가 Son은 전혀 불가능한 반면 *lui*P로만 불역되는 이유는 무엇일까? [4] (5a, b, c)에서와 마찬가지로 (5g, h)의 '그의 bpN을'이 모두 행위동사에 의해 지배됨에도 불구하고, 이 후자의 '그의'는 *lui*P 아닌 Son으로만 불역되는 이유는 어디에 있을까? 이들 (4)와 (5)의 예에서처럼 '그의 bpN'의 불역이 제기하는 바로 이러한 문제들을 우리는 본론의 5장에서 주제성 정도(degree of topicality)의 개념으로 설명하고자 한다.

지금까지 제시한 연구 범위 내에서 이 연구의 목적은 다음 세 가지로 요약된다. 첫째, 한국어의 속격 명사구를 구성하는 N1과 N2 사이의 의미 관계의 유형은 어느 정도까지 개념화될 수 있으며, 그렇게 개념화된 속격의 여러 의미 유형은 프랑스어에서는 어떻게 나타나는가를 체계적으로 기술한다. 둘째, 'N1의 N2'의 불역형인 'N2 de N1'에서 N1과 N2

가 각각 'le N'이나 'un N' 중의 하나로 (혹은 'ø N1'로) 불역되게끔 하는 언어학적 요인은 무엇인지를 밝혀 기술한다. 셋째, '그의 bpN'의 속격 명사구가 주어나 목적어로 실현될 때 '그의'가 특히 *lui*P나 Son으로 불역되게끔 하는 원리(곧 규칙)는 무엇인지를 주제성 정도의 개념으로 설명한다.

결국, 'N1의 N2'와 '그의 bpN'의 불역 문제를 다루는 이 연구의 궁극적인 목적은, 이들 한국어의 속격 명사구와 그 프랑스어 대응어를 대조 기술함과 동시에, 그러한 불역을 지배하는 번역언어학적 원리(곧 번역을 위한 어휘-문법적 규칙)를 규명하는 것이다.

1.2. 연구 방법

이 책은 한국어의 속격 명사구와 프랑스어로 번역된 그 대응형을 대조 분석함과 동시에 그러한 불역을 지배하는 출발어(곧 한국어) 쪽의 언어학적 요인은 무엇인지를 기술하는 번역언어학 차원의 연구이다.[14] 이를 위해서 우리는 직관적인 자료나 선험적 가정에 기초하는 고찰이 아닌, 실증적 관찰에 근거한 코퍼스기반 번역학(corpus-based translation studies)의 입장에서 접근할 것이다.[15] 코퍼스기반 번역학에서 원문과 번역 텍스트의

---

14) 번역이 언어학의 한 분야로서 인식되기 시작한 것은 1950년대-1960년대 일이며(김효중 1998: 171), "언어학의 한 분야로서 번역언어학(Translationslinguistik)이라 일컬어진 번역학의 연구대상은 언어과정으로서의 번역과정과 이 과정의 기반이 되는 언어장치의 분석이다"(Jäger 1975: 77(김효중 1998: 171)에서 재인용)).

15) 1990년대 초에 코퍼스에 기반한 번역학을 선도한 Baker(1993, 1995)는 번역의 변별적 패턴을 밝히기 위해서는 번역된 문헌의 코퍼스를 수집해야 한다고 주장한다(Granger 2009: 22 참조).

코퍼스는 같은 내용을 전하는 것이 전제되기 때문에 언어들 간의 등가성(equivalence)을 확인할 수 있는 이상적인 자료이다.[16)

우리는 두 가지 방법으로 한국어-프랑스어 간 번역 병렬 코퍼스[17)를 수집했다. 하나는 {의}의 전후 두 명사구가 모두 명사 어휘로 구성된 'N1의 N2'의 속격 명사구가 어떻게 불역되는지를 관찰하기 위한 코퍼스이다. 이 코퍼스는 아홉 권의 한국어 소설이 프랑스어로 옮겨진 번역문[18)에서 수집한 병렬 코퍼스이다. 다른 하나는 '그의 bpN'의 속격 명사구가 어떻게 불역되는지를 관찰하기 위한 코퍼스이다. 이 코퍼스는 두 권의 불한사전[19)을 중심으로 A에서 Z까지의 모든 동사들이 갖는 어휘 내항(lexical entry)에서 수집됐고, 또한 필요에 따라 프랑스어 원어 사전류[20)에서 수집하여 한국어로 옮긴 병렬 코퍼스이다.[21) 우리가 이처럼 실증적 코퍼스의 수집에 충실한 것은 어떤 언어현상을 기술하고 설명하는 데

---

16) 이러한 사실은 다음의 문헌에서도 확인된다. 즉 (i) "번역이 가능하다는 것은 그것을 나타내는 형식은 다르지만 그 내용은 같다고 하는 사실이 근저에 있기 때문이다"(石綿敏雄, 高田誠(오미영 역 2007: 18 참조). (ii) "언어학적 번역학의 중심과제는 텍스트와 번역예문은 물론 문법과 어휘 영역에 있어서 두 언어 사이의 등가관계를 기술하는 것이다"(김효중 1998: 172 참조).
17) 병렬 코퍼스(parallel corpus)란 병렬(並列)을 보여주는 두 개별 언어의 하위코퍼스로 구성된 코퍼스이다. 우리의 경우는, Ebeling(1998: 603)(서정목 2010: 88에서 재인용)이 말하는 병렬의 유형들 중 하나인 "한 하위코퍼스가 원문텍스트로 이루어져 있고, 다른 하위코퍼스는 동일한 언어로 번역된 텍스트로 구성된" 번역 코퍼스(translation corpora)이다.
18) 아홉 권의 한국어 원문 소설과 불문 번역서의 제목은 1차 참고문헌에 있다.
19) 『프라임 불한사전』과 『불한중사전』을 말한다. 한편 『새한불사전』도 'N1의 N2'의 불역 코퍼스와 '그의 bpN'의 불역 코퍼스를 보완할 필요에 따라 적절히 이용되었다.
20) 1차 참고문헌에 있는 여섯 가지의 불불 사전류를 말한다.
21) 이곳 두 번째의 병렬 코퍼스는 불한사전의 프랑스어-한국어 어휘 내항이라는 점과, 불불 사전류의 해당 어휘 내항을 한국어로 옮긴 것이라는 점에서 한역의 병렬 코퍼스라 할 수 있다. 그러나 우리는 이들 사전의 어휘 내항의 번역이 보여주는 두 언어 간의 등가성을 그대로 인정하여 이곳 한역의 병렬 코퍼스도 본론의 논의에서 첫 번째의 불역의 병렬 코퍼스와 동일하게 볼 것이다.

있어서 근본적으로 그것이 어떤 분포적 맥락에서 쓰이는지를 밝히는 것이 가장 선행되어야 할 일이기 때문이다. 그러나 이러한 코퍼스의 수집에도 불구하고 논의 전개상 필요한 적절한 예문이 없는 경우에는 예문을 만들어 프랑스인[22]의 검증을 거쳤다.

이렇게 수집한 두 유형의 코퍼스를 기반으로 한국어 속격 명사구의 불역 문제에 대한 논의는 다음과 같이 진행될 것이다. 먼저, 아홉 권의 한국어-프랑스어 소설 번역문에서 수집한 'N1의 N2'의 불역 코퍼스를 가지고 우리는 3장과 4장의 논의를 진행할 것이다. 3장에서는 한국어에서 N1과 N2 사이의 여러 의미 관계를 수렴하는 {의}가 어떤 의미로 사용되었으며, 이러한 의미 관계의 유형은 어느 정도까지 개념화될 수 있으며, 불역에서 그 의미에 상응하는 프랑스어의 전치사는 어떤 유형들이 쓰이는지를 기술할 것이다. 4장에서는 'N1의 N2'의 불역에서 N1과 N2가 각각 정관사(le)와 부정관사(un)를 수반하여 정명사구(le N)나 부정명사구(un N) 중의 하나로 혹은 'ø N1'로 불역되게끔 하는 언어학적 요인은 무엇인지를 기술할 것이다.

마지막으로, 5장에서 우리는 두 권의 불한사전을 중심으로 수집한 '그의 bpN'의 불역 코퍼스를 가지고 주어나 목적어 위치에 실현된 '그의 bpN'의 '그의'가 특히 부분적 여격 *lui*P나 소유 형용사 Son 중에 하나로 불역되는 분포를 기술함과 동시에, 그러한 선택적 불역을 지배하는 원리가 무엇인지를 주제성의 개념[23]으로 접근할 것이다.

결론적으로, 이 저서는 'N1의 N2'의 불역 코퍼스와 '그의 bpN'의 불

---

22) 프랑스 툴루즈 2대학(Université de Toulouse2)(Le Mirail 대학) 언어학과 과장으로 재직 중인 Injoo Choi-Jonin(최인주) 교수와 대구 알리앙스 프랑세즈의 A. Vuattoux 원장께 고마움을 표한다.
23) '주제성의 개념'에 대해서는 5장의 도입부에서 설명할 것이다.

역 코퍼스라는 두 가지 유형의 번역 병렬 코퍼스를 가지고 'N1의 N2'와 '그의 bpN'의 속격 명사구의 불역 문제를 다루는 기술 번역학(descriptive translation studies) 차원의 연구이다.

제 2 장
국어 명사의
분류와
속격 명사구
'N1의 N2'

국어 명사의 분류와 속격 명사구 'N1의 N2'

'N1의 N2'를 구성하는 {의}의 의미는 선행 명사 N1과 후행 명사 N2 사이의 의미 결합 관계에 의해 결정된다. 예컨대 '민수의 차'가 '민수가 가지고 있는 차'를 의미할 때는 {의}가 '소유'의 의미를 갖는다면, '민수의 소설'이 '민수가 쓴 소설'을 의미할 때는 {의}가 '소작(所作)'의 의미를 갖는다. 이처럼 속격의 전후 두 명사구를 이어주는 {의}의 의미, 즉 두 명사구가 만들어 내는 의미 결합 관계의 유형을 파악하기 위해서는 무엇보다도 {의} 전후의 두 명사에 내재되어 있는 어휘적 의미를 파악할 필요가 있다.

김지은(2010b)는 최경봉(1998)과 김인균(2002)의 국어 명사 분류를 기반으로 하면서도 그들의 연구와는 차별화되는 국어 명사의 분류-특히 그 하위분류에서-를 의미-통사적 특성에 따라 새롭게 시도한 바 있다. 여기서 우리가 중점적으로 문제 삼는 것은 두 가지이다. 하나는 김인균(2002: 285)에서 '추상 명사가 실체 명사의 사물 명사처럼 인식되는 특성'으로 말해지는 '추상적 실체성'의 개념이다. 그는 이 자질에 따라 크게 추상

명사(곧 추상물 명사)와 사태 명사로 이분하고 있다. 그러나 이병규(2006: 18)에서도 언급되고 있듯이 '추상적 실체성'이라는 개념이 불분명한 바, 우리는 경험적 기준을 가지고 이 개념을 확인하는 과정을 밟게 된다. 그래서 우리는 새롭게 경험적 증거로 뒷받침된 '추상적 실체성'의 개념을 가지고 추상 명사를 크게 추상물 명사와 여타의 추상 명사로 나눌 것이다.

다른 하나는 최경봉(1998)에서 말해지는 '관계 명사(relational nouns)'의 문제이다. 최경봉(1998: 61-81)은 존재론적 측면에서 명사를 크게 실체를 가진 존재물을 가리키는 실체 명사와 그 실체의 존재 양식(樣式)을 나타내는 양식명사로 대별한다. 양식명사는 실체물과 직접적인 관련성을 가지면서 사건과 상태를 나타내는 사태 명사와, 실체물과 간접적인 관련성을 가지는 관계 명사로 구분된다. 관계 명사는 다시 시공간의 차원명사와 수량의 단위명사로 나뉜다. 그의 명사 분류에서 우리가 문제 삼고자 하는 것은 '관계 명사'의 문제이다. 그는 관계 명사를 존재 대상과 대상 사이의 관계를 설정해 주는 어휘로 본다. 그래서 실체물과는 본유적인 관련성이 없이 단지 그것과 간접적인 관련성만을 가지면서 실체물의 시공간적 차원을 나타내는 명사와 '단위'를 나타내는 수사 및 분류사(곧 단위성 의존명사)를 관계 명사로 분류하고 있다.[1] 그러나 우리는 범위를 넓혀 명사-실체 명사이든 비실체 명사이든-에 내재되어 있는 전제 의미가 문맥이나 상황적 맥락의 도움 없이 홀로 쓰일 수 있을 정도의 통사-지시적

---

1) 최경봉(1998: 79)에서 든 관계 명사의 예(일부)는 다음과 같다.

   (i) a. 차원 - 여름, 때, 하루, 오늘, 아침, 과거, 마지막, 앞, 틈, 사이 등 (시간)
             - 위, 아래, 옆, 뒤, 틈, 사이, 주변, 밖, 꼭대기, 밑, 끝 등 (공간)
     b. 단위 - 하나, 넷, 일, 삼, 첫째, 넷째 등 (수사)
             - 분, 명, 개, 권, 벌, 송이, 평, 아름, 마디, 전, 푼 등 (분류사)

자율성을 갖지 못하는 명사를 관계 명사로 분류한다. 이러한 분류는 통사적인 경험적 증거에 의해 뒷받침된다.

2.1. 의미 특성과 실체 명사

최경봉(1998)과 김인균(2002)에서의 논의를 바탕으로 하여 한국어 명사, 특히 실체 명사를 다음과 같은 여러 의미 자질을 기준으로 분류할 수 있다.

명사는 먼저 시공간에서 물리적으로 관찰이 가능한 실체를 가진 존재물인가의 여부를 가르는 [±실체성]의 자질에 따라 크게 실체 명사와 비실체 명사로 나눌 수 있다.

> (1) 명사→[±실체성][2]:
> a. 실체 명사: 이순신, 사람, 강, 소, 책 등
> b. 비실체 명사: 문학, 봄, 사랑, 등급, 원인 등

실체 명사는 다시 [±인간성]의 자질에 따라 사람 명사와 사물 명사로 나뉘고, 이 두 부류 명사는 공히 [±지시대상의 유일성] 여부에 따라 고유명사와 보통명사로 나뉜다.

> (2) 실체 명사→[±인간성]:
> a. 사람 명사[3]: 김준묵, 사람, 아들 등

---

2) 명사의 자질 표시인 [±자질]에서 [+자질]을 갖는 명사 부류는 a.항에 위치하고 [−자질]을 갖는 명사 부류는 b.항에 위치한다(이하 동일).

3) 사람 명사는 뒤에서 분류될 유정명사에도 속할 수 있으나 [±인간성]의 자질로 사물명사와 상위 차원에서 대별된다. 이처럼 '인간'과 '사물'을 대립시키는 것은 언어는

b. 사물 명사: 금강, 바닥, 소, 책, 뚜껑 등

(3) 사람 명사→[±지시대상의 유일성]:

a. 고유명사: 김준묵, 케네디 등

b. 보통명사: 사람, 아들 등

(4) 사물 명사→[±지시대상의 유일성]:

a. 고유명사: 백두산, 아반테 등

b. 보통명사: 강, 머리, 말, 책 등

사물 명사는 다시 [범위 경계]의 자질을 갖는 공간물 명사와 사물 자체의 [속성]을 나타내는 개체물 명사로 나눌 수 있다. 개체물 명사는 다시 [±유정성]에 따라 유정명사와 무정명사로 나뉜다.

(5) 사물 명사→

a. [+범위 경계]: 공간물 명사: 한강, 서울, 강, 호텔 등

b. [+속성]: 개체물 명사: 말, 자동차, 종이, 흙, 그림 등

(6) 개체물 명사→[±유정성]:

a. 유정명사: 호돌이, 말, 닭 등

b. 무정명사: 아반테, 차, 흙, 바람, 그림 등 시공간

삼라만상의 사물에 대한 인간 주체의 경험적 인식 과정을 반영한 결과이기 때문이다. 최경봉(1998: 62) 참조.

2.2. 비실체 명사와 추상적 실체성

비실체 명사는 [±추상적 실체성][4]의 자질에 따라 추상물 명사와 추상 명사로 나눌 수 있다. 추상물 명사란 '예술, 철학, 자연, 신앙' 등의 명사처럼 추상적 존재를 나타내지만 여타 추상 명사와는 달리 '실체 명사의 사물 명사처럼 인식되는 명사'를 말한다(김인균 2002: 285 참조). 이에 반해 우리가 말하는 추상 명사란 [추상적 실체성]을 띠고 있지 않은 명사로 '생각, 건설' 등과 같은 사건명사, '성실, 공평' 등과 같은 상태명사 그리고 '등급, 다수, 원인, 초순, 정상' 등과 같은 추상적 관계 명사를 말한다.

(7) 비실체 명사→[±추상적 실체성]:
　　a. 추상물 명사: 예술, 철학, 자연, 신앙 등
　　b. 추상 명사: 생각, 성실, 등급, 초순, 정상 등

(8) 추상 명사→[-추상적 실체성]:
　　a. 사건명사: 생각, 건설 등
　　b. 상태명사: 성실, 공평 등
　　c. 추상적 관계 명사: 등급, 원인, 초순, 정상 등

여기서 우리는 '추상적 실체성'이란 '추상 명사가 실체 명사처럼 인식될 수 있는 어휘-지시적 특성'이라고 부연하면서, [+추상적 실체성]을

---

4) [추상적 실체성]의 자질은 김인균(2002: 285)에서 말해지고 있는 것으로 그는 이 자질에 따라 사태 명사와 추상 명사로 이분하고, 추상 명사는 다시 [시공간과의 관련성]에 의해 추상물 명사와 위치명사로 나누고 있다. 그러나 우리는 불분명한 '추상적 실체성'이라는 개념을 경험적 증거를 가지고 확인한 후, 그 결과에 따라 추상 명사를 추상물 명사와 여타의 추상 명사로 나눌 것이다.

띤 추상물 명사가 어떤 과정을 통해서 확인될 수 있는지 보기로 하자. 요컨대, 추상물 명사는 사물 명사⁵⁾와 같이 어떤 화용론적 맥락이나 관형어의 도움 없이도 홀로 자신의 전제된 지시적 의미(presupposed referential meaning), 곧 추상적 존재를 자연스럽게 나타낼 수 있을 만큼 통사-지시적 자율성을 갖는 명사이다. 추상물 명사는 '오늘, 여름, 내년'처럼 [+시간 관련성]의 시간 추상물 명사, '장소, 자리, 공간'처럼 [+공간 관련성]의 공간 추상물 명사 그리고 이 두 유형을 제외한 '예술, 용기, 인연, 현실, 기온' 등과 같은 여타의 일반 추상물 명사로 나눌 수 있다.

    (9) a. 일반 추상물 명사⁶⁾: 문학, 예술, 철학, 소설, 법; 종교, 신앙, 용기, 비밀, 업무, 업적, 매사, 습관, 인연, 친분, 솜씨, 충성심; 민주주의, 진실, 거짓, 현실; 자연, 기온, 날씨 등
       b. 시간 추상물 명사: 봄, 낮, 순간¹⁷⁾, 새벽, 오늘, 내년, 미래 등
       c. 공간 추상물 명사: 장소, 자리, 공간, 여백 등

    다음 (10b)~(10e)의 예들이 자연스러운 것은 해당 추상물 명사들이 (10a)의 사물 명사만큼이나 그 자체의 전제 의미가 통사-지시적 자율성을 갖기 때문이다.

---

5) 물론 사물 명사 중 '아들, 머리, 입구, 뚜껑' 등과 같은 관계 명사는 예외이다.
6) 이병모(2001)에서 말하는 일반 추상 명사 중 추상적 존재를 나타내는 명사들(김인균 2002: 283에서 재인용)과 김인균(2002: 286)에서 말하는 추상물 명사 중의 다수가 여기에 해당한다.
7) 「표준」에서 '아주 짧은 동안'으로 정의되는 시간 추상물 명사로 다음 (i)과 같은 예를 들 수 있다.

    (i) a. **순간**의 선택이 평생을 좌우한다!
       b. **순간**의 잘못이 무서운 병으로 돌아온다.

(10) a. 친구는 자동차(축음기, 흙, 종이, 나무, 떡, 딱총)에 관심이 있다.

b. 친구는 역사(예술, 자연, 종교, 철학, 법, 매사)에 관심이 있다.

c. 기온(날씨, 자연, 기후, 역사, 진실, 현실)은(는) 변한다(변하지 않는다).

d. 이 일을 위해서는 신앙(용기, 친분, 장소, 공간)이(가) 필요하다.

e. 친구는 봄(정오, 오늘, 내일, 내년)(에) 올 것이다.

이에 반해 사건, 상태 그리고 관계를 나타내는 추상 명사는 다음 (11) ~(13)의 각 예들에서처럼 상황이나 맥락의 도움 없이 홀로 나타날 수 없다.

(11) a. *나는 *보도(생각, 수집, 연구)*에 관심이 있다.
[나는 *KBS의 보도(민수의 생각, 고서(의) 수집, 동물(의) 연구)*에 관심이 있다.]

b. *헌신(계획, 인식, 자랑)*은 존중되어야 한다.
[*부모의 헌신(아이의 계획, 사태의 인식, 민수의 자랑)*은 존중되어야 한다.]

c. *이 일을 위해서 민수는 *이해(결심, 헌신)*를(을) 필요로 한다.
[이 일을 위해서 민수는 *부모의 이해(친구의 결심, 교사의 헌신)*를(을)필요로 한다.]

(12) a. *민수는 요즘 *부족(건강, 무능력, 불편)*을 무척 안타까워한다.
[민수는 요즘 *생필품의 부족(부모님의 건강, 학생들의 무능력, 손님들의 불편)*을 무척 안타까워한다.]

b. *불편(불행, 건강, 친절)*을 무시하고 있다(무시하지 않는다).
[*생활의 불편(유년기의 불행, 노인의 건강, 종업원의 친절)*을 무시하고 있다(무시하지 않는다).]

c. *이 일을 위해서 민수는 *성실(건강, 공정, 청결)*을(를) 필요로 한다.
[이 일을 위해서 민수는 *연구원의 성실(피실험자의 건강, 평가자의 공정, 실험실의 청결)*을(를) 필요로 한다.]

(13) a. *민수는 *등급(규모, 원인, 과정, 기준)*에 관심이 있다.

　　　[민수는 *와인의 등급(지진의 규모, 사건의 원인, 재판의 과정, 수행평가의 기준)*에 관심이 있다.]

　　b. *학교는 *중앙(구석, 한가운데, 꼭대기)*에 있다.

　　　[학교는 *시내의 중앙(도시의 구석, 읍의 한가운데, 언덕의 꼭대기)*에 있다.]

　　c. *친구는 *상순(중간, 순간, 기간)*에 (돌아)왔다.

　　　[친구는 *칠월(의) 상순(시험의 중간, 사건의 순간,8) 육아 휴직의 기간)*에 (돌아)왔다.]

이처럼, 추상물 명사와는 달리 사건과 상태 그리고 관계를 나타내는 추상 명사들이 (11)~(13)의 각 예들에서처럼 속격 보어 'N의'의 도움 없이 홀로 쓰일 수 없는 것은 자신들이 전제하는 추상적 존재가 그들의 통사-지시적 자율성을 가질 만큼 '실체성'이 인식되지 않기 때문이다.9) 사건과 상태를 나타내는 사태 명사는 자신들의 존재적 의미에 부응하는 실체물이나 추상물 논항을 필요로 하는 술어 명사(predicate noun)이기 때문이고, 관계를 나타내는 추상 명사는 실체물이나 추상물에 대한 정도, 수

---

8) 여기서의 '순간'은 '순간2'로 「표준」에서 '어떤 일이 일어난 바로 그때'나 '두 사건이나 행동이 거의 동시에 이루어지는 바로 그때'로 정의되는 추상적 시간 관계 명사로 쓰이는 경우이다.

9) 그러나 다음 (i)~(iii)의 b에서 보듯이, 사태나 추상적 관계 명사가 경우에 따라 추상물 명사로도 쓰일 수 있다.

　(i) a. ?*나는 **연구**에 관심이 있다(cf. 11a).
　　b. 요즘 대학에서 **연구**보다 교육이 우선시된다.
　(ii) a. *민수는 **과정**에 관심이 있다(cf. 13a).
　　b. 경우에 따라 **과정**이 결과보다 중요하다.
　(iii) a. *성경은 **정신**을 담고 있다. (성경은 사랑과 평화의 정신을 담고 있다.)
　　b. 나는 **정신**의 고갈이 두려울 뿐이다.

량, 시간, 공간 그리고 인과적 관계 등과 같은 여러 존재 양식을 나타내는 관계 명사이기 때문이다.

2.3. 사태 명사와 관계 명사

추상 명사는 [±실체물과의 직접적 관련성]의 유무에 따라 사태 명사와 관계 명사로 나눌 수 있다. 사태 명사는 [±동작성]에 의해 사건명사와 상태명사로 나뉜다. 실체물(혹은 추상물)은 그 실체물에 내포된 속성이나 그것의 운동을 통해서 자신의 존재적 의미를 나타낸다. 사건명사란 '실체물이 어찌하다'에 상응하는 직접적인 운동을 통해서 실체물의 존재적 의미를 나타내는 명사이고, 상태명사란 '실체물이 어떠하다'에 상응하는 실체물의 정적인 현상이나 속성을 통해서 실체물의 존재적 의미를 나타내는 명사이다. 바로 그런 점에서 사건(곧 운동)과 상태(곧 속성)는 실체물과 직접적인 관련성을 갖는다(최경봉 1998: 39-41 참조).

이처럼 사태 명사가 실체물 혹은 추상물과 직접적인 관련성을 가진다는 것은 이들 명사가 실체물 혹은 추상물을 논항으로 하는 술어 명사로 행태한다는 것을 말한다.

술어 명사란 의미적으로는 특정한 실체를 지시하는 것이 아니라 사건(곧 행위나 동작)과 상태와 같은 술어 의미가 명사 어휘범주로 나타난 표현을 말한다. 다음 (14)에서 굵은 글씨의 명사가 술어 명사이다.

> (14) a. 기차가 늦게 **출발**을 했다.
>   b. 김 교수는 이 제자를 유별나게 **총애**를 한다.

c. 민수는 자주 영희와 **싸움**을 한다.

d. 시민들이 **불편**을 겪었다.

(14a)의 '출발'은 '기차'를, (14b)의 '총애'는 '김 교수'와 '제자'를, (14c)의 '싸움'은 '민수'와 '영희'를, 그리고 (14d)의 '불편'은 '시민들'을 각각 논항으로 갖는 술어 의미의 명사이다. 이 경우 술어적 의미가 비어있는 동사 '하다'와 '겪다'는 이들 술어 명사가 나타낼 수 없는 시제, 상, 법, 양태 등의 문법 범주가 실현될 수 있도록 받쳐주는 기능동사(support verb)로 작용한다.10)

(14)의 '출발, 총애, 싸움, 불편'이 용언처럼 술어의 기능을 갖는 명사라는 것은 이들 명사가 다음 (15)에서처럼 그들의 논항은 그대로 유지하면서 단일 동사구문과 대응되는 환언관계를 이룰 수 있다는 데서 확인된다.11)

(15) a. 기차가 늦게 **출발**했다.

　　b. 김 교수는 이 제자를 유별나게 **총애**한다.

　　c. 민수는 자주 영희와 **싸운**다.

　　d. 시민들이 **불편**했다.

술어 명사는 또한 자신을 머리명사(head)로 하고 자신이 지배하는 논항을 속격 보어로 하는 'N1의 N2'의 속격 명사구로도 실현된다. (14)의 기능동사 구문을 술어 명사가 지배하는 속격 명사구로 나타내면 다음 (16)과 같다.

---

10) 기능동사는 달리 경동사(light verb)라고도 한다. 전형적인 기능동사인 '하다' 이외의 기능동사 설정에 대해서는 홍재성(1999) 참조.

11) 다음 (15)의 '출발하다'와 '총애하다'의 'N하다'는 홍재성(1999)에서처럼 복합어 성격의 단일 동사로 본다.

(16) a. 기차의 (늦은) **출발**

b. 김 교수의 (유별난) 이 제자의 **총애**

c. 민수의 영희와의 (잦은) **싸움**

d. 시민들의 **불편**

이처럼 사태 명사가 실체물을 논항으로 하는 술어 명사로 행태한다는 것은 그것들이 실체물의 사건(곧 운동)이나 상태(곧 속성)를 나타냄으로써 실체물과 직접적인 관련성을 갖는다는 것을 의미한다.

관계 명사는 실체물 간의 관계나, 이들 실체물의 본유적 특성과는 무관한 실체물들의 존재 양식을 간접적으로 표현하는 어휘들이다. 요컨대, 관계 명사는 앞 (13)의 테스트에서 보았듯이 그들의 전제 의미가 화용론적 맥락이나 어떤 관형어의 도움 없이 홀로 쓰일 수 있을 정도의 통사-지시적 자율성을 가지고 있지 않다. 그래서 이들 명사가 담화상에서 실현되기 위해서는 자신들의 통사-지시적 자율성을 뒷받침해 줄 구체적 존재자, 곧 논항을 필요로 한다.[12] 관계 명사는 다음 (17)에서와 같이 여러 유형으로 나눌 수 있다.[13]

---

12) 그러나 다음 (i)에서처럼 관계 명사(동생, 바닥, 원인, 정상)의 지시적 보어, 곧 논항일 수 있는 'N의' 형식의 속격형은 상황이나 문맥에 따라 청자나 독자에게 기지의 정보로 주어진 경우는 표면에 나타나지 않고 의미적으로 내재될 수 있다.

  (i) a. **동생**은 모든 진술을 거부했습니다. (민수의)

    b. 그는 **바닥**을 청소했다. (교실의)

    c. **원인**을 모르겠어요. (사건의)

    d. 오늘 **정상**에 섰습니다. (한라산의)

13) 이러한 관계 명사는 담화상 실현되기 위해서는 예컨대 속격 보어를 필요로 할 수 있고, 그 속격 보어와는 속격 구문, 곧 넓은 의미의 '소유 구문'을 만든다. 관계 명사가 그 속격 보어와 엮어내는 '관계'는 무한할 정도로 엄청난 다양성을 가진다. 이에 대한 상세한 언급은 Langacker(김종도 역 1999: 181) 참조.

(17) a. 사람 관계 명사: 어머니, 아들, 스승, 회장 등

　　 b. 공간물 관계 명사: 입구, 바닥, 천장, 계단, 기둥, 창문 등

　　 c. 신체(혹은 몸체)부위 관계 명사: 머리, 손, 발, 날개 등

　　 d. 개체물 관계 명사: 씨, 뚜껑, 손잡이, 받침 등

　　 e. 추상적 관계 명사

　　　　 e-1. 정도 관계 명사: 등급, 규모, 부피, 거리, 무게, 값, 비율 등

　　　　 e-2. 수량 관계 명사: 수, 양, 다수, 소수, 다량 등

　　　　 e-3. 인과적 관계 명사 외: 원인, 결과, 이유, 조건, 기준, 등

　　　　 e-4. 시간 관계 명사: 상순, 하순, 중간, 기간, 시대, 시기 등

　　　　 e-5. 공간 관계 명사: 중앙, 구석, 변두리, 지류, 중턱, 동쪽 등

　(17a)의 **사람 관계 명사**는 실체 명사 중 사람 명사에 속하지만 직접 지시대상(곧 사람)을 가리키는 것이 아니라 친족이나 사회 체계의 구성원이 가지고 있는 역할 관계를 간접적으로 지시하는 명사이다(예: *민수의 어머니, 삼성 그룹의 회장*).

　(17b)의 **공간물 관계 명사**는 사물 명사 중 공간물 명사에 속하지만 직접 공간물을 지시하는 것이 아니라 공간물을 구성하는 어떤 부분을 간접적으로 가리키는 명사이다(예: *지하철(의) 입구, 건물의 기둥, 산(의) 중턱*).

　(17c)의 **신체(혹은 몸체)부위명사**는 사물 명사 중 공간물 명사에 속하지만 신체(몸체)부위 공간물을 직접적으로 가리킬 수 있는 것이 아니라 어떤 사람(동물)의 신체(몸체)부위를 간접적으로 지시하는 명사이다(예: *민수의 머리, 새의 날개*).

　(17d)의 **개체물 관계 명사**는 사물 명사 중 개체물 명사에 속하지만 완성된 개체물을 직접 가리키는 것이 아니라 어떤 개체물을 구성하는 부분을 간접적으로 지시하는 명사이다(예: *주전자의 손잡이, 장독의 뚜껑*).

(17e)의 **추상적 관계 명사**는 실체물(혹은 추상물) 그 자체가 내포하거나 나타낼 수 있는 본유(本有)적 특성과는 무관하게, 그것에 대한 정도, 수량, 시간, 공간 그리고 인과적 관계 등과 같은 여러 존재 양식을 간접적으로 나타낸다(예: *제품의 등급, 미혼모의 수, 지방선거의 결과, 7월의 상순, 한강의 지류*).

이처럼 관계 명사의 기본적인 특징은 자신들이 담화상에서 홀로 쓰일 수 있을 만큼 통사-지시적 자율성을 가지고 있지 않다는 것이다(물론 이 경우 담화적이거나 화용론적인 어떤 정보도 전제하지 않는다). 바로 그런 이유로 이들 관계 명사는 다음 (18)의 예들에서처럼 'N(의)'와 같은 속격 보어(곧 논항)를 통해서 실체물(혹은 추상물) 명사와 통사-지시적으로 연대될 때만 이 어떤 지시체를 온전하게 나타낼 수 있다.

(18) a. *저분은 **어머니**이시다./ 저분은 **민수(의) 어머니**이시다.

    b. ***입구**가 파손되었다. / **박물관(의)** 입구가 파손되었다.

    c. *나는 **손**을 잡았다. / 나는 **민수(의)** 손을 잡았다.

    d. *나는 **기둥**을 세웠다. / 나는 **천막(의)** 기둥을 세웠다.

    e. ***부피**가 너무 크다. / **트렁크(의)** 부피가 너무 크다.

    f. ***다수**가 체벌을 경험했다. / **학생들의 다수**가 체벌을 경험했다.

    g. *그는 **원인**을 안다. / 그는 **사건의 원인**을 안다.

    h. *그는 **상순**에 왔다. / 그는 **지난달(의)** 상순에 왔다.

    i. ***지류**가 오염되었다. / **금강(의)** 지류가 오염되었다.

그러면 이러한 관계 명사는 똑같이 속격 보어를 요구할 수 있는 사태 명사와는 어떻게 다를까? 그것은 사태 명사는 (14)에서도 보았듯이 술어 명사로서 술어적 의미관계를 표시할 수 있는데 반해 관계 명사는 그렇지 않다는데 있다. 즉 관계 명사는 -자신이 통사-지시적으로 의존하는-

속격 보어를 취하지만, 이 보어와는 술어적 의미관계를 구성하는 것이
아니라 그 보어의 부분을 이루는 존재 양식을 나타낸다고 할 수 있다(강
범모(2001: 6-8 참조). 이는 위 (18)에서 관계 명사의 통사-지시적 지주의
역할을 했던 실체물 명사(N1)가 다음 (18')에서처럼 피수식어였던 관계
명사(N2) 없이도 홀로 해당 지시체를 나타낼 수 있다는 데서 확인된다.

(18') a. 저분은 **민수(의) 어머니**이시다. → 저 사람은 **민수**이다.

    b. **박물관(의) 입구**가 파손되었다. → **박물관**이 파손되었다.

    c. 나는 **민수(의) 손**을 잡았다. → 나는 **민수**를 잡았다.

    d. 나는 **천막(의) 기둥**을 세웠다. → 나는 **천막**을 세웠다.

    e. **트렁크(의) 부피**가 너무 크다. → **트렁크**가 너무 크다.

    f. **학생들의 다수**가 체벌을 경험했다. → **학생들**이 체벌을 경험했다.

    g. 그는 **사건의 원인**을 안다. → 그는 **사건**을 안다.

    h. 그는 **지난달(의) 상순**에 왔다. → 그는 **지난달**에 왔다.

    i. **금강(의) 지류**가 오염되었다. → **금강**이 오염되었다.

이에 반해 'N1의 N2'에서 N2가 사태 명사일 경우는 다음 (19)에서처
럼 N2 없이 N1만이 홀로 해당 개체를 나타낼 수 없다.

(19) a. **기차의 출발**은 1시간 전에 공지됐다.

    →*__기차__는 1시간 전에 공지됐다.

    b. 김 교수의 **제자(의) 총애**는 널리 알려진 사실이다.

    →*김 교수의 **제자**는 널리 알려진 사실이다.

    c. **평양(의) 함락**은 시간 문제였다.→*__평양__은 시간 문제였다.

    d. **시민들의 불편**은 끝이 없었다.→*__시민들__은 끝이 없었다.

이처럼, 'N1의 N2'에서 N2가 관계 명사일 경우 N2가 생략되고도 적격문이 유지될 수 있는 것은 관계 명사 N2가 보어인 N1과는 술어적 의미관계를 구성하는 것이 아니라 그것의 부분적 개체나 존재 양식을 나타낼 뿐이기 때문이다. 반면 'N1의 N2'에서 N2가 사태 명사일 경우 N2가 생략될 때 비문이 되는 것은 사태 명사 N2가 논항 N1과는 술어적 의미의 관계에 놓이는 술어 명사이기 때문이다.[14]

2.4. 국어명사 분류와 목록

지금까지 논의된 명사의 유형들을 실체 명사와 비실체 명사로 나누어 각각 다음 (20)과 (21)처럼 계층적 도식으로 나타낼 수 있다.

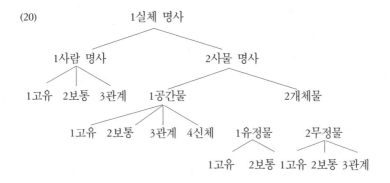

14) 박만규(2007)에서는 술어 명사의 개념에 혼재가 있는 것은 세 가지 다른 관점(의미-통사적 관점, 논리의미론의 관점, 존재유형론의 관점)에 따른 술어 명사의 범위가 학자에 따라 다르기 때문이라고 한다. 상기 우리의 논의에서 사태 명사만이 술어 명사로 행태할 수 있다고 하는 것은 의미-통사적 관점에서이다. 그러나 'N1의 N2'의 속격 구조에서 N2가 논항 N1을 가져야 한다는 논리의미론의 관점에서 볼 때 본문 (18)의 예에서처럼 관계 명사인 N2도 논항 N1을 지배하는 술어 명사의 한 유형일 수 있다. 그래서 우리는 'N1의 N2'의 속격 구조에서 N2가 사태 명사이든 관계 명사이든 공히 논항 N1을 지배하는 명사 제사(名詞 制辭)로 보고자 한다.

(21)

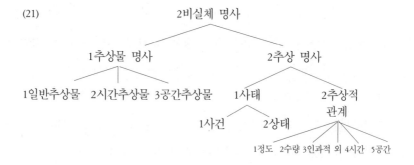

    (20)과 (21)에서 계층적 도식으로 분류된 실체 명사와 비실체 명사의 유형들을 해당하는 예와 함께 정리하면 다음 (22)와 같다.[15]

(22) 국어 명사의 분류

1실체 명사
  11사람 명사
    111고유명사: 민수, 케네디, 김준묵 등
    112보통명사: 사람, 국민, 남자, 노인, 청년, 학생, 소년 등
    113관계 명사: 어머니, 아들, 조카, 회장, 스승, 주인 등

12사물 명사
  121공간물 명사
    1211고유명사: 한라산, 금강, 대구, 고려, 뉴욕, 인도 등
    1212보통명사: 논, 산, 들, 강, 댐, 하늘, 땅, 우주, 학교, 호텔, 운동장,
                 체육관, 도시, 농촌, 국내, 무대, 정부, 대학, 단체, 기관,
                 가정, 사회 등

---

15) 다음 (22)의 명사 분류가 하위 부분(곧 '추상물 명사'와 '관계 명사')에서는 다르지만 상위 부분과 예시에서는 최경봉(1988: 61-81)과 김인균(2002: 285-287)을 참고하고 있음을 다시 한 번 밝힌다.

1213공간물 관계 명사: 바닥, 천장, 벽, 계단, 입구, 기둥, 교각, 문, 현관 등

1214신체(혹은 몸체)부위 관계 명사: 머리, 가슴, 얼굴, 발, 꼬리, 날개 등

122개체물 명사

1221유정물 명사

12211고유명사: 호돌이, 쫑, 다롱이 등

12212보통명사: 말, 토끼, 비둘기, 도롱뇽 등

1222무정물 명사

12221고유명사: 아반테, 미원, 애니콜 등

12222보통명사: 나무, 자동차, 책, 종이, 물, 횃불, 커피, 흙, 눈, 바람, 빛, 산소, 그림, 컴퓨터 등

12223개체물 관계 명사: 부품, 뚜껑, 손잡이, 받침, 마개, 다리, 끈, 안장, 테, 씨, 줄기, 뿌리, 가지, 열매 등

2비실체 명사

21추상물 명사

211일반 추상물 명사[16]: 문학, 예술, 철학, 소설, 법; 종교, 신앙, 용기, 비밀, 업무, 업적, 매사, 습관, 인연, 친분, 솜씨, 충성심; 민주주의, 진실, 거짓, 현실; 자연, 기온, 날씨 등

212시간 추상물 명사: 봄, 낮, 밤, 정오, 순간1, 새벽, 어제, 오늘, 내년, 미래 등

213공간 추상물 명사: 장소, 자리, 공간, 여백 등

---

16) 이병모(2001)에서 말하는 일반 추상 명사 중 추상적 존재를 나타내는 명사들(김인균 2002: 283에서 재인용)과 김인균(2002: 286)에서 말하는 추상물 명사 중의 다수가 여기에 해당한다.

22추상 명사

221사태 명사

2211사건명사: 생각, 헌신, 보도, 결혼, 복종, 연구, 건설, 거절, 대답, 전쟁, 취직, 변모, 변질, 운동, 비행, 휴식, 희망, 이해, 걱정, 계획, 결심, 노력, 강조, 과장, 고발, 동의, 인식, 이해, 원망, 자랑 등.

2212상태명사: 건강, 부족, 불편, 불행, 성실, 필요, 무능력, 평안, 정직, 요란, 친절, 얌전, 청결, 공정, 공평, 고독 등.

222추상적 관계 명사

2221정도 관계 명사: 등급, 규모, 부피, 거리, 값, 비율, 무게 등

2222수량 관계 명사: 수, 수효, 양, 다수, 소수, 일부, 과반수 등

2223인과적 관계 명사 외: 원인, 이유, 결과, 까닭, 조건, 특징, 증거, 기준, 목록, 내용, 제목, 목차, 서문, 구조, 기능 등

2224시간 관계 명사: 초순, 중간, 기간, 시대, 시기, 순간2 등

2225공간 관계 명사: 중앙, 가운데, 중간, 중심, 중턱, 가장자리, 구석, 변두리, 주변, 정상, 꼭대기, 상류, 지류, 동쪽, 이북, 이남 등

2.5. 속격 명사구 'N1의 N2'의 결합 유형

상기 (22)에서 의미-통사적 특성에 따라 계층적으로 분류된 여러 유형의 명사들은 'N1의 N2'의 모든 배합을 용인할까? 아니면 속격 명사구의 형성이 어느 정도 제약을 받을까? 이를 위해 (22)에서 분류된 명사의 유형들을 논의상 다음 (23)에서처럼 여섯 개의 포괄적인 유형으로 나눌 수 있다.

(23) ① 사람 명사(11)

　　 ② 공간물 명사(121)

　　 ③ 개체물 명사(122)

　　 ④ 추상물 명사(21)

　　 ⑤ 사태 명사(221)

　　 ⑥ 추상적 관계 명사(222)

〈표 1〉[17] 'N1의 N2'의 가능한 결합의 실례

N1＼N2	①	②	③	④	⑤	⑥
①민수, 노인, 학생/아들, 스승, 주인 등	노인의 아들, 민수의 스승	ⓐ민수의 땅 ⓑ민수의 가정 ⓒ민수(의) 손 ⓓ거지들의 왕국 ⓔ어린이들의 공원	ⓐ민수의 모자 ⓑ솔거의 그림 ⓒ민수의 사진 ⓓ남편의 넥타이	ⓐ학생의 용기 ⓑ민수의 선물 ⓒ학자의 업적 ⓓ피난민의 이야기	ⓐ마첸의 경고 ⓑ민수의 행복 ⓒ살인자의 체포	ⓐ민수의 문제 --------- 학생의 수 국민의 다수 링컨의 시대
②한강, 시골, 동굴, 가정, 세상 / 천장 /머리, 날개 등	ⓐ세상의 여자들 ⓑ학교의 교장 ⓒ인도의 시성 ⓓ대한의 딸	ⓐ시골(의) 학교, 학교(의) 운동장, 운동장의 무대 ⓑ무대의 천장	ⓐ마당의 잡초 ⓑ보르도의 포도주, 현대의 포니 ⓒ론강의 미스트랄 ⓓ한강의 사진	ⓐ동굴의 비밀 ⓑ선방의 하루 ⓒ신라의 문화 ⓓ한강의 기적 ⓔ삼성그룹의 소식	ⓐ가정의 평안 ⓑ미군부대의 이전	ⓐ마을의 복판 --------- 공장의 규모 도시의 일부

③새, 포니, 책, 햇불, 나무, 바람, 시, 작품/뚜껑, 줄기 등	ⓐ말의 주인, 책의 저자 ⓑ철의 여인, 바람의 아들	ⓐ말의 섬, 새들의 왕국 ⓑ물의 도시, 풍차의 나라 ⓒ새의 날개	ⓐ햇불의 사진 ⓑ나무의 줄기, 안경의 테, 자전거의 안장 ⓒ죽의 장막	ⓐ원숭이의 이야기	ⓐ건물의 붕괴, 개구리의 부족 ⓑ주택의 건설	물병의 부피 배의 수효 책의 대부분
④철학, 용기, 선물, 업무, 장소, 오늘 등	ⓐ무도의 달인, 장식의 전문가 ⓑ오늘의 친구 ⓒ장발의 청년 ⓓ중년의 남자, 지혜의 여신	ⓐ올해의 도시 ⓑ예전의 파리 ⓒ평화의 세계	ⓐ금주의 책 ⓑ어제의 신문 ⓒ노여움의 빛, 평화의 비둘기	ⓐ공부의 기술 ⓑ과학의 공포 ⓒ생명의 찬가 ⓓ인플레의 방지책 ⓔ지난달의 영화 ⓕ내일의 날씨 ⓖ연민의 시선 ⓗ일장춘몽의 인생	ⓐ범죄의 예방 ⓑ자정의 산책 ⓒ정신의 고갈 ⓓ여행의 기억	ⓐ 논문의 제목 ⓑ금연(의) 운동 --------- 사건의 원인 교통비의 총액 유지비의 반
⑤연구, 건설, 불편, 성실 등						
⑥길이, 다수, 다량, 이유, 고급, 초순, 중앙 등	ⓐ다수의 학생들 ⓑ일부의 사람들 ⓒ가운데의 학생	ⓐ대개의 도시들 ⓑ소수의 국가	ⓐ대부분의 책들 ⓑ다량의 물, 일부의 작품	ⓐ한 달의 휴가, 삼 년의 공백 ⓑ고급의 삶, 고도의 기술	최소의 헌신, 최대의 친절	최대의 원인 최소의 비율

'N1의 N2'를 생성하기 위한 (23)의 여섯 개 명사 유형의 결합 가능성을 보면 위 <표 1>과 같다.

<표 1>은 여섯 가지 유형의 명사 부류들이 각각 N1과 N2에 위치하여 생성할 수 있는 'N1의 N2'의 가능한 결합을 예시하고 있다. 이처럼 ①에서 ⑥까지의 여섯 가지 유형의 한국어 명사가 보여주는 속격 명사구의 결합 가능성을 바탕으로 다음 3장에서는 N1과 N2(곧 'N1의 N2')의 여러 결합 유형을 크게 다섯 가지(N1이 N2의 주체인 경우, N1이 N2의 공간적 지주인 경우, N1이 N2의 객체인 경우, N1이 N2의 존재 양식(곧 시간, 수량, 형상 그리고 속성)의 표지인 경우 그리고 N2가 술어 명사인 경우)로 나누어 그들의 세부 유형들이 프랑스어로 번역될 때는 어떻게 나타나는지를 대조 기술하고자 한다.

---

17) <표 1>의 세로축으로 나타나는 ①사람 명사, ②공간물 명사 그리고 ③개체물 명사의 각 예시 중 / 표시의 오른쪽 명사는 해당 명사 부류 중에서 관계 명사의 예이다.

제3장
'부N1의 N2'의
유형과
불역 문제

'N1의 N2'의 유형과 불역 문제

속격 조사 {의}에 의해서 묶이는 'N1의 N2'의 두 전후 명사구 사이의 의미 관계에 대한 논의는 최현배(2004(1937): 618-9)에서 {의}의 의미를 12개 항목으로 분류한 것에서 출발한다. 우리는 여기서 최현배의 분류와 함께, 그의 논의에 적지 않게 빚지고 있는 김승곤(1969), 전재호·박태권(1970), 심재기(1979), 김광해(1984), 허웅(1996), 이익섭 외(1997: 167-8) 그리고 서정수(2006: 571)에서의 분류를 참고로 하여 'N1의 N2'을 구성하는 두 명사구의 의미 관계를 다섯 가지 큰 유형1)으로 나눈 후 이들 큰 유형의

---

1) 우리는 다음 (i)과 (ii)의 예에서처럼 N2가 N1에 대한 '정도, 인과, 수량, 시간' 등을 표시하거나, '동격'을 나타낼 때(최현배 2004: 618에서는 '명칭'의 {의}로 분류하고 있다), 곧 {의}가 N1과 N2 사이의 특정한 의미 관계를 수렴하는 것 없이 단순히 두 명사구를 연결하는 역할만을 하는 경우는 이러한 유형화에서 제외했다(이익섭 외 1997: 168, 전재호·박태권 1970: 105 참조).

  (i) a. 학생의 비율
     b. 연구의 성과
     c. 학생의 수
     d. 독서의 계절(이익섭 외 1997: 168)
  (ii) a. 대구의 백만도시(전재호·박태권 1970: 105)

세부 속격형(곧 'N1의')들이 프랑스어에서는 어떤 언어적 형식으로 번역되는지를 기술하고자 한다.[2]

3.1. N1이 N2의 주체인 경우

'N1의 N2'에서 N1이 N2에 대한 개체물의 주체로 나타나는 경우란 N1이 N2에 대해 '소유(所有), 소속(所屬), 존재(存在), 관계(關係), 소작(所作), 소행(所行), 소성(所成)'의 주체로 해석되는 경우를 말한다. 이들 각 속격 구조가 프랑스어에서는 어떤 언어 형식으로 나타나는지를 보면 다음과 같다.

---

b. 항도의 부산(전재호 · 박태권 1970: 105)

c. 백두(白頭)의 산(최현배 2004: 618)

2) "'N1의 N2'→ 'N2 de N1'"로의 불역에서 N1과 N2는 각각 부정관사(남성 단수형 un, 여성 단수형 une, 남녀성 복수형 des)나 정관사(남성 단수형 le, 여성 단수형 la, 남녀성 복수형 les)를 수반하는 것이 일반적이다(이에 대한 상세한 논의는 4장 참조). 여기서 일반명사가 관사를 수반한 'de N1'의 제 축약형(축약되지 않는 형도 포함)을 예시하면 다음과 같다.

(i) N1이 부정관사를 수반한 경우
   a. de + un N1 → d'un N1
   b. de + une N1 → d'une N1
   c. de + des Ns1 → de Ns1(Ns1는 N1의 복수형이고, 'de+des'는 불협화음 회피에 따라 'de'가 됨)
(ii) N1이 정관사를 수반한 경우
   a. de + le N1 → du N1
   b. de + la N1 → de la N1
   c. de + le/la N1 → de l'N1(N1이 모음이나 무음h로 시작하는 명사일 때는 정관사의 '-e(ə)'와 '-a(a)'의 모음이 생략되어 l'N1형이 됨)
   d. de + les N1 → des Ns1(이곳의 des는 부정관사의 복수형 des와 동음이의형임)

3.1.1. '소유'의 주체

'N1의 N2'가 '소유(possession)'의 의미 관계를 갖는다는 것은 'N1이 가지고 있는 N2'로 환언될 수 있는 명사구를 말한다. '소유'의 속격 명사구는 일반적으로 다음 (1)에서처럼 인간이 실체물을 가지는 것을 나타낸다.[3]

(1) a. ①×②-ⓐ: <u>민수의</u> **땅** → **le terrain**(땅) <u>de Minsu</u>(민수의)

    b. ①×②-ⓐ: <u>민수의</u> **학교** → **l'école**(학교) <u>de Minsu</u>(민수의)

    c. ①×③-ⓐ: <u>민수의</u> **모자** → **le chapeau**(모자) <u>de Minsu</u>(민수의)

그러나, 다음 (2a)에서의 '용기'를 포함한 '종교, 철학, 비밀' 등의 추상물 명사나 (2b)의 '문제'와 같은 추상적 관계 명사를 인간이 가지는 것은 물론, (2c, d)에서처럼 인간이 아닌 공간물(N1)이나 추상물(N1)이 지니는 추상물(N2)이나 추상적 관계 명사(N2)도 소유 관계로 해석된다.

(2) a. ①×④-ⓐ: <u>민수의</u> **용기** → **le courage**(용기) <u>de Minsu</u>(민수의)

    b. ①×⑥-ⓐ: <u>민수의</u> **문제** → **les problèmes**(문제) <u>de Minsu</u>(민수의)

    c. ②×④-ⓐ: <u>동굴의</u> **비밀** → **le secret**(비밀) <u>de la grotte</u>(동굴의)

    d. ④×⑥-ⓐ: <u>논문의</u> **제목** → **le titre**(제목) <u>de la thèse</u>(논문의)

(1)과 (2)의 불역에서 볼 수 있듯이 한국어에서 '소유'의 의미를 갖는 'N1의 N2'의 속격 명사구는 프랑스어에서 전치사 de에 의해 이어지는

---

3) 앞으로 2장의 <표 1>에서 분류된 N1과 N2의 배합을 '①×①' 식으로 먼저 표시한 후에 해당 예를 들면서 한국어와 프랑스어를 대조 분석할 것이다. 이곳 3장에서 말해지는 <표 1>은 2장의 <표 1>을 가리킨다.

'N2 de N1'의 복합 명사구로 나타난다.

3.1.2. '소속'의 주체

'N1의 N2'에서 주체의 N1이 N2를 구성하는 한 부분일 수도 있고, 반대로 N2가 그 주체인 N1을 구성하는 한 부분일 수도 있다. 이 두 경우 모두 N1과 N2 사이에는 '전체-부분 관계(relation of Entity-Part)'가 성립한다. 다음 (3)의 예들이 전자의 경우로 N1에는 사람 명사가 오고 N2에는 공간물 명사가 온다.

(3) a. ①×②-ⓑ: 민수의 **가정** → **le foyer**(가정) de Minsu(민수의)

    b. ①×②-ⓑ: 민수의 **회사** → **la société**(회사) de Minsu(민수의)

    c. ①×②-ⓑ: 민수의 **학교** → **l'école**(학교) de Minsu(민수의)

(3)의 속격 명사구는 '민수가 구성원인 가정, 회사 그리고 학교'로 해석된다. 이 경우 'N1의'는 모두 'de N1'로 불역된다. 한편 앞 (1b)에서뿐만 아니라 이 곳 (3c)에서도 분류되는 '민수의 학교'는 그 해석이 중의적이다. 곧 (1b)에서는 '민수가 소유하고 있는 학교'라면, (3c)에서는 '민수가 다니는(곧 소속된) 학교'이다. 그럼에도 속격형 '민수의'가 'de Minsu'로 불역되기는 마찬가지이다.

한편 N2가 그 주체인 N1의 한 부분을 구성하는(곧 N1에 소속되는) 경우란 다음 (4)~(5)에서처럼 N2는 공간물 명사 중 '머리'와 같은 신체부위 명사(곧 bpN)이고 N1은 이 신체부위명사가 소속되는 개인 주체일 때이다. 이때 N1과 N2 사이에는 '전체-부분'의 관계가 성립한다. <표 1>에서

①×②-ⓒ의 배합이 이에 해당한다. 이 경우 'N1의'는 프랑스어에서 전치사 de에 의해 지배되는 'de N1'형만이 아니라, 전치사 à[4]에 의해 지배되는 'à N1'형으로도 나타난다.

(4) a. 사법관은 <u>메그레의</u> **손**을 꽉 쥘 뿐이었다.

→ Le magistrat s'était contenté de serrer **la main** <u>de Maigret</u>. (Simenon *Témoins*)

b. 나는 수염이 있는 신문 가판점 주인인 <u>내 친구의</u> **손**을 꽉 잡는다.

→ Je serre **la main** <u>de mon ami</u>, le kiosquiste barbu. (Wolinski *Lettre* 31)

c. 오 박사가 웃으며 <u>민준이의</u> **등**을 토닥였다. (고양이2-1: 49)

→ Et avec un sourire, il tapota **le dos** <u>de Minju</u>. (chat2-1: 46)

(5) a. 나는 <u>누군가의</u> **다리**를 부러뜨려야 했다.

→ J'ai dû casser **les jambes** <u>à quelqu'un</u>. (Blanche-Benveniste *et al*. 1984)

b. 그는 <u>Rosa 부인의</u> **엉덩이**에다 헤로인 주사를 놓았다.

→ Il avait foutu dans **le cul** <u>à Madame Rosa</u> la ration d'héroïne. (Ajar Vie 89)

c. 그는 <u>비지앙의</u> **따귀**를 갈기고 싶은 강한 욕구가 발동했다.

→ Il commençait à avoir une sérieuse envie de casser **la gueule** <u>à Bijien</u>. (Garz Tête 239)

d. 가짜 중놈이 <u>가짜 부처의</u> **눈깔**에 점안을 했구나. (만 163)

→ Un faux moine a peint **les yeux** <u>à un faux Bouddha</u>! (Man 159)

이처럼 신체부위명사(N2)의 개인 주체를 나타내는 'N1의'가 (4)의 경우처럼 프랑스어에서 명사 보어를 이끄는 전치사 de를 수반하여 'de N1'로

---

4) 이 경우 전치사 à는 '소속'이나 '소유'의 용법을 갖는다.

나타나는 것이 일반적이지만, 16세기까지 '소속(appurtenance)'의 용법으로 널리 쓰인 전치사 à의 관례가 여전히 남아 (5)의 경우처럼 'à N1' 형으로도 나타난다.[5]

한편, 이러한 '소속'의 의미는 N1이 '고양이, 말' 등과 같은 유정 개체물 명사이고 N2가 '꼬리, 날개' 등과 같은 이들 유정 개체물의 몸체 부위를 나타내는 공간물 관계 명사로 구성된 다음 (6)에서와 같은 ③×②-ⓒ의 속격 명사구 배합에서 나타난다.

(6) a. 새의 **날개** → **les ailes**(날개) d'un oiseau(새의)

    b. 고양이의 **꼬리** → **la queue**(꼬리) d'un chat(고양이의)

    c. 뱀의 **혀** → **la langue**(혀) du serpent(뱀의)

또한 '소속'의 의미는 N1이 '나무, 건물' 등과 같은 무정 개체물 명사이고 N2가 '줄기, 기둥' 등과 같이 이들 무정 개체물의 일부분을 나타내는 개체물 관계 명사로 구성된 다음 (7)과 같은 ③×③-ⓑ의 속격 명사구 배합에서도 나타난다.

(7) a. 나무의 **줄기** → **les branches**(줄기) de l'arbre(나무의)

    b. 사원의 **기둥** → **les piliers**(기둥) d'un temple(사원의)

    c. 믹서의 **뚜껑** → **le couvercle**(뚜껑) d'un mixeur(믹서의)

---

5) 전치사 à가 갖는 '소속'의 용법은 16세기까지는 다음 (i)의 예들에서처럼 일상어로 쓰이다가 17세기부터는 드물어진다(Grevisse 1988: 571 참조).

  (i) a. Le filz AL rei Malcud (*Rol.*, 1594) (= Le fils au roi Malcud = Malcud 왕의 아들)

    b. Fille A un duc d'Alemaigne (Floire et Blancheflor, 2151) (= Fille à un duc d'Alemaigne = Alemaigne 공작의 딸)

    c. L'espouse À Jupiter (Ronsard) (= L'épouse à Jupiter = Jupiter의 배우자)

d. <u>자전거의</u> **안장** → **la selle**(안장) <u>d'un vélo</u>(자전거의)

요약하면, 'N1의 N2'에서 주체인 N1과 그 부분을 구성하는 N2 사이에 소속 관계(relation of appurtenance)가 성립하는 경우는 두 가지 유형으로 나뉜다. 하나는 N1에는 사람 명사가 오고 N2에는 공간물 명사가 오는 경우로 <표 1>에서 ①×②-ⓑ의 배합에 해당한다. 이 경우 'N1의'는 프랑스어에서 'de N1'로 나타난다. 다른 하나는 N1의 개인 주체나 유정물 주체 그리고 무정 개체물에 N2의 개인의 신체부위명사, 유정물의 몸체 부위명사 그리고 개체물 관계 명사가 각각 소속되는 경우로 <표 1>에서 ①×②-ⓒ와 ③×②-ⓒ 그리고 ③×③-ⓑ의 배합이 해당한다. 이 경우 인간 주체의 'N1의'는 'de N1'이나 'à N1'로 불역된다면, 유정물 주체나 무정 개체물의 'N1의'는 'de N1'로 불역된다.

3.1.3. '존재'의 주체

'N1의 N2'가 존재(existence)의 의미를 갖는 경우란 주체의 N1이 N2의 공간적 경계 내에 존재하는 경우이다. 이때 'N1의 N2'는 'N1이 많이 있는 N2'로 환언된다. 두 가지 하위 유형으로 나눌 수 있다. 첫째, 다음 (8)에서처럼 N1에는 유정 개체물명사가 오고 N2에는 공간물 명사가 오는 경우이다.

(8) a. ①×②-ⓓ: <u>거지들의</u> **왕국** → **le royaume**(왕국) <u>des clochards</u>(거지들의)

   b. ③×②-ⓐ: <u>말들의</u> **섬** → **l'île**(섬) <u>des chevaux</u>(말들의)

   c. ③×②-ⓐ: <u>새들의</u> **천국** → **le paradis**(천국) <u>des oiseaux</u>(새들의)

(8)의 속격 명사구들은 각각 '거지들이나 새들이 많이 있는(곧 존재하는) 왕국이나 천국'과 '말이 많이 있는(곧 존재하는) 섬'으로 해석된다.

둘째, 다음 (9)에서처럼 N1에는 무정 개체물명사가 오고 N2에는 공간물 명사가 오는 속격 명사구에도 '존재'의 의미가 있다.

(9) a. ③×②-ⓑ: 물의 도시 → **la ville**(도시) <u>d'eaux</u>(물의)

    b. ③×②-ⓑ: 풍차의 나라 → **le pays**(나라) <u>des moulins à vent</u>(풍차의)

곧 (9a, b)의 속격 명사구는 각각 '물이 많이 있는 도시'와 '풍차가 많이 있는 나라'로 해석된다.

이렇듯, 존재의 의미를 갖는 이들 두 가지 하위 유형의 'N1의'는 모두 속격 보어 'de N1'로 불역된다.

3.1.4. '관계'의 주체

N2에 '어머니, 아들, 동생, 친구, 스승' 등과 같은 인간 관계어가 나타나는 'N1(인간관계의 주체)의 N2(인간 관계어)'의 속격 명사구는 프랑스어에서 전치사 de로 이어지는 'N2(인간 관계어) de N1(인간관계의 주체)'의 복합 명사구로 나타난다. <표 1>에서 ①×①의 배합이 여기에 해당한다. 다음 (10)에서처럼 두 개의 사람 명사가 속격 구성으로 연접(coordinating)될 때 가능한 배합은 이 배합밖에 없다.

(10) a. <u>민수의</u> 동생 → **le petit frère**(동생) <u>de Minsu</u>(민수의)

    b. <u>청년의</u> 스승 → **le maître**(스승) <u>du jeune homme</u>(청년의)

    c. *<u>민수의</u> 청년 → ***le jeune homme**(청년) <u>de Minsu</u>(민수의)

(10c)가 성립하지 않는 것은 {의}로 연접된 두 명사가 'N1(인간관계의 주체)의 N2(인간 관계어)'의 속격 구성이 아니라 두 명사가 모두 사람을 직접 가리키는 실체물 명사로 되어 있기 때문이다. 그러면 N1과 N2가 모두 외견상 인간 관계어로만 구성된 다음 (11)의 예들은 어떻게 설명할 수 있을까?

> (11) a. <u>삼촌의</u> 스승 → le maître(스승) <u>de mon oncle</u>(내 삼촌의)
>
> b. <u>친구의</u> 고모 → la tante paternelle(고모) <u>de mon ami</u>(내 친구의)

{의}의 전후 두 명사구가 모두 외견상 인간 관계어로만 구성됨으로써 지시적 정체성(referential identity)을 갖추지 못해 부자연스런 표현이 될 수도 있을 위 (11)의 예들이 적격한 이유는 무엇일까? 그것은 속격 구성에서 통상 N2에 위치하는 인간 관계어가 N1에 위치할 때는 기본적으로 화자 자신을 가리키는 '내, 나의'와 같은 속격 관형어가 생략되는 것이 한국 어에서는 자연스러운 현상이기 때문이다. 그러한 생략이 용인되지 않는 프랑스어의 경우에는 (11)의 불역에서 볼 수 있듯이 N1[oncle(삼촌)이나 ami(친구)]의 지시적 정체성을 확보하기 위해서는 화자를 가리키는 소유 관형어(곧 소유 형용사 mon)가 N1 앞에 반드시 위치해야 한다.[6]

3.1.5. '소작'(所作), '소행'(所行), '소성'(所成)의 주체

'그림, 시, 소설, 평론, 영화, 음악, 편지' 등과 같은 작품을 만드는 작 자(作者)가 N1에 명시되는 'N1(작자)의 N2(작품)'의 속격 명사구는 프랑스

---

6) 서론의 각주 13) 참조할 것.

어에서 전치사 de로 이어지는 'N2(작품) de N1(작자)'의 속격 명사구로 나타난다. <표 1>에서 ①×③-ⓑ의 배합이 이에 해당한다.

(12) a. 솔거의 그림 → la peinture(그림) de Solgeu(솔거의)

  b. 학생의 시 → les poèmes(시) d'un étudiant(학생의)

  c. 베케트의 작품 → les oeuvres(작품) de Beckett(베케트의)

한편 'N1의 N2'가 소행(所行)의 의미를 갖는 경우란 'N2를 행한 N1'의 의미로 해석되는 속격 명사구를 말한다. 다음 (13)에서처럼 ①×④-ⓑ의 배합이 이 소행의 속격 구조에 해당한다.

(13) a. ①×④-ⓑ: 친구의 선물 → le cadeau(선물) d'un ami(친구의)

  b. ①×④-ⓑ: 청소년의 범죄 → le délit(범죄) des jeunes gens(청소년의)

  c. ①×④-ⓑ: 민수의 일상사 → la tâche quotidienne(일상사)de Minsu
    (민수의)

  d. ①×④-ⓑ: 괴로울 땐 술을 마시라던 지산의 말이 떠올랐다. (만 209)

    → Le mot de Jisan sur l'alcool qui guérit les tourments me remonta à
      la mémoire. (Man 204)

마지막으로 'N1의 N2'가 소성(所成)의 의미를 갖는 경우란 주체(개인이나 국가 기관 등의 단체)인 N1이 N2를 이룬 것으로 해석되는 속격 명사구이다. 이에 상응하는 속격 구조의 배합은 다음 (14)에서와 같이 두 가지 유형이다.

(14) a. ①×④-ⓒ: 학자의 업적 → les travaux(업적) d'un savant(학자의)

b. ②×④–ⓒ: 신라의 문화 → **la culture**(문화) de la dynastie Silla(신라의)

하나는 (14a)처럼 N1에는 사람 명사가 오고 N2에는 추상물 명사가 오는 경우이고, 다른 하나는 (14b)처럼 N1에는 공간물 명사가 오고 N2에는 추상물 명사가 오는 경우이다.

이렇듯, 한국어 속격 명사구에서 N1이 N2에 대해 '소작'의 의미를 갖든, '소행'의 의미를 갖든 그리고 '소성'의 의미를 갖든 이들의 'N1의'가 프랑스어에서도 'de N1'로 나타나기는 매한가지라는 것을 알 수 있다.

지금까지 'N1의 N2'에서 N1이 N2의 주체로 해석될 때, N1과 N2 사이의 의미 관계는 '소유, 소속, 존재, 관계, 소작, 소행, 소성'과 같은 의미로 개념화될 수 있음을 보았다. 이들 각 의미를 갖는 한국어 속격 명사구가 프랑스어에서 어떻게 실현되는지는 다음 <표 2>에서와 같이 정리된다.

〈표 2〉 N1이 N2의 주체인 경우

N1과 N2의 의미 관계		한불 번역의 예
① 소유	N1이 N2의 소유자	a. ①×②–ⓐ: 민수의 땅 → le terrain(땅) **de** Minsu(민수의) b. ①×④–ⓐ: 민수의 용기 → le courage(용기) **de** Minsu(민수의) c. ②×④–ⓐ: 동굴의 비밀 → le secret(비밀) **de la grotte**(동굴의) d. ④×⑥–ⓐ: 논문의 제목 → le titre(제목) **de la thèse**(논문의)
② 소속	N1과 N2 간의 소속관계에 있어서 주체인 N1	a. ①×②–ⓑ: 민수의 가정 → le foyer(가정) **de** Minsu(민수의) b-1. ①×②–ⓒ: 민수의 등 → le dos(등) **de** Minsu(민수의) b-2. ①×②–ⓒ: 민수의 따귀 → la gueule(따귀) **à** Minsu(민수의) c. ③×②–ⓒ: 뱀의 혀 → la langue(혀) **du** serpent(뱀의) d. ③×③–ⓑ: 나무의 줄기 → les branches(줄기) **d'un arbre**(나무의)

③ 존재	N1이 N2에 있는 존재	a. ③×②-ⓐ: <u>말들의</u> 섬 → l'île(섬) **des** chevaux(말들의) b. ③×②-ⓑ: <u>물의</u> 도시 → la ville(도시) **d'eaux**(물의)
④ 관계	N1이 인간관계어 N2에 대한 주체	①×①: <u>민수의</u> 동생 → le petit frère(동생) **de** Minsu(민수의)
⑤ 소작	N1이 N2를 만드는 작자	①×③-ⓑ: <u>솔거의</u> 그림 → la peinture(그림) **de** Solgeu(솔거의)
⑥ 소행	N1이 N2를 행하는 주체	①×④-ⓑ: <u>친구의</u> 선물 → le cadeau(선물) **d'un** ami(친구의)
⑦ 소성	N1이 N2를 이룬 주체	a. ①×④-ⓒ: <u>학자의</u> 업적 → les travaux(업적) **d'un** savant(학자의) b. ②×④-ⓒ: <u>신라의</u> 문화 → la culture(문화) **de** la dynastie Silla (신라의)

<표 2>를 통해서 다음 두 가지 사실을 재확인할 수 있다.

<1> N1이 N2의 주체로 해석되는 'N1의 N2'에서 N1과 N2는 각각 어떤 유형의 명사들로 구성되는가이다. N1은 기본적으로 사람 명사(①)로 구성된다. 이는 이곳 속격 명사구들의 N1이 N2에 대한 개인 주체로 작용하는 것이 일반적이기 때문이다. 그러나, ②×④-ⓐ의 '동굴의 비밀', ④×⑥-ⓐ의 '논문의 제목', ③×②-ⓒ의 '뱀의 혀', ③×③-ⓑ의 '사원의 기둥', ③×②-ⓐ의 '말의 섬', ③×②-ⓑ의 '물의 도시' 그리고 ②×④-ⓒ의 '신라의 문화'에서 보듯이 공간물 명사('동굴, 신라'), 추상물 명사('논문'), 무정 개체물 명사('사원') 그리고 유정 개체물 명사('뱀, 말')도 N1로 실현될 수 있다. N2는 'N1의'의 의미에 따라 인간관계어(①), 공간물 명사(②), 개체물 명사(③), 추상물 명사(④) 그리고 추상적 관계 명사(⑥)로 구성된다.

<2> 이곳의 속격 명사구가 '소유, 소속, 존재, 관계, 소작, 소행, 소성'

의 의미를 나타낼 때, 대부분의 'N1의'는 전치사 de를 수반한 속격형 'de N1'로 불역된다. 단 하나의 예외는 {의}가 '소속'의 의미를 띨 때, 곧 N1의 인물명사에 N2의 신체부위명사가 소속될 때는 'N1의'가 전치사 à 를 수반한 'à N1'로도 불역되는 관례가 여전히 남아있다는 사실이다.

3.2. N1이 N2의 공간적 지주인 경우

'N1의 N2'에서 공간물 명사인 N1이 여러 의미의 N2에 대하여 공간적 지주(spatial support)(곧 '소재(所在), 소속(所屬), 소산(所產), 소생(所生), 소기(所起)'의 지 주)로 해석되는 경우이다. 이들 속격 명사구가 프랑스어에서는 어떤 언어 형식으로 나타나는지를 보기로 하자.

3.2.1. '소재'의 공간

'N1의 N2'가 '소재(所在)'의 의미를 갖는 경우란 기본적으로 다음 (15) 에서처럼 'N1(공간물 명사)에 있는 N2'로 환언될 수 있는 속격 명사구를 말한다.7)

    (15) a. 세상의 모든 여자들 → '세상에 있는 모든 여자들'

        b. 용광로의 불 → '용광로에 있는 불'

        c. 마당의 잡초 → '마당에 있는 잡초'

---

7) 그러나 N2가 추상물 명사인 경우는 'N1에 있는 N2'로 환언되기 어렵다.
  (i) a. 옆방의 소리 → *옆방에 있는 소리(/옆방에서 나는 소리)
    b. 선방의 하루 → *선방에 있는 하루(/선방에서 보내는 하루)

d. 접시의 우유 → '접시에 있는 우유'

e. 바깥 하늘의 별들 → '바깥 하늘에 (떠)있는 별들'

f. 바닥의 그림 → '바닥에 있는 그림'

g. 바닷가의 돌멩이 → '바닷가에 있는 돌멩이'

이러한 '소재'의 'N1의 N2'는 다음 세 가지 유형으로 나눌 수 있다. 즉 'N1의'가 전치사 de를 수반하여 'de N1'로 불역되는 경우가 그 첫째 유형이고, 전치사 'dans'이나 'à'를 수반하여 불역되는 경우가 두 번째 유형이다. 마지막으로 N1이 '밑, 안, 속' 등과 같은 위치 명사를 수반한 'N1+위치N의 N2'의 속격 명사구가 어떤 언어 형식으로 불역되는지를 밝히는 것이 세 번째 유형이다.

[1] 'N1의 N2' → 'N2 de N1' 형식으로 불역되는 경우

'N1의 N2'가 전치사 de를 취하여 'N2 de N1' 형식으로 불역되는 경우이다. 공간물 명사 'N1'에 뒤이어 어떤 성격의 N2가 결합되는가에 따라 다음 세 가지 유형으로 나눌 수 있다.

첫째, 공간물 명사 N1에 사람 명사 N2가 결합되는 ②×①의 배합에 해당되는 경우로 다음과 같은 실례를 들 수 있다.

(16) a. 어째서 세상의 모든 여자들에겐 유방이 있는 것이지. (만 72)

　　 → Je me demande pourquoi **toutes les femmes** du monde ont des seins.
　　 (Man 67)

　 b. 옆자리의 **손님들**이 나가고 다시 새로운 손님들이 들어왔다. (만 229)

　　 → Les gens de la table d'à-côté partirent et d'autres les remplacèrent.

(Man 222)

c. 내 방의 **여자**는 오지 않고 있었다. (만 242)

→ La fille de ma chambre ne venait toujours pas. (Man 233)

d. 이 호수의 얼음은 **호수의 여신**이 말한 대로 저쪽 끝으로 갈수록
얇아진다. (고양이2-3: 104)

→ Comme **la déesse** du lac nous l'a dit tout à l'heure, l'épaisseur de la
glace s'amincit de plus en plus. (chat2-3: 104)

이들 예에서 보듯이 ②×①의 배합은 공간물(N1)에 사람(N2)이 소재하는
경우로 이들 속격 명사구의 불역은 다음과 같이 요약될 수 있다.

(17) a. N1(세상)의 N2(모든 여자들) → toutes les femmes(모든 여자들) du
monde(세상의)

b. N1(옆자리)의 N2(손님들) → Les gens(손님들) de la table d'à-côté(옆
자리의)

c. N1(내 방)의 N2(여자) → La fille(여자) de ma chambre(내 방의)

d. N1(호수)의 N2(여신) → la déesse(여신) du lac(호수의)

둘째, 공간물 명사 N1에 또 다른 공간물 명사 N2가 외재적인 포함 관
계를 이루는 ②×②의 속격 명사구이다. 다음과 같은 실례를 들 수 있다.

(18) a. 판자 동네의 **골목**은 배암의 꼬리처럼 길게 이어져 있었다. (만 88)

→ La ruelle du misérable village de cabanes s'allonge tel un serpent qui
se déroule. (Man 82)

b. 그 여자들이 저녁 바람을 훔쳐 담던 산사의 **뜨락**에는 (...). (만 126)

→ (...) et dans **le jardin** du temple où elles reçoivent le vent du soir (...).
(Man 121)

c. <u>그 섬의</u> **바닷가**에 움막을 쳤다고 했다. (만 142)

→ Il avait bâti une hutte sur **la plage** <u>de l'île</u>. (Man 137)

d. 대합실을 나와 <u>광장의</u> **벤치**에 앉았지. (만 190)

→ Je sortis de la salle d'attente et allai m'asseoir sur **un banc** <u>de la place</u>.
(Man 185)

e. <u>맨션 단지의</u> **광장**은 황량했습니다. (만 198)

→ **La place** <u>de cet ensemble résidentiel</u> était déserte. (Man 193)

이들 예의 ②(공간물 명사 N1)×②(공간물 명사 N2)의 속격 명사구 배합을 정리하면 다음과 같다.

(19) a. <u>판자동네의</u> 골목 → La ruelle(골목) <u>du misérable village de cabanes(판</u>
<u>자동네의)</u>

b. <u>산사의</u> 뜨락 → le jardin(뜨락) <u>du temple(산사의)</u>

c. <u>그 섬의</u> 바닷가 → la plage(바닷가) <u>de l'île(그 섬의)</u>

d. <u>광장의</u> 벤치 → un banc(벤치) <u>de la place(광장의)</u>

e. <u>맨션 단지의</u> 광장 → La place(광장) <u>de cet ensemble résidentiel(맨션</u>
<u>단지의)</u>

이처럼 이곳 속격 명사구의 전후 명사 N1과 N2는 'N2가 N1에 있는 식으로' 외재적 차원의 전체-부분 관계를 구성한다.

셋째, <표 1>의 ②×③-ⓐ의 배합에 해당되는 것으로 공간물 명사 N1에 개체물 명사 N2가 결합되는 경우이다. 다음과 같은 실례를 들 수 있다.

(20) a. 마츄는 <u>용광로의</u> 불을 손가락으로 가리켰다. (고양이2-3: 64)

→ Machu pointa sa patte vers **le brasier** <u>d'un fourneau</u>. (chat2-3: 64)

b. 발정한 뱀들이 <u>마당의</u> **잡초**를 뒤집는 소리였다. (만 129)

→ Ce n'était que le bruit du serpent en chaleur dans **les herbes** <u>du</u> <u>jardin</u>. (Man 124)

c. 그의 영혼이 저 저문 <u>바닷가의</u> **게들**처럼 방황한다. (만 146)

→ Son âme vagabonde comme **un crabe** <u>des mers</u> au soleil couchant. (Man 141)

d. <u>시체실의</u> **공기**는 흐르지 않고 정지해 있는 것 같다. (만 180)

→ L'air <u>de la morgue</u> ne circule pas, en arrêt, m'a-t-il semblé. (Man 174)

e. 어머니, <u>도시의</u> **저 불빛**을 보십시오. (만 199)

→ Mère, regardez **les lumières** <u>de la ville</u>. (Man 193)

이곳 ②×③-ⓐ의 배합은 N1에 공간물 명사가 오고 N2에 개체물 명사가 오는 경우로 이들 속격 명사구의 불역을 정리하면 다음과 같다.

(21) a. <u>N1(-용광로)의</u> N2(불) → le brasier(불) <u>d'un fourneau</u>(용광로의)

b. <u>N1(마당)의</u> N2(잡초) → les herbes(잡초) <u>du jardin</u>(마당의)

c. <u>N1(바닷가)의</u> N2(게들) → un crabe(게) <u>des mers</u>(바닷가의)

d. <u>N1(시체실)의</u> N2(공기) → l'air(공기) <u>de la morgue</u>(시체실의)

e. <u>N1(도시)의</u> N2(저 불빛) → les lumières(저 불빛) <u>de la ville</u>(도시의)

이들 예에서 N1이 N2가 있는 소재로 해석되는 'N1의 N2'는 프랑스어에서 전치사 de로 연결되는 'N2 de N1'의 복합 명사구로 나타난다. 이경우 N1과 N2의 의미 관계는 넓은 의미로 볼 때 N2가 공간물 명사 N1의 '외형적' 일부를-**항구적으로**-이루는 **전체-부분 관계**를 구성한다. 즉 N2가 사람 명사인 경우는 사람이 그 공간물을 항구적으로 구성하는 부분을 이루고, N2 또한 공간물 명사일 때는 N2의 공간물은 항상 N1의 공간물의 항구적 부분을 구성하고, N2가 개체물 명사인 경우는 개체물이 해당 공간물을 구성하는 항구적 부분일 수 있다. 이는 다음 (22)의 환언적 설명을 통해 뒷받침된다.

> (22) a. N1(세상)의 N2(모든 여자들): '모든 여자들'은 '세상'을 구성하는 한 부분이다.
> b. N1(옆자리)의 N2(손님들): '손님들'은 '옆자리'를 구성하는 부분이다.
> c. 'N1(내 방)의 N2(여자)': '여자'는 '내 방'을 구성하는 한 부분이다.
> d. 'N1(호수)의 N2(여신)': '호수'를 지키는 '여신'은 호수의 부분이다.
> e. 'N1(판자 동네)의 N2(골목)': '골목'은 '동네'의 일부분을 이룬다.
> f. 'N1(산사)의 N2(뜨락)': '뜨락'은 '산사'의 일부이다.
> g. 'N1(섬)의 N2(바닷가)': '바닷가'는 '섬'의 일부분을 이룬다.
> h. 'N1(광장)의 N2(벤치)': '벤치'는 '광장'의 일부분을 이룬다.
> i. 'N1(맨션 단지)의 N2(광장)': '광장'은 '맨션 단지'의 일부분을 이룬다.
> j. 'N1(용광로)의 N2(불)': '불'은 '용광로'에 담겨 그 일부이다.
> k. 'N1(마당)의 N2(잡초)': '잡초'는 '마당'의 일부분이다.
> l. 'N1(바닷가)의 N2(게들)': '게'는 '바닷가'를 이루는 일부분일 수 있다.
> m. 'N1(시체실)의 N2(공기)': '공기'는 '시체실'의 일부분일 수 있다.
> n. 'N1(도시)의 N2(불빛)': '불빛'은 '도시'를 이루는 한 부분일 수 있다.

이처럼, (22)에서 확인되듯이 사람 명사, 공간물 명사 그리고 개체물 명사로 된 N2가 항구적으로 공간물 명사(N1)의 외형적인 일부가 됨으로써[8] N2가 N1의 부분을 이룰 때는 'N1의'가 'de N1'로 불역된다.

---

8) N1과 N2가 외재적 차원에서 '전체-부분'의 관계를 구성하는 이곳 'N1(공간물 명사)의 N2'의 속격 명사구와는 달리, 아래 3.2.2.에서 논의할 '소속'의 속격 명사구-곧 'N1에 있는 N2'로 환언될 수 없는 속격 명사구-의 전후 두 명사구가 구성하는 전체-부분 관계는 '내재적'이라 할 수 있다.

[2] 'N1의'가 dans이나 à를 수반하여 불역되는 경우

{의}가 '소재'의 의미를 갖는 'N1의 N2'에서 'N1의'가 다음 예들에서 처럼 전치사 de가 아닌 dans이나 à와 같은 다른 전치사9)를 수반하여 불역되는 경우이다.

먼저, 'N1의'가 'dans N1'로 불역되는 경우를 보면 아래의 예들에서처럼 다수가 <표 1>의 ②(공간물 명사)×③-ⓐ(개체물 명사) 배합으로 된 경우이고, 그 다음으로 ②(공간물 명사)×④-ⓑ(추상물 명사) 배합과 ② (공간물 명사)×②-ⓐ(공간물 명사) 배합도 가능함을 볼 수 있다.

(23) a. 새끼 고양이들이 <u>접시의</u> **우유**를 핥고 있었다. (고양이2-1: 50)
   → Les petits lapaient **du lait** <u>dans leur écuelle</u>. (chat2-1: 47)

 b. <u>바깥 하늘의</u> **별들**은 달빛이 환해 희미하게 빛났다. (고양이2-3: 115)
   → Les étoiles <u>dans le ciel</u> luisaient faiblemet sous le clair de lune. (chat2 -3: 113)

 c. 나는 가을 <u>들판의</u> **갈대**인 것을. (만 170)
   → Je suis **un roseau** <u>dans un champ</u>, en automne. (Man 165)

 d. <u>옆방의</u> **소리**는 점점 더 격렬해지고 있었다. (만 82)
   → <u>Dans la chambre d'à-côté</u>, **le bruit** devenait de plus en plus intense. (Man 77)

 e. 새벽 두 시부터 <u>선방의</u> **하루**는 시작된다. (만 99)
   → **La journée**, <u>dans la chambre de méditation</u>, commence à deux heures du matin. (Man 94)

---

9) 이 경우, 전치사 dans과 à는 똑같이 후행하는 명사의 '위치'를 나타내는 용법을 갖는다. 그러나 'dans'은 '...의 안(속)에서'라는 의미를 갖는다면 à는 '-에(서)'라는 의미를 갖는다.

f. 세간의 공부로썬 그것을 해결할 수 없어. (만 24)

→ Tu n'arriveras jamais à résourdre ce problème par **une recherche** dans le monde. (Man 19)

g. 그 돌은 종조부가 전국의 명산에서 수집해 온 수십 개의 수석 중의 하나였다. (만 20)

→ C'était un de ses rochers que mon grand-oncle collectionnait par dizaines, venus des **montagnes célèbres** dans tout le pays. (Man 15)

다음으로, 'N1의'가 'à N1'로 불역되는 경우를 보면 다음 예들에서처럼 ②(공간물 명사)×③-ⓐ(개체물 명사)의 배합으로 된 속격 명사구가 대부분이고, ②(공간물 명사)×①-ⓐ(사람 명사)의 배합도 가능함을 볼 수 있다.

(24) a. 마첸이 말하며 바닥의 그림에 앞발을 댔다. (고양이2-2: 57)

→ Machen posa sa patte avant sur **le dessin** au sol (...).(chat2-2: 59)

b. 아침부터 그는 바닷가의 돌멩이 위에 쭈그리고 앉아 있었다. (만 170)

→ Dès le matin, il était assis sur **un rocher** à la plage. (Man 165)

c. 방매하는 시장의 가축처럼 내던져져 있는 저 여자 (...). (만 244)

→ Cette femme gisant là comme **un animal** soldé au marché, (...). (Man 235)

d. 맑은 호수는 밑바닥의 조약돌이 보인다. (만 98)

→ Quand un lac est calme, on voit **les galets** au fond. (Man 93)

e. 난 뭘 좀 챙겨서 쓰레기 산의 딩가에게 가 봐야겠다. (고양이2-1: 86)

→ De mon côté, je vais aller voir **Dinga** à la décharge. (chat2-1: 84)

이처럼, '소재'를 나타내는 이들 'N1의 N2'의 'N1의'가 (16), (18) 그리고 (20)의 예들에서처럼 'de N1'이 아니고 한편으로는 'dans N1'로 불역되고 다른 한편으로는 'à N1'로 불역되게 하는 언어학적 요인은 무엇일까? 그 대답은 무엇보다도 이들 두 유형의 속격 명사구들은 모두 다음 (25)의 부연 설명에서처럼 N2가 N1의 '항구적인' 부분이 되는 전체-부분 관계를 구성하지 않는다는 데 있다.

(25) a. N1(접시)의 N2(우유): '우유'는 '접시'에 담긴 일시적인 내용물일 뿐이다.

b. N1(바깥 하늘)의 N2(별들): '별들'이 '바깥 하늘'을 통해 일시적으로 보이는 것이다.

c. N1(가을 들판)의 N2(갈대): '갈대'가 '가을 들판'에 일시적으로 있다.[10]

d. N1(옆방)의 N2(소리): '소리'가 '옆방'에서 일시적으로 난다.

e. N1(선방)의 N2(하루): '하루'는 '선방'에서 보내는 시간이다.

f. N1(전국)의 N2(명산): '명산'은 '전국'에 있을 수 있는 주관적인 판단의 산일 뿐이다.

g. N1(세간)의 N2(공부): '공부'가 '세간'에서 행하는 것이다.

h. N1(바닥)의 N2(그림): '그림'이 '바닥'에 그려져 있다.

i. N1(바닷가)의 N2(돌멩이): '돌멩이'가 '바닷가'에 흩어져 있다.

j. N1(시장)의 N2(가축): '가축'이 '시장'에서 방매되고 있다.

k. N1(밑바닥)의 N2(조약돌): '조약돌'이 '밑바닥'에 있다.

l. N1(쓰레기 산)의 N2(딩가): '딩가'가 '쓰레기 산'에 있다.

---

10) (25c)에서 '나는 가을 들판의 **갈대**인 것을...'이 문맥상 '내가 일시적으로 가을 들판의 갈대인 것을...'로 해석될 있다는 점에서 '갈대'와 '가을 들판'의 관계는 일시적이라 하겠다.

한편, 공히 N2의 '소재'를 나타내는 'N1의'가 (23)에서는 'dans N1'로 불역되고 (24)에서는 'à N1'로 불역되는 이유는 어디에 있을까? 이는 프랑스어에서 '장소' 혹은 '위치'를 똑같이 나타낼 수 있는 전치사 à와 전치사 dans의 용법 차이에서 찾을 수 있다. 요컨대, 전치사 à는 어떤 장소의 위치를 그것이 차지하는 공간, 차원 그리고 방향을 고려하는 것 없이 나타낸다면, 전치사 dans은 2차원의 평면 공간이나 3차원의 공간(부피 공간)에서 경계에 의해 외연(extension)이 한정된 장소의 위치를 나타낸다(Charaudeau 1992: 426-27 참조). Charaudeau가 제시한 다음 (26)과 (27)의 예들을 보자.

(26) a. Accrochez-moi ce tableau au **mur**. (이 그림을 **벽**에다 좀 걸어주세요.)

 b. Je te donne rendez-vous au coins de **la rue**. (길모퉁이에서 만나서면 해!)

 c. Nous nous verrons à **la maison** (집에서 봅시다.)

 d. Il passe ses vacances d'hiver à **la mer** et ses vacances d'été à **la montagne**.
 (그는 겨울 휴가는 **바다**에서 보내고 여름 휴가는 산에서 보낸다.)

(27) a. dans **le jardin** (정원에서)

 b. dans **le tiroir** (서랍에서)

 c. Il est caché dans **la forêt**. (그는 **숲**에 숨었다.)

 d. Je t'attendrai dans **la rue du Champ-de-l'Alouette**, dans **le 13ᵉ arrond-issement de Paris**. (파리 13구에 있는 샹드랄루에트 거리에서 너를 기다릴게.)

 (26)은 공간물 명사 앞에 전치사 à가 쓰인 경우이고, (27)은 공간물 명사 앞에 전치사 dans이 쓰인 경우이다. (26)에 쓰인 공간물 명사들('벽, 길

모퉁이, 집, 바다, 산)은 전치사 à의 용법과 걸맞게 경계에 의해 그들의 외연이 한정되는 것 없이 이들 공간적 어휘 자체가 나타내는 의미 그대로 '벽, 길모퉁이, 집, 바다, 산'을 나타낼 뿐이다. 이에 반해 (27)에서의 공간물 명사들은 전치사 dans의 용법에 상응하게 모두 경계에 의해 그들의 외연이 한정되고 있다. '정원'과 '숲'은 각각에 해당하는 평면 공간의 경계가 있다면, '서랍'은 입체 공간의 경계가 있다. 또한 '파리 13구'는 숫자로 경계 지어지고, '샹드랄루에트 거리'는 고유명사로 경계 지어져 그들의 공간적 외연이 한정되고 있다. 이렇듯 프랑스어의 전치사 à와 dans은 외연이 한정된 공간물을 나타내는가의 여부에 의해 그들의 각 용법이 결정된다.

한국어의 경우, '소재'의 'N1의 N2'에서 'N1의'가 경계 범위가 한정된 장소를 나타내는가의 여부는 처소격 조사 '-에서'가 'N1의'와 결합하여 복합 속격형 'N1에서의'를 자연스럽게 구성할 수 있거나, 'N1의'가 공간적 경계를 명시하는 위치 명사 '속'이나 '안'이 첨가된 속격형 'N1 속(안)의'로 환언될 수 있는가로 나타난다. 이는 다음 (28)과 (29)의 테스트에서 확인된다. 요컨대, (29)에서와는 달리 (28)에서처럼 'N1의'가 'N1에서의'나 'N1 속(안)의'로 환언될 수 있을 때는 'dans N1'로 불역될 수 있음을 볼 수 있다.

(28) a. 접시의 우유(du lait **dans** leur écuelle) → 접시 속의 우유

　　 b. 바깥 하늘의 별들(Les étoiles **dans** le ciel) → ?바깥 하늘 속의 별들

　　 c. 들판의 갈대(un roseau **dans** un champ) → ?들판에서의 갈대

　　 d. 옆방의 소리(**Dans** la chambre d'à-côté, le bruit) → 옆방에서의 소리

　　 e. 선방의 하루(La journée, **dans** la chambre de méditation) → 선방에서의 하루

f. 전국의 명산(les montagnes célèbres **dans** tout le pays) → ?전국에서의 명산

g. 세간의 공부(une recherche **dans** le monde) → 세간에서의 공부[11]

(29) a. 바닥의 그림(le dessin **au** sol) → *바닥에서의 그림/ *바닥 속의 그림

b. 바닷가의 돌멩이(un rocher **à** la plage) → *바닷가에서의 돌멩이/ *바닷가 속의 돌멩이

c. (*방매하는*) 시장의 가축(un animal *sold*é **au** marché) → *(방매하는) 시장에서의 가축/ *(방매하는) 시장 안의 가축

d. 밑바닥의 조약돌(les galets **au** fond) → *밑바닥에서의 조약돌/ *밑바닥 속의 조약돌

e. 쓰레기 산의 딩가(Dinga **à** la décharge) → *쓰레기 산에서의 딩가/ ?*쓰레기 산 속의 딩가

이처럼, '소재'를 나타내는 'N1의 N2'에서 'N1의'가 (28)에서처럼 'N1에서의'나 'N1 속(안)의'로 환언될 수 있는 경우만이 프랑스어에서 'dans N1'로 나타날 수 있고, (29)에서처럼 그러한 환언이 가능하지 않은 'N1의'는 'à N1'로 불역됨을 볼 수 있다.

[3] 'N1+locN의 N2' 형식인 경우

'N1의 N2'의 구성에서 N1이 '밑, 안, 속, 앞, 위, 옆, 이북' 등과 같은

---

11) 이들 예에서 주목되는 것은 (28a, d, e, g)에서처럼 N2의 명사가 N1의 공간물에 상존하지 않는 구체물이나 추상물을 나타내는 명사일 경우에는 'N1의'가 'N1에서의'나 'N1 속(안)의'로 환언이 자연스러우나, (28b, c, f)에서처럼 N2의 명사가 N1의 공간물에 상존하는 또 다른 공간물이나 구체물을 나타내는 명사일 경우에는 그러한 환언이 자연스럽지 않다. 이는 N2가 N1의 공간물에 상존하는 요소이기 때문에 'N1의'를 'N1에서의'나 'N1 속(안)의'로 환언하는 잉여적인 되풀이는 부자연스런 결과를 낳기 때문일 것이다.

위치 명사(locN : locative noun)를 동반하여 'N1+locN의 N2'의 속격 구성
을 이룸으로써 N2의 소재를 분명히 하는 경우이다. 다음의 예들을 통해
서 이러한 속격 구성은 어떻게 불역되는지 보기로 하자.

(30) a. 다섯 마리 고양이들이 폭포 밑의 **칼**을 쳐다보았다. (고양이2-1: 72)

→ Les cinq chats contemplaient **l'épée** <u>sous la cascade</u>. (chat2-1: 69)

b. 러브레터가 <u>상자 안의</u> **고양이들을** 핥아 주고 있었다. (고양이2-1:
93)

→ Mot-d'Amour léchait **les petits chats** <u>dans leur carton</u>. (chat2-1: 91)

c. <u>병 속의</u> 새가 똑똑히 보였다. (만 63)

→ Je vis distinctement **l'oiseau** <u>dans la bouteille</u>. (Man 57)

d. <u>대웅전 앞의</u> **화원** 속에 나는 누워있었다. (만 78)

→ J'étais allongé dans **un jardin de fleurs** <u>devant le grand pavillon du
Bouddha</u>. (Man 72)

e. 그는 <u>책상 위의</u> **벨**을 눌렀다.

→ Il a touché du doigt un **bouton** <u>sur la table</u>.

f. 신사복 차림의 사내가 <u>택시 정류장 옆의</u> **벤치**에 앉아 있었다. (고
양이2-3: 26)

→ Un homme en costume élégant était assis sur **un banc** <u>près d'une
station de taxis</u>. (chat2-3: 26)

g. 지산과 나는 <u>한수 이북의</u> **산**을 돌았다. (만 93)

→ Nous avons fait le tour de **toutes les montagnes** <u>au nord du fleuve
Han</u>. (Man 87)

h. 저마다 한 <u>산중의</u> **조실**로 군림했다. (만 109)

→ De nombreux moines s'érigeaient en **maîtres** <u>dans la montagne</u>. (Man
104)

i. 마치 <u>자기 집의</u> **책상** 앞에 앉아 있는 것 같았다. (만 229)

→ Elle demeura apparemment assise à **son bureau** chez elle. (Man 222)

위의 예들에서 보여준 'N1+locN의 N2'의 속격 명사구와 그것과 대응하는 프랑스어 명사구를 정리하면 다음 (31)과 같다.

(31) a. 폭포 **밑**의 칼 → l'épée(칼) **sous**(밑/밑의) la cascade(폭포)

　　b. 상자 **안**의 고양이들 → les chats(고양이들) **dans**(안/안의) leur carton (상자)

　　c. 병 **속**의 새 → l'oiseau(새) **dans**(속/속의) la bouteille(병)

　　d. 대웅전 **앞**의 화원 → un jardin de fleurs(화원) **devant**(앞/앞의) le grand pavillon du Bouddha(대웅전)

　　e. 책상 **위**의 벨 → un bouton(벨) **sur**(위/위의) la table(책상)

　　f. 택시 정류장 **옆**의 벤치 → un banc(벤치) **près d'**(옆/옆의) une station de taxis(택시 정류장)

　　g. 한수 **이북**의 산 → toutes les montagnes(산) **au nord du**(이북/이북의) fleuve Han(한수)

　　h. 산**중**의 조실 → maîtres(조실) **dans**(중/중의) la montagne(산)

　　i. 자기 **집**의 책상 → son bureau(책상) **chez**(집/집의) elle(자기)

이처럼 (31)에서 정리되고 있듯이 'N1+locN의 N2'의 속격 구성에서 N2의 소재를 분명히 하는 한국어의 위치 명사(locN)가 프랑스어에서는 통사적 기능 어휘인 전치사로 -즉 의미상 상응하는 전치사로- 실현된다는 것을 알 수 있다.

한편 (31h)의 '산중'처럼 '산(山)'과 '중(中)'이 합해진 합성어인 경우에는 위치를 뜻하는 '중'이 의미상 대응하는 전치사 dans으로 불역된다는 것과, (31i)의 '집'은 위치 명사보다 일반명사에 가깝지만 '(의) 집에'를 뜻하는 전치사 chez가 프랑스어에 있으므로 대응하는 낱말이 명사가 아닌 전치사로 불역된다는 점이 특별히 주목된다.

3.2.2. '소속'의 공간

장소나 단체를 나타내는 공간물 명사 N1에 N2가 소속되는 경우이다. 이곳 '소속'의 'N1의 N2'는 다음 (32)에서처럼 'N1에 있는 N2'로 자연스럽게 환언될 수 없다는 점에서 앞 3.2.1.에서 논의한 '소재'의 속격 명사구와는 구별된다.

> (32) a. 포교당의 주지 → *포교당에 있는 주지
> b. 민주당의 사무총장 → *민주당에 있는 사무총장
> c. 옆방의 문 → *옆방에 있는 문
> d. 마을의 복판 → *마을에 있는 복판

이처럼 이들 속격 명사구가 'N1에 있는 N2'로의 환언이 자연스럽지 않은 것은 N2가 공간물 명사 N1을 이루는 내재적 구성 요소이기 때문이다[12]

이곳 '소속'의 속격 명사구는 다음 세 가지 유형으로 나타난다. 첫째 유형은 다음 (33)에서처럼 ②(공간물 명사)×①-ⓑ(사람 관계 명사)의 배합으로 실현되는 속격 명사구이다.

> (33) a. <u>포교당의</u> 주지[13] → le responsable(주지) **du** Centre de propagation(포

---

12) 'N1에 있는 N2'로 환언이 되는 식으로 N2가 공간물 명사 N1을 외재적으로 구성하는 'N1의 N2'에 대해서는 앞 3.2.1. 참조.

13) 이 예는 다음의 실례에서 온 것이다.

(i) <u>포교당의</u> 주지는 사십대의 중년이었다. (만 60)
  → **Le responsable** du Centre de propagation était un moine d'une quarantaine d'années. (Man 54)

교당의)

b. 학교의 교장 → le directeur(교장) **de** l'école(학교의)

c. 우리 팀의 주장 → le capitaine(주장) **de** notre équipe(우리팀의)

d. 민주당의 사무총장 → le secrétaire général(사무총장)

du parti démocrate(민주당의)

이처럼 '소속'의 'N1의'는 의미적으로 역할이나 직책을 나타내는 N2를 동반한다.[14)]

둘째 유형은 다음 (34)에서처럼 ②(공간물 명사)×②-ⓑ(공간물 관계 명사)의 배합으로 실현되는 속격 명사구이다.

(34) a. 건물의 **계단** → l'escalier(계단) d'un immeuble(건물의)

b. 강당의 **입구** → l'entrée(입구) d'une salle de conférence(강당의)

c. 소변을 보고 돌아오는데 옆방의 **문**이 열려 있었다. (만 242)

→ Je sortis uriner et, en revenant, **la porte** de la chambre d'à-côté étant

ouvert (...). (Man 233)

d. 객실의 **한 귀퉁이**에 앉아서 손에 술잔을 들고 있던 그는 (...). (만

112)

→ Il était assis dans un coin de la chambre, un verre d'alcool à la main.

(Man 109)

---

14) 다음 (i)의 예들도 ②(공간물 명사)×①-ⓑ(사람 관계 명사)로 배합된 '소속'의 속격 명사구로 볼 수 있으나, N2가 N1을 대표하는 '대표'의 속격 명사구로 따로 분류할 수도 있을 것이다.

(i) a. 장하다! 대한의 **딸** 김연아! → Merveilleuse! Kim Yuna, **la fille** de la Corée! [대한의 딸 → la fille(딸) de la Corée(대한의)]

b. 대한의 건아들 → **les braves représentants** de la Corée <새한불>

c. 장하다. 바람의 아들 양용은! → Bravo ! Yang Yongeun, **le fils** du vent! [바람(곧 제주도)의 아들 → le fils(아들) du vent(바람의)]

셋째 유형은 다음 (35)에서처럼 ②(공간물 명사)×⑥-ⓐ(추상적 공간관계 명사)의 배합으로 실현되는 속격 명사구이다.

(35) a. 에베레스트의 **정상** → **le sommet**(정상) de l'Everest(에베레스트의)

　　b. 한강의 지류 → **un affluent**(지류) du fleuve Han(한강의)

　　c. 오십여 호 되는 마을의 **복판**에 자리잡고 있는 보살절은 (...). (만 159)
　　　→ La maison qui était le temple chamaniste se trouvait au **milieu** d'un village d'une cinquantaine de foyers. (Man 154)

　　d. 아아, 바다의 **끝**까지 가고 싶구나. (만 122)
　　　→ Ah! que j'aimerais aller ainsi jusqu'au-delà de l'horizon. (Man 118)

이처럼 N1(공간물 명사)에 N2(사람 관계 명사, 공간물 관계 명사 그리고 추상적 공간 관계 명사)가 소속되는 경우란 다음 (36)의 설명적인 환언에서 보듯이 사람 관계 명사나 공간물 관계 명사 그리고 추상적 공간의 관계 명사(N2)가 전체를 구성하는 공간물 명사(N1)의 **내재적인 부분**을 구성하는 경우이다.

(36) a. 포교당의 주지: '주지'는 포교당을 운영하는 책임자이다.

　　b. 우리 팀의 주장: '주장'은 우리 팀을 이끄는 핵심적 일원이다.

　　c. 민주당의 사무총장: '사무총장'은 민주당의 당무를 맡고 있는 핵심적 책임자이다.

　　d. 건물의 계단: '계단'은 건물을 구성하는 일부분이다.

　　e. 옆방의 문: '문'은 옆방을 이루는 내재적 일부분이다.

　　f. 객실의 귀퉁이: 귀퉁이는 객실과는 뗄 수 없는 객실에 내재된 부분이다.

　　g. 에베레스트의 정상: '정상'은 '에베레스트'를 구성하는 일부분이다.

　　h. 한강의 지류 : '지류'는 한강의 일부분을 구성한다.

i. 마을의 복판: '복판'은 마을의 한가운데를 이룬다.

j. 바다의 끝 : 바다의 '끝'도 바다의 일부분이다.

이처럼, N2(사람 관계 명사, 공간물 관계 명사 그리고 추상적 공간 관계 명사)가 N1(공간물 명사)에 내재적으로 소속되는 속격 명사구의 'N1의'는 프랑스어에서 'de N1'로 나타나는 것이 일반적이다.

그러나 이곳 ②×①-ⓑ형과 ②×⑥-ⓒ형의 속격 명사구가 다음 (37)에서처럼 프랑스어에서 전치사 dans에 의해 이어지는 'N2 dans N1'형의 복합 명사구로 실현되기도 한다.

(37) a. <u>좌익정당</u>의 **간부**였던 아버지는 심각하게 고민을 했다고 합니다.

　　　(만 23)

　　　→ **Cadre** <u>dans un parti de gauche</u>, il s'inquiétait beaucoup. (Man 18)

　　b. 그 회사는 오랫동안 <u>그 업계의</u> **정상**을 지키고 있다.

　　　→ Cette société tient **le sommet** <u>dans son domaine</u> depuis longtemps.

　　　<새한불>

이 경우 'N1의'가 'dans N1'로 불역되는 이유는 어디에 있을까? 그 대답은 이곳 (37)의 'N1의'는 다음 (38)에서처럼 'N1에서의'[15] 혹은 'N1 내에서(또는 N1 내에서의)'로 환언될 수 있다는 데서 찾을 수 있다.

(38) a. 좌익정당**의** 간부 → 좌익정당**에서의** 간부→좌익정당 **내에서의** 간부

　　　[Cadre(간부) dans(내에서) un parti de gauche(좌익정당)]

---

15) 소재의 'N1의'가 'N1에서의'로 환언될 수 있을 때는 공간에서 경계에 의해 외연이 한정된 장소를 나타낼 때로, 이 경우 N1은 프랑스어에서 전치사 dans을 수반한다. 이에 대한 더 상세한 논의는 앞 3.2.1.의 [2]를 볼 것.

b. 그 업계의 정상 → 그 업계에서의 정상→그 업계 내에서의 정상

[le sommet(정상) dans(내에서) son domaine(그 업계)]

요약하면, N2(사람 관계 명사, 공간물 관계명사 그리고 추상적 공간 관계 명사)가 N1(공간물 명사)의 내재적 부분을 구성하는 '소속'의 속격 명사구에서 'N1의'가 'de N1'로 불역되는 것이 일반적이다. 그러나 이 'N1의'가 'N1에서의' 혹은 'N1 내에서(또는 N1 내에서의)'로 환언될 수 있을 때는 'dans N1'로 불역된다.

3.2.3. '소산'(所産)과 '소생'(所生)의 공간

'N1의 N2'가 '소산(所産)'의 의미를 갖는 경우란 N1이 N2가 나는(곧 생산되는) 장소를 나타내는 경우이다. 다음 (39)의 예들에서처럼 <표 1>에서 ②×③-ⓑ의 배합으로 구성되는 속격 명사구이다.

(39) a. <u>보르도의</u> **포도주** → **le vin** <u>de Bordeaux</u>

    b. <u>대구의</u> **사과** → **la pomme** <u>de Daegu</u>

    c. <u>리모주의</u> **자기** → **la porcelaine** <u>de Limoges</u>

    d. <u>제주도의</u> **말** → **le cheval** <u>de Jeju</u>

    e. <u>인도의</u> **카레** → **le curry** <u>d'Inde</u>

    f. <u>현대의</u> **포니** → **le pony** <u>de la compagnie Hyundai</u>

(39)에서 보듯이, '소산'의 'N1의'는 'de N1'로 불역된다.

한편, 'N1의 N2'가 '소생(所生)'의 의미를 갖는 경우란 다음 (40)에서처럼 N1이 N2가 태어난 출생지를 나타내는 경우이다. <표 1>에서 ②×①

-ⓒ의 배합으로 구성되는 속격 명사구가 여기에 속한다.

> (40) a. 타고르는 <u>인도의</u> 시성이다.
>
>> → Tagore est **un grand poète** <u>indien</u>.
>
> b. 살바도르 달리는 <u>카탈로니아의</u> **화가**였다.
>
>> → Salvador Dali était **un peintre** <u>catalan</u>.
>
> c. 프레데릭 미스트랄은 <u>프로방스의</u> **작가**이다.
>
>> → Frederic Mistral est **un écrivain** <u>provençal</u>.
>
> d. 윤이상은 <u>한국의</u> **음악가**이다.
>
>> → Yun, Isang est **un musicien** <u>coréen</u>.
>
> e. 라이너 말리아 릴케는 <u>독일의</u> **시인**이다.
>
>> → Rainer Maria Rilke est **un poète** <u>allemand</u>.

(40)에서의 속격 명사구만을 정리하면 다음 (41)과 같다.

> (41) a. <u>인도의</u> 시성 → **un grand poète**(시성) <u>indien</u>(인도의)
>
> b. <u>카탈로니아의</u> 화가 → **un peintre**(화가) <u>catalan</u>(카탈로니아의)
>
> c. <u>프로방스의</u> 작가 → **un écrivain**(작가) <u>provençal</u>(프로방스의)
>
> d. <u>한국의</u> 음악가 → **un musicien**(음악가) <u>coréen</u>(한국의)
>
> e. <u>독일의</u> 시인 → **un poète**(시인) <u>allemand</u>(독일의)

(40~41)에서 보듯이, '소생'의 'N1의'는 프랑스어에서 동일한 의미의 형용사형으로 나타난다.

이처럼, '소산'의 'N1의'가 'de N1'로 불역되는 것은 N1이 해당 공간물의 산지(provenance)를 나타내기 때문이라면, '소생'의 'N1의'가 의미적으로 등가인 형용사형으로 불역되는 것은 'N1의'가 국적(nationality)을 나타내기 때문이다.

3.2.4. '소기'(所起)의 공간

'N1의 N2'가 '소기(所起)'의 의미를 갖는 경우란 N1이 N2가 일어난 공
간적 장소를 나타내는 것으로 다음 두 가지 유형으로 나타난다. 하나는
다음 (42)에서처럼 ②×③-ⓒ의 배합으로 이루어진 경우이다. 곧 N1의 공
간적 장소에 '눈, 바람, 불' 등과 같은 '자연 현상적 발생'의 개체물 명사
가 N2로 나타나는 속격 명사구이다.

    (42) a. <u>지리산의</u> **폭설**(지리산에 내린 폭설)

        → **la tempête de neige**(폭설) <u>de la montagne Jiri</u>(지리산의)

      b. <u>론강의</u> **미스트랄**(론강에 부는 미스트랄)

        → **le mistral**(미스트랄) <u>du fleuve Rhône</u>(론강의)

      c. <u>와인코프호텔의</u> **화재**(와인코프호텔에 일어난 화재)

        → **l'incendie**(화재) <u>de l'hôtel Winecoff</u>(와인코프호텔의)

      d. <u>팔공산의</u> **불**(팔공산에 일어난 불)

        → **le feu**(불) <u>de la montagne Palgon</u>(팔공산의)

다른 하나는 다음 (43)에서처럼 N1의 공간적 장소에 '기적, 사건, 전
투, 참사, 축제' 등과 같은 '사건의 일어남(起)'을 나타내는 추상물 명사가
N2로 실현되는 ②×④-ⓓ 배합의 속격 명사구이다.

    (43) a. <u>한강의</u> **기적**(한강에서 생긴 기적)

        → **le miracle**(기적) <u>du fleuve Han</u>(한강의)

b. <u>Banon 마을의</u> **살인 사건**(Banon 마을에서 일어난 살인 사건).

→ **l'affaire de meutre**(살인 사건) <u>du village Banon</u>(Banon 마을의)

c. <u>크레시(의)</u> **전투**(크레시에서 벌어진 전투)

→ **la bataille**(전투) <u>de Crécy</u>(크레시의)

d. <u>한라산의</u> **참사**(한라산에서 일어난 참사)

→ **le désastre**(참사) <u>de la montagne Halla</u>(한라산의)

e. <u>양동 마을의</u> **축제**(양동 마을에서 벌어진 축제)

→ la fête(축제) <u>du village Yangdong</u>(양동 마을의)

요약하면, N1의 공간적 장소에서 실현되는 N2가 '자연 현상적 발생'의 개체물이든, '사건의 일어남'을 함의하는 추상물이든 '소기'의 'N1의'는 'de N1'로 불역된다.

지금까지 'N1의 N2'에서 N1이 공간물 명사로서 N2에 대한 공간적 지주의 역할을 하는 경우를 살펴보았다. 이때 N1과 N2 사이의 속격 관계는 '소재, 소속, 소산, 소생, 소기' 등의 의미를 갖는다. 이들 용법의 한국어 속격 명사구가 프랑스어에서 실현되는 언어형식은 다음과 같이 정리된다.

<1> '소재'의 'N1의 N2'(예: '용광로의 불')는 'N1에 있는 N2'(예: '용광로에 있는 불')로 환언될 수 있는 명사구로 불역에서 세 가지 유형으로 나타난다. 곧, 'N1의'가 전치사 de를 수반한 'de N1'로 불역되는 경우, 'N1의'가 de가 아닌 다른 전치사 dans이나 à를 수반하는 전치사구로 불역되는 경우 그리고 N1이 '안, 앞과 같은 위치 명사(locN)를 동반한 속격형의 불역이다.

<1>-1. 'N1의'가 'de N1'로 불역되는 경우는 다시 다음 (44)의 세 가

지의 N1과 N2의 결합 유형으로 나눌 수 있다.

(44) a. ②(공간물 명사)×①(사람 명사): 세상의 모든 여자들 → toutes les femmes du monde

b. ②(공간물 명사)×②(공간물 명사): 그 섬의 바닷가 → la plage de l'île

c. ②(공간물 명사)×③(개체물 명사): 마당의 잡초 → les herbes du jardin

이처럼, 사람 명사, 공간물 명사 그리고 개체물 명사로 된 N2가 선행 공간물 명사(N1)의 외재적인 일부가 됨으로써 N2가 N1의 부분을 구성할 때는 'N1의'가 'de N1'로 불역된다.

<1>-2. N2가 N1의 '항구적인' 부분이 되는 전체-부분 관계가 성립하지 않을 때는 '소재'의 'N1의'가 de가 아닌 dans이나 à와 같은 다른 전치사를 수반하여 불역된다. 먼저, 'N1의'가 'dans N1'로 불역되는 경우는 다음 (45)에서와 같은 세 가지의 N1과 N2의 배합을 들 수 있다. 이때 'N1의'는 'N1에서의'나 'N1 속(안)의'로 환언될 수 있다.

(45) a. ②(공간물 명사)×③(개체물 명사): 접시의 우유(=접시 속의 우유) → du lait(우유) dans leur écuelle(접시의)

b. ②(공간물 명사)×④(추상물 명사): 선방의 하루(=선방에서의 하루) → La journée(하루) dans la chambre de méditation(선방의)

c. ②(공간물 명사)×②(공간물 명사): 전국의 명산(= ?전국에서의 명산)→ les montagnes célèbres(명산) dans tout le pays(전국의)

'N1의'가 'à N1'로 불역되는 경우는 다음 두 가지의 N1과 N2의 배합을 들 수 있다. 이 경우 'N1의'는 'N1에서의'나 'N1 속(안)의'로 환언될 수 없다.

(46) a. ②(공간물 명사)×③(개체물 명사): <u>바닥의</u> 그림(*바닥에서의 그림/
   *바닥 속의 그림) → le dessin(그림) **au sol**(바닥의)

   b. ②(공간물 명사)×①(사람 명사): <u>쓰레기 산의</u> 딩가(*쓰레기 산에서
   의 딩가/ *쓰레기 산 안의 딩가)→ Dinga(딩가) **à la décharge**(쓰레
   기 산의)

이처럼, 'N1의'가 'N1에서의'나 'N1 속(안)의'로 환언될 수 있을 때
'dans N1'로 불역되는 것은 전치사 dans이 2차원의 평면 공간이나 3차원
의 입체 공간에서 경계의 범위가 한정된 위치를 나타내기 때문이고, 'N1
의'가 'N1에서의'나 'N1 속(안)의'로 환언될 수 없을 때 'à N1'로 불역되
는 것은 전치사 à가 어떤 장소의 위치를 그것이 차지하는 공간, 차원 그
리고 방향을 고려하는 것 없이 나타내기 때문이다.

<1>-3. 'N1의 N2'의 구성에서 N1이 '밑, 안, 이북' 등과 같은 위치
명사(locN)를 동반하여 'N1+locN의 N2'의 속격 구성을 이룸으로써 다음
(47)에서처럼 N2의 소재를 분명히 하는 경우이다.

(47) a. <u>폭포 **밑의**</u> 칼 → l'épée(칼) **sous**(밑/밑의) la cascade(폭포)

   b. <u>상자 **안의**</u> 고양이 → les chats(고양이들) **dans**(안/안의) leur carton(상자)

   c. <u>한수 이북의</u> 산 → toutes les montagnes(산) **au nord d**u(이북/이북의)
      fleuve Han(한수)

(47)에서 보듯이, 위치 명사를 수반한 한국어의 속격형 'locN의'는 프
랑스어에서 의미상 상응하는 전치사나 전치사 관용구로 나타난다.

<2> '소속'의 속격 복합 명사구란 다음 (48)에서처럼 사람이나 추상적 공간의 관계 명사(N2)가 장소나 단체를 나타내는 N1(공간물 명사)에 내재적으로 소속되는 경우이다.

(48) a. ②(공간물 명사)×①-ⓑ(사람 관계 명사): 포교당의 **주지**(→
　　　 *포교당에 있는 주지) → **le responsable**(주지) <u>du Centre de propagation</u> (포교당의)
　 b. ②(공간물 명사)×⑥(추상의 공간 관계 명사): 마을의 **복판**(→ *마을에 있는 복판) → **le milieu**(복판) <u>d'un village</u>(마을의)

이러한 '소속'의 'N1의 N2'는 (48)에서 보듯이 'N1에 있는 N2'로 자연스럽게 환언될 수 없는 것이 기본적인 특징이다. 그것은 N2가 N1(공간물 명사)을 이루는 내재적 구성 요소이기 때문에 'N1에 있는 N2'로 환언하는 것은 잉여적이기 때문이다. 한편, 'N1의'는 (48)에서처럼 'de N1'로 불역되는 것이 일반적이다.

<3> 'N1의 N2'가 '소산(所産)'의 의미를 갖는 경우란 N1이 N2가 나는 장소를 나타내는 경우이고(아래 (49a)), {의}가 '소생(所生)'의 의미를 갖는 경우란 N1이 N2가 태어난 출생지를 나타내는 경우이다(아래 (49b)).

(49) a. ②(공간물 명사)×③-ⓑ(개체물 명사): <u>보르도의</u> **포도주**
　　　 → **le vin**(포도주) <u>de Bordeaux</u>(보르도의)
　 b. ②(공간물 명사)×①-ⓒ(사람 명사): <u>한국의</u> **음악가**
　　　 → **un musicien**(음악가) <u>coréen</u>(한국의)

(49)에서 볼 수 있듯이, '소산'의 'N1의'는 'de N1'로 불역된다면, '소

생'의 'N1의'는 의미적으로 등가인 형용사형으로 불역된다.

　<4> 'N1의 N2'가 '소기'의 의미를 갖는 경우란 N1이 N2가 일어난 공간적 장소를 나타내는 것으로 다음 (50)에서처럼 두 가지 유형으로 나타난다.

　(50) a. ②(공간물 명사)×③-ⓑ(개체물명사): <u>지리산의</u> **폭설**
　　　　→ **la tempête de neige**(폭설) <u>de la montagne Jiri</u>(지리산의)
　　b. ②(공간물 명사)×④-ⓓ(추상물 명사): <u>양동 마을의</u> **축제**
　　　　→ la fête(축제) <u>du village Yangdong</u>(양동 마을의)

　(50a)는 N1의 공간적 장소에 '눈, 바람' 등과 같은 '자연 현상적 발생'의 개체물 명사가 N2에 실현되는 속격 명사구이고, (50b)는 N1의 공간적 장소에 '기적, 축제' 등과 같은 '사건의 일어남'을 나타내는 추상물 명사가 N2로 실현되는 속격 명사구이다. 이들 두 유형의 'N1의'는 모두 'de N1'로 불역된다.

　이들 각 속격 명사구의 불역은 다음 <표 3>과 같이 정리될 수 있다.

〈표 3〉 N1이 N2의 공간적 지주인 경우

N1과 N2의 의미 관계		한불 번역의 예
① 소재	N1에 있는 N2	a. <u>마당의</u> 잡초 → les herbes(잡초) **du jardin**(마당의) b. <u>접시의</u> 우유 → du lait(우유) **dans** leur écuelle(접시의) c. <u>바닥의</u> 그림 → le dessin(그림) **au** sol(바닥의) d. <u>상자 안의</u> 고양이 → le chat(고양이) **dans** leur carton(상자 안의)

② 소속	N2가 N1의 내재적 구성요소인 경우	a. <u>포교당의</u> 주지 → le responsable(주지) **du** Centre de propagation(포교당의) b. <u>마을의</u> 복판 → le milieu(복판) **d'**un village(마을의)
③ 소산	N1이 N2가 나는 곳	<u>대구의</u> 사과 → la pomme(사과) **de** Daegu(대구의)
④ 소생	N1이 N2가 태어난 곳	<u>인도의</u> 시성 → un grand poète(시성) <u>indien</u>(인도의)
⑤ 소기	N1이 N2가 일어나는 곳	a. <u>론강의</u> 미스트랄 → le mistral(미스트랄) **du** Rhône (론강의) b. <u>한강의</u> 기적 → le miracle(기적) **du** fleuve Han(한강의)

3.3. N1이 N2의 객체인 경우

'N1의 N2'에서 N1이 N2의 객체로 나타나는 경우란 N1이 N2에 대해 '대상(對象), 소관(所關), 소위(所爲), 소반(所反), 관계(關係)' 등의 객체로 해석 되는 경우이다. 이들 각 의미 관계의 속격 구조가 프랑스어에서는 어떤 언어 형식으로 나타나는지를 보면 다음과 같다.

3.3.1. '대상'(對象)과 '소관'(所關)의 객체

'N1의 N2'의 속격 관계가 '대상'의 의미를 갖는 경우란 'N1의 N2'가 'N1에 대(對)한 N2'의 의미나 'N2의 대상인 N1'의 의미를 갖는 경우를 말한다. 다음 (51)에서처럼 ①×③-ⓒ, ②×③-ⓓ, ③×③-ⓐ, ②×④-ⓔ, ④

×④-ⓑ 등의 배합으로 나타난다.

(51) a. ①×③-ⓒ: <u>민수의</u>16) 사진→사진의 대상인 민수/ ?＊민수에 대한 사진

    b. ②×③-ⓓ: <u>한강의</u> 사진→사진의 대상인 한강 /?＊한강에 대한 사진

    c. ③×③-ⓐ: <u>횃불의</u> 사진→사진의 대상인 횃불/ ?＊횃불에 대한 사진

    d. ②×④-ⓔ: <u>삼성그룹의</u> 소식 → 소식의 대상인 삼성그룹/ 삼성그룹
                에 대한 소식

    e. ④×④-ⓑ: <u>과학의</u> 공포 → 공포의 대상인 과학 /과학에 대한 공포

이러한 '대상'의 'N1의'는 다음 (52)에서와 같이 전치사 de에 의해 지배되는 'de N1'로 불역된다.

(52) a. <u>민수의</u> 사진 → la photo(사진) <u>de Minsu</u>(민수의)

    b. <u>한강의</u> 사진 → la photo(사진) <u>du fleuve Han</u>(한강의)

    c. <u>횃불의</u> 사진 → la photo(사진) <u>de la torche</u>(횃불의)

    d. <u>삼성그룹의</u> 소식 → la nouvelle(소식) <u>du groupe Samsung</u>(삼성그룹의)

    e. <u>과학의</u> 공포 → l'horreur(공포) <u>de la science</u>(과학의)

한편, 'N1의 N2'가 '소관'의 의미를 갖는 경우란 'N1의'가 'N1에 관(關)한'의 뜻을 가질 수 있는 경우이다. 다음 (53)에서처럼 ①×④-ⓓ, ③×④-ⓐ, ④×④-ⓐ 등의 배합으로 실현되는 '소관'의 속격 명사구는 'N1과 관련된 N2'로 환언될 수 있다.

(53) a. ①×④-ⓓ: 이 영화는 <u>피난민의</u> **이야기를** 다루고 있다.

    → 이 영화는 **피난민과 관련된 이야기를** 다루고 있다.

---

16) 이 경우 '민수의'는 앞 3.1.에서 다룬 '소유'나 '소작'의 의미로도 해석될 수 있다.

b. ③×④-ⓐ: 이 다큐는 <u>원숭이의</u> **이야기**를 다루고 있다.

→ 이 다큐는 **원숭이와 관련된 이야기**를 다루고 있다.

c. ④×④-ⓐ: 이 영화는 <u>죽음의</u> **이야기**를 다루고 있다.

→ 이 영화는 **죽음과 관련된 이야기**를 다루고 있다.

d. ④×④-ⓐ: 그는 자주 <u>사랑의</u> **노래**를 작곡한다.

→ 그는 자주 **사랑과 관련된 노래**를 작곡한다.

e. ④×④-ⓐ: 요즘 <u>가을의</u> **노래**가 잘 팔린다.

이러한 '소관'의 'N1의'는 다음 (54)에서처럼 '...에 관해'라는 '주제'의 의미를 갖는 전치사 sur에 의해 지배되는 'sur N1'로 불역된다.

(54) a. 이 영화는 <u>피난민의</u> **이야기**를[17] 다루고 있다.

→ Ce film traite **d'une histoire** <u>sur les réfugiés</u>.

b. 이 다큐는 <u>원숭이의</u> **이야기**를 다루고 있다.

→ Ce documentaire traite de **l'histoire** <u>sur les singes</u>.

c. 이 영화는 <u>죽음의</u> **이야기**를 다루고 있다.

→ Ce film traite d'une **histoire** <u>sur la mort</u>.

d. 그는 자주 <u>사랑의</u> **노래**를 작곡한다.

→ Il compose souvent **des chansons** <u>sur l'amour</u>.

e. 요즘 <u>가을의</u> **노래**가 잘 팔린다.

→ Ces jours-ci **les chansons** <u>sur l'automne</u> se vendent bien.

f. 허무는 바로 <u>성불의</u> **첩경**이 될 수 있는 것이라고 했다. (만 142)

→ Il pensait que ce sentiment de néant pouvait être **un raccourci** <u>sur le chemin de l'Eveil</u>. (Man 137)

g. 언제나 암울하고 절망적인 상판때기로 <u>죽음의</u> **이야기**뿐이니까. (만 168)

---

17) 이때 '피난민의 이야기'는 '피난민들 자신의 이야기'로도 해석될 수 있다. 그럴 경우 '<u>피난민의</u> **이야기**'는 '**l'histoire** <u>des réfugiés</u>'로 불역된다.

→ car les lettres ne sont que **discours** sombres et désespérés <u>sur la mort</u>.

(Man 163)

이렇듯, '대상'의 'N1의'는 전치사 de에 의해 지배되는 'de N1'로 불역된다면, '소관'의 'N1의'는 전치사 sur에 의해 지배되는 'sur N1'로 불역된다.

3.3.2. '소위'(所爲)와 '소반'(所反)의 객체

'N1의 N2'가 '소위'의 의미를 갖는 경우란 'N1의 N2'가 'N1을 위(爲)한 N2'로 환언될 수 있는 명사구를 말한다. 다음 (55)에서처럼 '소위'의 속격 명사구는 ①×②, ①×③, ④×④ 등의 배합으로 나타난다.

(55) a. ①×②-ⓔ: <u>어린이들의</u> **공원**(=어린이들을 위한 공원)

　　 b. ①×③-ⓓ: 그녀는 <u>남편의</u> **넥타이**(=남편을 위한 넥타이)를 골랐다.

　　 c. ①×④-ⓑ: 그는 <u>민수의</u> **선물**(=민수를 위한 선물)을 준비했다.

　　 d. ④×④-ⓒ: 모두가 영원한 <u>생명의</u> **찬가**(=영원한 생명을 위한 찬가)를 불렀다.

　　 e. ④×④-ⓒ: 언어는 <u>생활의</u> **한 도구**(=생활을 위한 한 도구)이다. (김승곤 1969: 72).

이들 '소위'의 'N1의'는 다음 (56)에서처럼 프랑스어에서 '...을 위한'의 의미를 갖는 전치사 pour에 의해 이끌리는 전치사구 'pour N1'로 나타난다.[18]

---

18) 전치사 'pour'와 등가인 전치사 관용구 'en faveur de'가 사용되어 'en faveur de N1'로

(56) a. <u>어린이들의</u> **공원** → le parc(공원) <u>pour(의=위한)</u> les enfants(어린이들)

   b. <u>남편의</u> **넥타이** → une cravate(넥타이) <u>pour(의=위한)</u> son mari(남편)

   c. <u>민수의</u> **선물** → un cadeau(선물) <u>pour(의=위한)</u> Minsu(민수)

   d. <u>영원한 생명의</u> **찬가** → un hymne(찬가) <u>pour(의=위한)</u> la vie éternelle
      (영원한 생명)

   e. <u>생활의</u> **한 도구** → un instrument(한 도구) <u>pour(의=위한)</u> la vie(생활)

'소위'의 'N1의 N2'와는 정반대로, 'N1의'가 '소반'의 의미를 갖고 쓰일 수 있다. 이 경우 'N1의 N2'는 'N1에 대항하는(반대(反)하는) N2'로 환언될 수 있고, 다음 (57)에서처럼 ④×④, ④×⑤, ④×⑥ 등의 배합으로 나타난다.

(57) a. ④×④-ⓓ: 재무장관은 지속적인 <u>인플레의</u> **방지책**을 발표했다.
      → '지속적인 인플레에 대항하는 방지책'

   b. ④×⑤-ⓐ: 경찰은 <u>범죄(의)</u> **예방**에 힘쓰고 있다.
      → '범죄에 대항하는 예방'

   c. ④×⑥-ⓑ: 그는 <u>금연(의)</u> **운동**을 하고 있다.
      → '금연을 위한 운동'='흡연에 대항하는 운동'

이처럼 '소반'의 'N1의'는 다음 (58)에서처럼 프랑스어에서는 '...에 대항하는(반대하는)'의 의미를 띠는 전치사 contre에 의해 지배되는 전치사구 'contre N1'로 난타난다.

도 나타날 수 있다.

(i) 아시아 작은 나라들이 <u>평화의</u> 연대 같은 걸 만들어서 (...).(고양이2-1: 123)
    → Les petites nations d'Asie doivent s'unir dans **un mouvement** en faveur de la paix
       (...). (chat2-1: 121)

(58) a. 재무장관은 <u>지속적인 인플레의</u> **방지책**을 발표했다(Le ministre des Finances a anoncé **la mesure préventive** <u>contre</u> l'inflation continuelle). <새한불>

→ **la mesure préventive**(방지책) <u>contre</u>(의=에 대항하는) l'inflation continuelle(지속적인 인플레)

b. 경찰은 <u>범죄(의)</u> **예방**에 힘쓰고 있다(La police fait des efforts de prévention <u>contre</u> la délinquance). <새한불>

→ **prévention**(예방) <u>contre</u>(의=에 대항하는) la délinquance(범죄)

c. 그는 <u>금연(의)</u> 운동을 하고 있다(Il fait **la lutte** <u>contre</u> le tabagisme). <새한불>

→ **la lutte**(운동) <u>contre</u>(의=에 반대하는) le tabagisme(흡연)[19]

한편, {의}가 접속조사 '와'와 합성하여 'N1과의 N2'의 형식으로 쓰일 때도 '소반'의 의미를 가질 수 있다.[20] 다음 (59)에서처럼 여기서도 'N1과의 N2'는 'N1에 대항하는(반대하는) N2'로 환언될 수 있다.

(59) a. 경찰이 <u>범죄와의</u> **전쟁**을 선포했다.

→ '범죄에 대항하는 전쟁'

b. 인천 공항 세관은 <u>마약과의</u> **싸움**을 벌이고 있다.

→ '마약에 대항하는 싸움'

c. <u>허무와의</u> **피나는 싸움** 끝에 쓰러진 사내...(만 208)

→ '허무에 대항하는 피나는 싸움'

---

19) 이 경우 한국어의 '금연(의) 운동'이 프랑스어에서는 '흡연에 대항하는(반대하는) 운동'으로 표현되고 있다.
20) 다음 (i)의 경우는 'N1과의'가 'N1과 함께'의 의미로 해석되는 경우이다. 이 속격형은 프랑스어에서 '...와 함께'를 뜻하는 전치사 avec로 나타난다.

  (i) 검찰은 <u>경찰과의</u> **공조체제**를 유지하고 있다. → Le procureur maintient **le système de coopération** <u>avec la police</u>.

이곳 '소반'의 'N1과의'도 다음 (60)에서처럼 전치사 contre에 의해 지배되는 전치사구 'contre N1'로 불역된다.

(60) a. 경찰이 <u>범죄와의</u> **전쟁**을 선포했다(La police a déclaré **la guerre** <u>contre la délinquance</u>). <새한불>

　　→ la guerre(전쟁) <u>contre</u>(와의=에 대항하는) la délinquance(범죄)

b. 인천 공항 세관은 <u>마약과의</u> **싸움**을 벌이고 있다(La douane de l'aéroport d'Incheon fait **la guerre** <u>contre la drogue</u>). <새한불>

　　→ la guerre(싸움) <u>contre</u>(와의=에 대항하는) la drogue(마약)

c. <u>허무와의</u> **피나는 싸움** 끝에 쓰러진 사내… (만 208)

　　→ L'homme qui était tombé à la fin de **la lutte sanglante** <u>contre le néant</u>. (Man 203)

　　→ **la lutte sanglante**(피나는 싸움) <u>contre</u>(와의=에 대항하는) le néant (허무)

　이렇듯, '소위'의 'N1의'는 프랑스어에서 '…을 위한'을 뜻하는 전치사 pour를 수반하는 'pour N1'로 나타난다면, '소반'의 'N1의'는 프랑스어에서 '…에 대항하는(반대하는)'을 뜻하는 전치사 contre를 수반하는 'contre N1'로 나타난다. 이는 속격 조사 {의}가 프랑스어에서는 전적으로 서로 대립적인 의미의 전치사들에 의해 실현되는 의미까지도 포괄하는 용법을 가진다는 것을 보여준다.

3.3.3. '관계'의 객체

　N1이 N2의 객체로 나타나는 'N1의 N2'가 '관계'의 의미를 갖는 경우

란 N1의 개체물 명사 혹은 추상물 명사와 N2의 사람 명사 사이에서 N2
가 N1의 '소유자, 작자, 전문가' 등의 역할을 하는 관계가 성립하는 경
우이다. 다음 (61)에서처럼 ③(개체물명사)×①(사람 관계 명사)의 결합이
나 ④(추상물명사)×①(사람 관계 명사)의 결합으로 나타난다.

(61) a. ③×①-ⓐ: 말의 **주인** → **le propriétaire**(주인) d'un cheval(말의)

b. ③×①-ⓐ: 책의 **저자** → **l'auteur**(저자) du livre(책의)

c. ④×①-ⓐ: 무도의 **달인** → **un grand maître**(달인) des arts martiaux
(무도의)

d. ④×①-ⓐ: 장식의 **전문가** → **le spécialiste** de la décoration

요컨대, (61)의 예들은 각각 'N1을 소유하는 N2', 'N1을 지은 N2',
'N1에 숙달한 N2' 그리고 'N1에 대해 박식한 N2'와 같은 식으로 개체
물 명사(N1) 혹은 추상물 명사(N1)와 사람 관계 명사(N2) 사이에 '소유자,
작자, 전문가' 등의 관계가 성립한다. 이러한 '관계'의 'N1의'는 위 (61)
에서 보듯이 전치사 de를 수반하는 'de N1'의 속격형으로 불역된다.

지금까지 논의한 이곳 3.3.의 내용을 요약하면 다음과 같다. 즉 'N1의
N2'에서 N1이 N2의 객체로서 이 후자의 통사-의미적 지주의 역할을 하
는 경우이다. 이때 속격형 'N1의'는 '대상, 소관, 소위, 소반, 관계' 등과
같은 의미를 가진다. 이들 각 의미를 띤 한국어 속격 명사구가 프랑스어
에서는 어떻게 실현되는지는 다음 <표 4>에서와 같이 정리된다.

〈표 4〉 N1이 N2의 객체인 경우

N1과 N2의 의미 관계		한불 번역의 예
① 대상	N2의 대상인 N1	②×③-ⓓ: <u>한강의</u> 사진 → la photo(사진) **du** fleuve Han(한강의)
② 소관	N1과 관련된 N2	④×④-ⓐ: <u>죽음의</u> 이야기 → l'histoire(이야기) **sur** la mort(죽음의)
③ 소위	N1을 위한 N2	①×③-ⓓ: <u>남편의</u> 넥타이 → une cravate(넥타이) **pour**(의=위한) son mari(남편)
④ 소반	N1을 반대하는 N2	④×④-ⓓ: <u>인플레의</u> 방지책 → la mesure préventive(방지책) **contre**(의=에 대항하는) l'inflation(인플레)
⑤ 관계	N1에 대한 N2의 역할 관계	③×①: <u>책의</u> 저자 → l'auteur(저자) **du** livre(책의)

　　<표 4>에서 보듯이, 'N1의 N2'의 N1이 N2의 객체로 나타날 때, 'N1의'는 대부분의 경우 'de N1'로 불역된다. 그러나, '소관'의 의미를 갖는 'N1의'는 '...에 관해'를 뜻하는 전치사 sur를 수반하여 'sur N1'로 불역되고, '소위'의 의미를 갖는 'N1의'는 '...를 위해'를 뜻하는 전치사 pour를 수반하여 'pour N1'로 불역되고, 그리고 '소반'의 의미로 해석되는 'N1의'는 '...에 반대하는'을 뜻하는 전치사 contre를 수반하여 'contre N1'로 불역된다.

　　이렇듯, 'N1의'의 {의}는 프랑스어에서 대응하는 속격 전치사 de를 넘어, '주제'의 전치사 sur, '이익'의 전치사 pour, 그리고 '대항'의 전치사 contre의 의미까지도 포괄하는 용법을 가진다.

3.4. N1이 N2의 존재 양식의 표지인 경우

'N1의 N2'에서 N1이 N2에 대한 시간, 수량, 형상 그리고 속성과 같은 여러 존재 양식(樣式)을 나타내는 경우이다. 이때 'N1의'는 통사-의미적으로 머리명사인 N2의 시간, 수량, 형상 그리고 속성 등을 나타내는 표지(標識, marker)의 역할을 한다.

3.4.1. '시간'의 표지

'N1의 N2'에서 N1이 '시간'이나 '시기'를 뜻하는 '시간 명사'로서 N2의 시간적 외연을 한정하는 시간 표지의 역할을 하는 경우이다. 그러한 '시간 표지'의 속격 명사구는 다음 세 가지 유형으로 나눌 수 있고, 그것은 불역에서도 확인된다.

첫째, 'N1의'를 이루는 시간명사[21]가 다음 (62)의 예들에서처럼 통시적으로나 어휘적 차원에서 관형형으로 분석될 수 있는 어사(語辭)를 수반하는 경우이다.

(62) a. ④×②-ⓐ: 올해의 도시 → la ville(도시) de cette année(올해의)
  b. ④×④-ⓔ: 지난달의 영화 → le film(영화) du mois dernier(지난달의)
  c. ④×⑤-ⓒ: 오늘밤(의) 모임 → la réunion(모임) de ce soir(오늘밤의)
  d. ④×④-ⓕ: 다음달의 여행 → le voyage(여행) du mois prochain(다음달의)
  e. ④×③-ⓐ: 금주의 책 → le livre(책) de cette semaine(금주의)

---

21) 다음 (69)에서 N1을 이루는 시간명사가 하나의 낱말(곧 어휘 내항)이라는 것은 「표준」에 근거한다.

f. ④×⑤-ⓒ: 금월의 지출 → la dépense(지출) de ce mois(금월의)

(62a, b)는 시간명사 N1이 '올-, 지난-'과 같이 통시적으로 볼 때 용언의 관형형을 수반하여 이루어진 경우이고, (62c, d)는 시간명사 N1이 '오늘, 다음'과 같은 관형성 명사를 수반한 경우이다. 그리고 (62e, f)는 시간명사 N1이 '오늘'을 뜻하는 한자 관형성 어휘인 '금(今)'을 수반한 경우이다.

(62)에서 보듯이 시간 표지의 'N1의'는 다음과 같이 불역되고 있다. 즉 '올-, 오늘, 금'과 같이 '오늘'의 뜻을 포함하는 관형성 어휘를 수반하는 시간명사(N1)는 지시 한정사 ce[22]를 수반하여 'de ce N1'로 불역된다면[(62a, c, e, f)의 경우], 시간명사(N1)를 선행하여 나타나는 '지난'이나 '다음'과 같이 '과거'나 '미래'를 뜻하는 관형성 어휘는 그것과 등가의 형용사로 불역된다[각각 (62b, d)의 dernier와 prochain].

둘째, 앞 (62)의 시간명사와는 달리 'N1의'를 구성하는 시간명사가 관형성 어휘의 도움 없이 홀로 나타나는 경우이다. 이때 'N1의'는 다음 (63)의 예들에서 보듯이 불역에서도 한정사를 수반하지 않는 'de Ø N1'로 나타난다.

(63) a. ④×①-ⓑ: 오늘의 친구 → un ami(친구) d'aujourd'hui(오늘의)

b. ④×①-ⓑ: 요즘의 젊은이들 les jeunes(젊은이들) d'aujourd'hui(요즘의)

c. ④×②-ⓑ: 예전의 파리 → le Paris(파리) d'autrefois(예전의)

---

22) 한국어의 지시관형사 '이, 그, 저'와 대응하는 프랑스어의 지시 한정사는 기본적으로 남성 단수형(ce, cet), 여성 단수형(cette) 그리고 복수형(ces)으로 구성된다. 앞으로 성과 수를 명시하는 것 없이 단순히 지시 한정사만을 표시할 때는 대표형으로 ce를 사용할 것이다.

d. ④×③-ⓑ: <u>어제(의)</u> 신문 le journal(신문) <u>d'hier</u>(어제의)

e. ④×④-ⓕ: <u>내일의</u> 날씨 → le temps(날씨) <u>de demain</u>(내일의)

f. ④×④-ⓖ: <u>수요일의</u> 미사 → la messe(미사) <u>de mercredi</u>(수요일의)

g. ④×①-ⓑ: <u>오월의</u> 신부→ la nouvelle mariée(신부) <u>de mai</u>(오월의)

h. ④×④-ⓖ: <u>정오의</u> 음악회→ le concert(음악회) <u>de midi</u>(정오의)

i. ④×⑤-ⓑ: <u>자정의</u> 산책→ la promenade(산책) <u>de minuit</u>(자정의)

이처럼, 이곳 두 번째 유형의 시간명사의 'N1의'는 한정사를 수반하지 않는 'de Ø N1'로 불역되는 것이 특징이다. 이는 프랑스어에서 '어제, 오늘, 내일' 등의 날을 나타내는 명사, '정오'와 '자정'을 나타내는 명사 그리고 달과 요일명의 명사는 무관사로 실현되기 때문이다(Grevisse 1988, § 570 참조).

셋째, 'N1의 N2' 형의 속격 명사구에서 시간명사 'N1'이 다음 (64)에서처럼 시간 단위를 나타내는 의존명사로 쓰여 '수사+시간단위명사(N1)+의+N2'의 구조로 나타나는 경우이다. 이 구조는 시간단위명사(N1)가 '동안'을 뜻하는 접미사 '-간'을 동반할 때는 '수사+시간단위명사(N1)+간+의+N2'의 구조와 환언관계에 놓인다. 이 경우 속격의 두 명사구는 모두 ⑥×④-ⓐ의 결합으로 구성되고 있다.

(64) a. <u>십 분의</u> 휴식=십 분간의 휴식 → <u>dix(십) minutes(분)</u> **de** repos(휴식)

　　 b. <u>두 시간의</u> 시험=두 시간간의 시험 → <u>deux(두) heures(시간)</u> **d'**examen (시험)

　　 c. <u>두 주의</u> 훈련=두 주간의 훈련 → <u>deux(두) semaines(주)</u> **d'**entraînement (훈련)

　　 d. <u>한 달의</u> 휴가=한 달간의 휴가 → <u>un(한) mois(달)</u> **de** vacances(휴가)

　　 e. <u>삼 년의</u> 공백=삼 년간의 공백 → <u>trois(삼) années(년)</u> **d'**absence(공백)

f. <u>하루 밤의</u> 작업=하루 밤간의 작업 → <u>une</u>(하루) <u>nuit</u>(밤) **de** travail
(작업)

(64)에서 보듯이, 시간명사(N1)가 수사를 수반하여 시간단위 의존명사로 행태하는 속격 명사구 '수사+시간단위명사(N1)+의+N2'는 프랑스어에서도 한국어와 동일한 어순으로 실현됨을 알 수 있다. 불역에서 주목되는 점은 N2가 관사와 같은 한정사(det)[23]를 수반하는 것 없이 명사(N2) 그 자체로만 나타난다는 점이다. 이는 수사를 수반한 N1이 N2의 시간 표지의 역할을 한다는 것을 말한다.

요약하면, 시간 표지의 'N1의 N2'에서 'N1의'는 시간명사 'N1'의 특성에 따라 세 가지 유형으로 불역된다. 곧 통시적으로나 어휘적으로 볼 때 '시간'을 뜻하는 관형성 어휘를 수반하는 시간명사의 'N1의'는 모두 한정사를 수반한 'de det N1'로 불역된다면, 한국어 시간명사(N1)가 '어제, 오늘, 내일' 등의 날을 나타내는 명사, '정오'와 '자정'을 나타내는 명사 그리고 달과 요일명의 명사로 구성될 때는 'N1의'는 한정사를 수반하지 않는 'de Ø N1'로 불역된다. 그리고 한국어의 시간명사 'N1'이 시간 단위를 나타내는 의존명사로 쓰여 '수사+시간단위명사(N1)+의+N2'의 구조로 나타날 때는 프랑스어에서도 한국어와 똑같이 '수사+시간단위명사(N1)+de+N2'의 어순으로 실현된다.

---

23) det는 determinant(한정사)의 약칭이다.

3.4.2. '수량'의 표지

'N1의 N2'에서 N1이 N2에 대한 수량적 외연을 한정하는 경우이다. 이때 N1은 수량의 관계 명사로 나타난다면 N2는 실체 명사나 추상물 명사로 나타난다. 이러한 '수량'의 속격 명사구는 두 가지 유형으로 나눌 수 있다.

첫째, N1이 '다수, 대부분, 대개, 과반수, 일부, 소수, 약간, 다량' 등과 같은 수량 관계 명사[24]로 된 'N1의 N2'는 수량 표지(N1)가 N2 중에서 '선택'되는 의미를 띠느냐의 여부에 따라 다음 (65)와 (66)의 부류로 나눌 수 있다.

(65) a. ⑥×①−ⓐ: <u>다수의</u> 학생들 → <u>la majorité</u>(다수) **des étudiants**[25](학생들의)

　b. ⑥×②−ⓐ: <u>대개의</u> 도시들 → <u>la plupart</u>(대개) **des villes**(도시들의)

　c. ⑥×③−ⓐ: <u>대부분의</u> 책들 → <u>la plupart</u>(대부분) **des livres**(책들의)

　d. ⑥×①−ⓑ: <u>과반수의</u> 의원 → <u>la majorité</u>(과반수) **des députés**(의원들의)

　e. ⑥×①−ⓑ: <u>일부의</u> 사람들 → <u>une partie</u>(일부) **des gens**(사람들의)

(66) a. ⑥×②−ⓑ: <u>소수의</u> 국가들 → <u>une minorité de</u>(소수의) **pays**(국가들)

　b. ⑥×③−ⓑ: <u>다량의</u> 물 → <u>une grande quantité d'</u>(다량의) **eau**(물)

　c. ⑥×③−ⓑ: <u>약간의</u> 맥주 → <u>un peu de</u>(약간의) **bière**(맥주)

이곳 '수량'의 'N1의 N2'는 표면적으로는 프랑스어에서도 N1이 N2의 앞에 위치하는 'N1 de N2'의 구조로 나타나는 것이 특징이다. 그러나,

---

24) 김승곤(1969: 71)에서는 이들 명사를 '수적(數的)명사'라 하고 있다.

25) 한국어 속격형 '학생들의'에 대응하는 'des N2(des étudiants)'는 'de(의)+N2(les étudiants =학생)'의 축약형이다(이하 동일).

(65)의 부류에서처럼 'N1의 N2'에서 수량 표지(N1)가 전제된 N2 중의 '다수'나 '일부'를 뜻하는 수적 관계 명사로 구성될 때는 불역 구 'N1 de N2'는 표면상의 한국어 속격 명사구 'N1의 N2'와 대응하는 것이 아니라 실제로는 'N2의 N1'과 대응함을 보여준다. 예컨대, (65a)의 불역 구 'la majorité des étudiants'는 표면상의 속격 명사구 '다수의 학생들'과 대응하는 것이 아니라 실제로는 N1과 N2의 위치가 뒤바뀐 속격 명사구 '학생들의 다수'와 대응한다.[26]

한편 (66)의 경우, 'N1의 N2'가 '소수'나 '양적 부분'을 뜻하는 수량의 관계 명사(N1)로 구성될 때는 'N1의'는 부정관사를 수반한 'un N1'로 불역되고, N2는 어떤 한정사도 수반하는 것 없이 명사 어휘 그 자체로만 나타난다. 이는 구조상 아래 (68)에서처럼 한국어의 속격 명사구 '수관형사+N1(수량단위명사)의+N2'가 프랑스에서도 똑같이 '수한정사+N1(수량단위명사) de+N2'로 불역되는 경우와 동일하다.[27]

요약하면, N1이 수량 관계 명사로 된 'N1의 N2'에서 수량 표지(N1)가 전제된 N2 중의 '다수'나 '일부'를 나타낼 때는 N2가 속격형이 되어 'N1 de det N2'로 불역된다면, 수량 표지(N1)가 미정(未定)의 N2에 대한 '소수'나 '양적 부분'을 가리킬 때는 'un N1 de Ø N2'로 불역된다.

둘째, 실체 명사나 추상물 명사로 실현되는 N2의 수량적 외연이 '명, 대, 줌, 잔, 뭉치' 등의 수량 단위명사(N1)에 의해 표시되는 경우이다. 이때 수량 단위명사(N1)는 수관형사를 수반한다. 이 경우 불역은 두 가지 유형으로 나타난다.

---

26) 이러한 사실은 N1이 수량 표지로 나타나는 이곳 (65)의 한국어의 수량 속격 명사구 'N1의 N2'는 '학생들의 다수, 책들의 대부분, 의원들의 과반수, 사람들의 일부'에서처럼 N2가 수량 표지로 나타나는 속격 명사구와 동일하게 불역된다는 것을 말한다.
27) 그러나 (66c)에서 '약간'과 대응되는 'un peu(약간)'는 문법 범주상 수량부사이다.

하나는 다음 (67)에서처럼 속격형 '수관형사+N1(수량 단위명사)+의'가 단순히 '수한정사+N1'로 불역되는 경우이다.

(67) a. 한 **자루**의 연필 → un(하나의) crayon(연필)

    b. 두 **명**의 군인 → deux(둘의) soldats(군인)

    c. 세 **권**의 책 → trois(셋의) livres(책)

    d. 네 **마리**의 양 → quatre(넷의) moutons(양)

    e. 다섯 **대**의 자동차 → cinq(다섯의) voitures(자동차)

    f. 나는 한 **마리**의 **나비**가 되어 (...) 날개를 파닥였다. (만 78)

      → Je fut tout de suite un **papillon** qui battait des ailes(...). (Man 72)

다른 하나는 다음 (68)에서처럼 속격형 '수관형사+N1(수량 단위명사)+의'가 프랑스어에서도 '수한정사+수량 단위명사(N1)+de'로 불역되는 경우이다. 요컨대, 한국어의 N1에 대응하는 수량 단위명사(N1)가 프랑스에도 있는 경우이다.

(68) a. 한 **손**의 고등어 → une(한) **paire**(손) de(의) maquereaux(고등어)

    b. 두 **뭉치**의 편지 → deux(두) **liasses**(뭉치) de(의) lettres(편지)

    c. 한 **줌**의 모래 → une(한) **poignée**(줌) de(의) sable(모래)

    d. 네 **잔**의 물 → quatre(네) **verres**(잔) d'(의)eau(물)

    e. 다섯 **갑**의 담배 → cinq(다섯) **paquets**(갑) de(의) cigarettes(담배)

요약하면, 'N1이 수량이나 수량 단위의 관계 명사일 때 'N1의 N2'는 다음과 같이 불역된다. '대부분, 일부, 소수, 약간, 다량' 등과 같은 수량 관계 명사로 된 'N1의 N2'에서 수량 표지(N1)가 전제된 N2 중의 '다수'나 '일부'를 뜻하는 수적 관계 명사로 구성될 때는 N2가 속격형이 되어

'N1 de det N2'로 불역된다면, 수량 표지(N1)가 미정(未定)의 N2에 대한 '소수'나 '양적 부분'을 뜻하는 수량의 관계 명사일 때는 N1이 일종의 수량단위명사로 해석되는 'un N1 de Ø N2'의 구조로 불역된다.

한편, 'N1의 N2'의 N1이 수관형사를 수반한 '명, 잔, 뭉치' 등의 수량 단위명사일 때는 '수관형사+N1(수량단위명사)+의+N2'가 단순히 '수한정사+N2'로 불역되는 경우(예: (67c) 세 권의 책 → trois(셋의) livres(책))와 프랑스에서도 똑같이 '수한정사+N1(수량단위명사)+de+N2'로 나타나는 경우(예: (68c) 한 줌의 모래 → une(한) poignée(줌) de(의) sable(모래))로 이분된다. 이는 프랑스어보다 한국어의 수량단위명사(곧 수량단위의 의존명사)가 더 발달된 언어라는 것을 보여준다.

이렇듯, 수량을 나타내는 'N1의 N2'에서 N1은 N2의 수량 표지의 역할을 할 수 있다는 것을 불역을 통해서도 확인할 수 있다.

3.4.3. '형상'의 표지

'N1의 N2'의 'N1'이 다음 (69)의 예들에서처럼 N2의 외형적 특징, 곧 N2의 '형상(shape)'을 나타내는 표지로 쓰일 수 있다.

(69) a. 장발의 청년이 테이블로 나를 안내했다. (만 221)

　　　→ **Un homme jeune** aux cheveux longs me guida à la table. (Man 215)

　　b. 거구의 사내들이 싸우고 있었다.(만 73)

　　　→ **Des hommes** au corps massif étaient en plein combat. (Man 68)

　　c. 짙은 화장의 여인들이 거기서 서성거렸다. (만 75)

　　　→ **Des femmes** au maquillage épais y allaient et venaient. (Man 69)

d. 푸른 눈의 **소녀** → **une fille** aux yeux bleus 「프」

e. 나는 야한 무늬의 **벽지**에 시선을 던지고 있었다. (만 75)

　　→ Je fixais le mur tapissé d'**un papier** aux couleurs criardes. (Man 70)

'N1의 N2'의 불역 부분만 가져와 {의}의 전후 두 명사구의 배합 관계를 보면 다음 (70)에서와 같다. 이곳 속격 명사구는 -(70a, b)에서처럼- 두 명사구가 모두 통사-지시적 자율성을 갖는 ④(추상물 명사)×①-ⓒ(사람 명사)의 배합으로 구성되는 것이 기본이다.[28]

(70) a. ④×①-ⓒ: 장발의 **청년** → **Un homme jeune**(청년) aux cheveux longs
　　　　(장발의)

b. ④×①-ⓒ: 거구의 **사내들** → **Des hommes**(사내들) au corps massif
　　　　(거구의)

c. 짙은 화장의 **여인들** → **Des femmes**(여인들) au maquillage épais(짙은 화장의)

d. 푸른 눈의 **소녀** → **une fille**(소녀) aux yeux bleus(푸른 눈의)

e. 야한 무늬의 **벽지** → **un papier**(벽지) aux couleurs criardes(야한 무늬의)[29]

(70a)에서 '청년'의 머리가 외형적으로 '장발'의 모습을 하고 있다는 것이고, (70b)에서 '사내들'의 신체적 외형이 '거구'라는 것이다. (70c)에서는 '여인들'이 '짙은 화장'을 한 모습을 보이고 있다는 것이고, (70d)에

---

28) N1이 통사-지시적 자율성이 없는 사건명사(70c에서의 '화장'), 신체부위의 관계명사((70d)에서의 '눈') 그리고 추상적 관계명사((70e)에서의 '무늬')일 때는 이들 명사에다 그러한 자율성을 부여하는 용언 관형어의 수식이 필요하다.

29) 이들 불역 예에서, au는 전치사 à와 남성 단수형 정관사 le의 축약형이고, aux는 전치사 à와 남성 복수형 정관사 les의 축약형이라는 것을 다시 환기한다.

서는 '소녀'의 얼굴 외모가 '푸른 눈'을 가지고 있다는 것이다. (70e)에서는 '벽지'가 '야한 무늬'의 외형을 띠고 있다는 것이다. 이처럼 'N1의 N2'의 N1이 N2의 외형적 특징을 나타내다 보니, 다음 (71)에서처럼 N1이 N2의 서술어로 자연스럽게 환언될 수 있다.

> (71) a. 장발의 청년 → 청년이 장발이다.
> b. 거구의 사내들 → 사내들이 거구이다.
> c. <u>짙은 화장의</u> 여인들 → 여인들이 짙게 화장하고 있다.
> d. <u>푸른 눈의</u> 소녀 → 소녀가 푸른 눈을 가지고 있다.
> e. <u>야한 무늬의</u> 벽지 → 벽지가 야한 무늬이다.

이처럼 N2의 '형상'을 묘사하는 'N1의'는 프랑스어에서 'N1을 가진, N1이 있는 '이라는 외형적 특징의 용법을 가진 전치사 à에 의해 지배되는 전치사구 'à N1'로 번역된다.

3.4.4. '속성'의 표지

'N1의 N2'에서 N1이 N2의 속성, 곧 N1이 N2의 특징이나 주요 성질을 나타내는 경우이다. '속성'의 속격 명사구는 크게 다음 두 가지 하위 유형으로 나눌 수 있다.

첫째, 'N1의 N2'의 'N1의'가 N2의 '속성'을 나타내는 가장 일반적인 경우이다. 다음 (72)에서처럼 N2의 실체 명사[30]나 추상물 명사의 속성이 N1의 추상물 명사나 추상적 관계 명사를 통해서 표시된다.

---

30) 실체 명사의 하위범주로 있는 관계 명사는 포함되지 않는다.

(72) a. ④×①-ⓓ: <u>중년의</u> 남자 → un homme(남자) <u>d'âge mûr</u>(중년의)

    b. ④×②-ⓒ: <u>평화의</u> 세계 → le monde(세계) <u>de paix</u>(평화의)

    c. ④×③-ⓒ: <u>노여움의</u> 빛 → une lueur(빛) <u>de colère</u>(노여움의)

    d. ④×④-ⓖ: <u>연민의</u> 시선 → le regard(시선) <u>de pitié</u>(연민의)

    e. ⑥×④-ⓑ: <u>고급의</u> 삶 → la vie(삶) <u>de haute qualité</u>(고급의)

    f. ⑥×④-ⓑ: <u>고도의</u> 기술 → la technologie(기술) <u>de haut niveau</u>(고도의)

이들 '속성'의 속격 명사구는 다음 (73)에서처럼 의미적으로 N1이 N2의 술어로 환언될 수 있는 것이 특징이다.

(73) a. 중년의 남자: (그) 남자는 중년이다.

    b. 평화의 세계: 세계가 평화롭다.

    c. 노여움의 빛: (눈)빛이 노여움을 띠다.

    d. 연민의 시선: (그의) 시선이 연민을 띠다.

    e. 고급의 삶: 삶이 고급스럽다. 혹은 (그의) 삶이 고급이다.

    f. 고도의 기술: 기술이 고도(곧 고급)이다.

이처럼 'N1의'가 N2에 대한 술어로 환언될 수 있는 것은 N1이 N2의 속성을 나타내기 때문이다.

그러나 다음 (74)에서처럼 N1이 N2의 술어로 자연스럽게 환언되지 않을지라도 N1과 N2가 의미-화용론적 자질을 공유할 경우에는 N1이 N2의 속성을 나타낼 수 있다.

(74) a. ④×③-ⓒ: <u>평화의</u> 검(*검이 평화롭다)

    → une arme(검) <u>de paix</u>(평화의)[31]

---

31) 예: (i) 태양신검은 **평화의 검**이다. (고양이2-2: 10)

b. ④×③-ⓒ: <u>비난의</u> 화살(＊화살이 비난하다)

   → une flèche(화살) <u>de reproche</u>(비난의)[32]

c. ④×④-ⓗ: <u>불면의</u> 밤(＊밤이 불면이다)

   → une nuit(밤) <u>d'insomnie</u>(불면의)

d. ④×③-ⓒ: <u>정의의</u> 횃불(＊횃불이 정의롭다)

   → une torche(횃불) <u>de justice</u>(정의의)

이를테면, '평화의 검'의 경우, '검'이 <싸움>이나 <전쟁>의 자질을 가지는 만큼이나 이러한 자질과 대립되는 <평화>의 속성도 가질 수 있는 것이다. '비난의 화살'의 경우, '화살을 퍼붓다'와 '비난을 퍼붓다'에서처럼 '화살'과 '비난'은 모두 <퍼붓다>라는 자질을 공유하는 만큼이나 '화살'은 '비난'의 속성을 나타낼 수 있는 것이다. '불면의 밤'의 경우, '밤'은 <수면>과 대립되는 <불면>의 속성을 가진다면, '정의의 횃불'의 경우 '정의가 진위를 밝힌다'와 '횃불이 어두움을 밝힌다'에서처럼 '정의'와 '횃불'이 <밝히다>의 자질을 공유한다는 점에서 '횃불'은 '정의'의 속성을 가질 수 있는 것이다.

둘째, '속성'의 속격 명사구는 비유를 통해서도 실현된다. 곧, 다음 (75)에서처럼 머리명사 N2의 속성이 'N1의'의 비유를 통해서 나타난다.

(75) a. ③×①-ⓑ: <u>철의</u> 여인 대처

   → Mme Thatcher, la Dame(여인 대처) <u>de fer</u>(철의)

b. ③×①-ⓑ: <u>바람의</u> 아들 이종범

   → L'épée de Soleil est **une arme** de paix. (chat2-2: 12)

32) 예. (i) 이 거울은 너의 눈, 너의 **방패**, 네가 쏘는 <u>빛의</u> 화살이다. (고양이2-2: 104)

   → Ce miroir sera tes yeux et ton bouclier. Il sera aussi pour toi **une flèche** <u>de lumière</u>. (chat2-2: 105)

→ Lee Jongbeum, le fils(아들 이종범) de vent(바람의)

c. ③×③-ⓒ: 죽의 장막 → le rideau(장막) de bambou(죽의)

d. ④×④-ⓗ: 일장춘몽의 인생

→ la vie(인생) de rêve fugitif(일장춘몽의)

e. ④×④-ⓘ: 논설조의 어조

→ le ton(어조) de style éditorialiste(논설조의)

이처럼 비유를 통한 '속성'의 'N1의 N2'는 다음 (76)에서처럼 N1이 술부에 실현되는 'N2는 N1과 같다'는 서술문으로 자연스럽게 환언될 수 있다.

(76) a. 철의 여인 대처 → 철과 같은 여인 대처: 여인 대처는 철과 같다.

b. 바람의 아들 이종범 → 바람과 같은 아들 이종범: 아들 이종범은 바람과 같다.

c. 죽의 장막 → 죽과 같은 장막: 장막이 죽과 같다.

d. 일장춘몽의 인생 → 일장춘몽과 같은 인생: 인생이 일장춘몽과 같다.

e. 논설조의 어조 → 논설조 같은 어조: 어조가 논설조와 같다.

지금까지 살펴본 '속성'의 'N1의'-그 실현이 일반적 유형이든 비유적 유형이든 간에-는 (72), (74) 그리고 (75)의 예들에서처럼 프랑스어에서는 N1이 한정사를 수반하지 않는, 곧 명사 어휘 그 자체만으로 된 명사보어 'de Ø N1'로 실현된다.[33]

---

33) '속성'의 속격형 'N1의'가 다음 (i)에서처럼 형용사형으로 불역되기도 한다. 이 책에서 이에 대한 논의는 유보된다.

(i) a. 무적의 함대 → la flotte(함대) invincible(무적의)
   b. 밤의 모임 → les assemblées(모임) nocturnes(밤의)

이처럼, '속성'의 'N1의'가 'de Ø N1' 형식의 명사보어로 불역되는 것은 다음 (77)에서처럼 프랑스어에서 선행 머리명사의 내포적 속성이 후행하는 다른 명사(곧 명사보어)의 어휘 그 자체의 의미(곧 어휘적 의미)로 수식될 때는 'de Ø N1'의 형식을 취하기 때문이다.

(77) a. le plaisir **d'amour**(사랑의 기쁨): le plaisir(기쁨) d'amour(사랑의)

　　b. le regard **de haine**(증오의 눈초리): le regard(눈초리) de haine(증오의)

　　c. un sourire **d'autosatisfaction**(회심의 미소): un sourire(미소)

　　　　　　　　　　　　　　　　　　　d'autosatisfaction(회심의)

　　d. un sourire de fierté(득의의 미소): un sourire(미소) de fierté(득의의)

요약하면, 'N1의 N2'에서 N1이 N2의 속성을 표시하는 경우는 크게 두 가지로 나뉜다. 하나는 N1이 머리명사 N2의 술어로 환언될 수 있는 일반적인 경우, 곧 '속성 일반'의 경우이고(예: (73a). 중년의 남자 → (그) 남자는 중년이다), 다른 하나는 N2의 속성이 'N1의'의 비유를 통해서 나타나는 경우이다(예: (76a). 철의 여인 대처 → 철과 같은 여인 대처: 여인 대처는 철과 같다). 이러한 '속성'의 속격형 'N1의'는 N1이 한정사를 수반하지 않는, 곧 명사 어휘 그 자체만으로 된 명사보어 'de Ø N1'로 불역된다.

지금까지 이곳 3.4.에서 논의한 'N1의 N2'에서 N1이 N2의 존재 양식, 곧 N1이 N2의 시간, 수량, 형상 그리고 속성을 나타낼 때 'N1의'의 불역은 다음과 같이 정리된다.

<1> 'N1의 N2'에서 N1이 시간명사로서 N2에 대한 시간 표지의 역할을 할 때, 시간명사(N1)의 특성에 따라 다음 세 가지 유형으로 불역된다.

(78) a. ④×②–ⓐ: <u>올해의</u> 도시 → la ville(도시) <u>de cette année(</u>**올해의**<u>)</u>

    b. ④×⑤–ⓒ: <u>오늘밤의</u> 모임 → la réunion(모임) <u>de ce soir(</u>**오늘밤의**<u>)</u>

    c. ④×③–ⓐ: <u>금주의</u> 책 → le livre(책) <u>de cette semaine(</u>**금주의**<u>)</u>

    d. ④×④–ⓔ: <u>지난달의</u> 영화 → le film(영화) <u>du mois dernier(</u>**지난달의**<u>)</u>

    e. ④×④–ⓕ: <u>다음달의</u> 여행 → le voyage(여행) <u>du mois prochain(</u>**다음달의**<u>)</u>

(79) a. ④×①–ⓑ: <u>오늘의</u> 친구 → un ami(친구) <u>d'aujourd'hui(</u>**오늘의**<u>)</u>

    b. ④×④–ⓖ: <u>수요일의</u> 미사 → la messe(미사) <u>de mercredi(</u>**수요일의**<u>)</u>

    c. ④×①–ⓑ: <u>오월의</u> 신부 → la nouvelle mariée(신부) <u>de mai(</u>**오월의**<u>)</u>

    d. ④×④–ⓖ: <u>정오의</u> 음악회 → le concert(음악회) <u>de midi(</u>**정오의**<u>)</u>

(80) a. ⑥×④: <u>십 분의</u> 휴식 → <u>dix minutes de(</u>**십 분의**<u>)</u> repos(휴식)

    b. ⑥×④: <u>한 달의</u> 휴가 → <u>un mois de(</u>**한 달의**<u>)</u> vacances(휴가)

먼저, (78a, b, c)에서처럼 시간명사 N1이 '올–, 오늘, 금–'과 같이 '오늘'의 뜻을 포함하는 관형성 어휘를 수반하는 'N1의'는 지시한정사 ce를 수반하여 'de ce N1'로 불역된다면, (78d, e)에서처럼 시간명사(N1)를 선행하여 나타나는 '지난'이나 '다음'과 같이 '과거'나 '미래'를 뜻하는 관형성 어휘는 등가의 형용사형으로 불역된다. 한편, (79)에서처럼 한국어 시간명사(N1)가 '오늘' 등의 날을 나타내는 명사, '정오'와 '자정'을 나타내는 명사 그리고 달과 요일명의 명사로 구성될 때는 'N1의'는 한정사를 수반하지 않는 'de Ø N1'로 불역된다. 마지막으로, (80)에서처럼 'N1'이 시간 단위를 나타내는 의존명사로 쓰여 '수관형사+시간단위명사(N1)의 +N2'의 구조로 실현될 때는 프랑스어에서도 한국어와 똑같이 '수한정사+시간단위명사(N1) de+N2'의 어순으로 나타난다.

이처럼, 시간명사가 N1로 실현되는 이들 세 가지 유형의 속격 명사구에서 N1은 모두 N2에 대하여 시간 표지의 역할을 한다고 할 것이다.

　<2> 'N1의 N2'에서 N1이 수량이나 수량단위의 명사로서 머리명사 N2에 대한 수량적 범위를 한정함으로써 수량 표지의 역할을 하는 경우이다. 이때 한국어 속격 명사구는 수량명사(N1)의 특성에 따라 다음 (81)과 (82)에서와 같이 크게 두 유형으로 불역된다.

(81) a. **다수**의 사람들 → **la majorité des** gens
　　b. **대부분**의 책들 → **la plupart des** livres
　　c. **소수**의 국가들 → **Une minorité de** pays
　　d. **다량**의 물 → **une grande quantité** d'eau

(82) a. 한 **자루**의 연필 → un(하나의) crayon(연필)
　　b. 두 **명**의 군인 → deux(둘의) soldats(군인)
　　c. 세 **줌**의 모래 → trois(셋의) **poignées(줌)** de(의) sable(모래)
　　d. 네 **잔**의 물 → quatre(넷의) **verres(잔)** d'(의)eau(물)

　먼저, (81)에서 N1이 '다수, 대부분, 소수, 다량' 등과 같은 수량 관계 명사로 된 'N1의 N2'는 수량 표지(N1)가 N2 중에서 '선택'되는 의미를 띠느냐의 여부에 따라 두 하위유형으로 나뉜다. 즉, (81a, b)에서처럼 수량 표지(N1)가 전제된 N2 중의 '다수'를 나타낼 때는 N2가 속격형이 되어 'N1 de det N2'로 불역된다. 이에 반해, (81c, d)에서처럼 수량 표지(N1)가 미정(未定)의 N2에 대한 '소수'나 '양적 부분'을 가리킬 때는 'un N1 de Ø N2'로 불역된다.

　한편, (82)에서처럼 'N1의 N2'의 N1이 수관형사를 수반한 '자루, 명, 줌, 잔' 등의 수량 단위명사일 때는 속격형 '수관형사+N1(수량단위명사)+

의'가 단순히 '수한정사+N1'로 불역되는 경우(82a, b)와, 프랑스에서도 똑같이 '수한정사+N1(수량단위명사)+de'로 불역되는 경우(82c, d)로 이분된다. 이는 프랑스어보다 한국어가 수량 단위명사(곧 수량단위의 의존명사)가 더 발달된 언어라는 것을 보여준다.

<3> 'N1의 N2'에서 N1이 다음 (83)에서처럼 N2의 형상(shape), 곧 그 외형적 형태를 나타내는 표지의 역할을 할 수 있다.

> (83) a. <u>장발의</u> 청년 → Un homme jeune(청년) <u>aux cheveux longs</u>(장발의)
> b. <u>거구의</u> 사내들 → Des hommes(사내들) <u>au corps massif</u>(거구의)
> c. <u>푸른 눈의</u> 소녀 → une fille(소녀) <u>aux yeux bleus</u>(푸른 눈의)
> d. <u>야한 무늬의</u> 벽지 → un papier(벽지) <u>aux couleurs criardes</u>(야한 무늬의)

이처럼, N2의 '형상'을 표시하는 'N1의'는 프랑스어에서 'N1을 가진, N1이 있는'이라는 외형적 특징을 나타내는 용법을 가진 전치사 à에 의해 전치사구 'à N1'로 번역된다.

<4> 'N1의 N2'에서 N1이 N2의 속성을 표시하는 경우는 다음 (84)와 (85)에서처럼 크게 두 가지 유형으로 나타난다.

> (84) a. 중년의 남자 → un homme(남자) d'âge mûr(중년의)
> b. 중년의 남자 → (그) 남자는 중년이다.

> (85) a. 철의 여인 대처 → Mme Thatcher, la Dame(여인 대처) de fer(철의)
> b. 철의 여인 대처 → 철과 같은 여인 대처 : 여인 대처는 철과 같다.

하나는 (84a)처럼 '속성 일반'의 경우로 'N1의'가 머리명사 N2의 속성을 나타내는 것으로 (84b)처럼 N1은 N2의 술어로 환언될 수 있다. 다른 하나는 (85a)처럼 N2의 속성이 'N1의'의 비유를 통해서 나타나는 경우이다(85b 참조).

여기서 특히 주목할 사항은 이들 두 유형의 불역문에서 보듯이 '속성'의 'N1의'는 N1이 한정사를 수반하지 않는, 곧 N1이 명사 어휘 그 자체만으로 된 명사보어 'de Ø N1'로 불역된다는 점이다.

3.5. N2가 N1의 술어 명사인 경우

사건(곧 행위나 동작)이나 상태와 같은 술어 의미를 갖는 사태 명사가 실체물 혹은 추상물을 논항으로 하는 술어 명사(predicate noun)로 행태할 때, 이 술어 명사는 기능동사 구문만이 아니라 자신의 논항을 속격 보어로 하는 'N1의 N2'의 속격 명사구로도 실현될 수 있다.[34] 이때 속격 보어인 논항 N1은 술어 명사 N2에 대한 주어의 역할이나 목적어의 역할을 한다. 그러면, N2가 술어 명사인 'N1의 N2'의 속격 명사구는 어떻게 불역되는지를 보기로 하자.

3.5.1. 주술 관계의 N1과 N2

'N1의 N2'에서 논항 N1과 술어 명사 N2가 주어와 술어의 관계에 놓이는 경우는 크게 두 가지로 나타난다. 하나는 'N1의 N2'의 배합이 ①×

---

34) 이에 대한 상세한 논의는 앞의 2.3.을 볼 것.

⑤-a로 대표되는 경우로, 곧 N1이 술어 명사(N2)의 행위자 논항인 경우로, 그 불역의 예는 다음 (86)과 같다.

(86) a. 마첸의 경고(마첸이 경고하다)
   → la mise en garde(경고) de Machen(마첸의)
   [Machen met qn en garde contre *qch* (마첸이 무엇(*qch*)에 대하여) 누구 (*qn*)에게 경고하다).]

   b. 릴케의 탄식소리 → le gémissement(탄식소리) de R. M. Rilke(릴케의)
   [Rainer Maria Rilke gémit (릴케가 탄식하다).]

   c. 아이들의 지껄임 → le bavardage(지껄임) des enfants(아이들의)
   [Les enfants bavardent (아이들이 지껄이다).]

   d. 딩가의 외침 → le cri(외침) de Dinga(딩가의)
   [Dinga crie (딩가가 외치다).]

다른 하나는 다음 (87)에서처럼 'N1의 N2'에서 N1이 술어 명사(N2)의 대상 논항인 경우이다.

(87) a. ③×⑤-a: 건물의 붕괴 → l'effondrement(붕괴) d'un bâtiment (건물의) [Un bâtiment s'est effondré (건물이 붕괴되었다).]

   b. ④×⑤-c: 정신의 고갈 → l'épuisement(고갈) de l'esprit(정신의) [L'esprit s'épuise (정신이 고갈되다).]

   c. ①×⑤-b: 민수의 행복 → le bonheur(행복) de Minsu(민수의) [Minsu est heureux (민수가 행복하다).]

   d. ③×⑤-a: 이 소설의 난해함 → l'hermétisme(난해함) de ce roman(이 소설의) [Ce roman est hermétique (이 소설은 난해하다).]

이렇듯, N1이 술어 명사 N2의 행위자나 대상 논항인 'N1의 N2'는 프랑스어에서도 구절구조만 우분지일 뿐 똑같이 N2가 술어 명사인 'N2 de N1'의 주술 속격 명사구로 나타난다는 것을 알 수 있다. 이처럼 두 언어 모두에서 N2가 논항 N1을 가진 술어 명사라는 것은 상기 (86)과 (87)의 예시에서 보듯이 이 N2가 동사나 형용사 술어(곧 용언)가 되고 N1이 주어로 기능하는 단문으로 환언될 수 있다는 데서 확인된다.

한편, 이곳 한국어 속격 명사구의 술어 명사 N2는 다음 (88)~(91)에서처럼 프랑스어에서는 등가의 동사나 형용사로 직접 실현되기도 한다.

(88) a. 너는 <u>사람들의</u> **놀림**을 받게 될 것이로다. (만 50)

   b. <u>사람들의</u> **놀림** → <u>사람들이</u> (너를) **놀리다**.

     → <u>Tout le monde</u> **se moquera de** toi.

     [Tout le monde(사람들이) **se moquera de(놀리다)** toi(너를).]

(89) a. <u>지산의</u> **말**대로 산을 떠난 중은 물 떠난 고기였다. (만 71)

   b. <u>지산의</u> **말** → <u>지산이</u> **말했다**. → <u>Jisan</u> **l'avait dit**.

     [Jisan(지산이) **l'avait dit(말했다)**.]

(90) a. <u>트럭의</u> **흔들림**이 줄었다. (고양이2-3: 144)

   b. <u>트럭의</u> **흔들림** → <u>트럭이</u> **흔들렸다**. → <u>Le camion</u> **était secoué**.

     [Le camion(트럭이) **était secoué(흔들렸다)**.]

(91) a. <u>실행의</u> **어려움** 말인가요? (만 65)

   b. <u>실행의</u> **어려움** → <u>실행하는 것이</u> **어렵다**.

     → <u>Les mettre en pratique</u> **est difficile**.

     [Les mettre en pratique(실행하는 것이) **est difficile(어렵다)**.]

이처럼, 'N1의 N2'의 N2가 주어로 기능할 수 있는 N1을 속격 보어로 갖는 술어 명사라는 것은 이들 술어 명사가 논항 N1을 주어로 하는 술어동사(용언)로 직접 불역되기도 한다는 데서 재차 확인된다. 한편, 여기서 환언된 용언의 술어구문에서도 확인할 수 있듯이 (88)과 (89)의 N1이 술어 명사(N2)의 행위자 논항이라면, (90)과 (91)의 N1은 술어 명사(N2)의 대상 논항인 경우이다.

3.5.2. 목술 관계의 N1과 N2

'N1의 N2'의 속격 명사구에서 논항 N1과 술어 명사 N2가 목적어와 술어의 관계에 놓이는 경우이다. 먼저, N1이 술어 명사 N2의 목적격 대상 논항일 때에 어떻게 불역되는지를 보자.

(92) a. ①×⑤-c: <u>살인자의</u> 체포 → l'arrestation(체포) <u>de l'assassin</u>(살인자의)
     [On(누군가) arrête(체포하다) l'assassin(살인자를)]

   b. ④×⑤-d: <u>여행의</u> 기억 → le souvenir(기억) <u>du voyage</u>(여행의)
     [On(사람이) se souvient de(기억하다) le voyage(여행을)]

   c. ②×⑤-b: <u>미군부대의</u> 이전 → le déplacement(이전) <u>de la base américaine</u>
     (미군부대의)
     [On(사람이) déplace(이전하다) la base américaine(미군부대를)]

   d. ④×⑤-d: <u>위자료의</u> 분배 → la distribution(분배) <u>des sommes allouées</u>
     (위자료의)
     [On(사람이) distribue(분배하다) les sommes allouées(위자료를)]

(92)에서 보듯이 'N1의 N2'에서 N1이 술어 명사 N2의 목적어 논항이

라는 것은 N2가 동사로 실현될 때 N1은 목적어로 기능하는 데서 확인된다. 이들 목술 속격 명사구는 또한 프랑스어에서도 구절구조만 우분지일 뿐 똑같이 N2가 술어 명사인 'N2 de N1'의 술목 속격 명사구로 나타난다는 것으로도 뒷받침된다.

한편, 목적어 논항 N1을 수반한 술어 명사 N2는 다음 (93)~(95)에서처럼 프랑스어에서 등가의 술어동사로 직접 실현되기도 한다.

(93) a. 평범한 인간이 <u>천재의</u> **흉내**를 내다. (만 71)

　　　 → Les hommes ordinaires **imitent** <u>les génies</u>. (Man 66)

　　 b. <u>천재의</u> **흉내** → (인간이) <u>천재를</u> **흉내내다**.→

　　　 [Les hommes(인간이) **imitent**(흉내내다) les géniesi(천재를).]

(94) a. 태양신검이 <u>인간과 동물의</u> **살상**에 쓰이다. (고양이2-1: 66)

　　　 → L'épée **massacre** <u>une multitude d'humains et d'animaux</u>. (chat2-1: 61)

　　 b. <u>인간과 동물의</u> **살상** → (신검이) <u>인간과 동물을</u> **살상하다**.

　　　 [L'épée(신검이) **massacre**(살상하다) une multitude d'humains et d'animaux (인간과 동물을).]

(95) a. 할아버지는 <u>아들의</u> **구명**을 위해 애썼다. (만 24)

　　　 → Mon grand-père a tout fait pour **sauver** <u>son fils</u>. (Man 18)

　　 b. <u>아들의</u> **구명** → (할아버지가) <u>아들을</u> **구명하다**.

　　　 [Mon grand-père(할아버지가) **sauve**(구명하다) son fils(아들을).]

이처럼, 'N1의 N2'의 N2가 목적격 논항 N1을 그대로 유지한 채 직접 동사 술어로 불역될 수 있다는 것은 N2가 바로 이들 동사와 의미-통사적 행태를 공유하는 술어 명사라는 것을 뒷받침한다.

3.5.의 논의를 요약하면, 사건과 상태라는 술어 의미를 갖는 사태 명사가 실체물이나 추상물을 논항으로 하는 술어 명사로 행태한다. 술어 명사는 자신의 논항을 속격 보어로 하는 'N1의 N2'의 속격 명사구로 실현될 수 있다. 이때 속격 보어 논항인 N1은 술어 명사 N2에 대한 주어나 목적어의 역할을 한다. 다음 (96)은 속격 논항(N1)과 술어 명사(N2)가 주격-술어 관계에 놓일 때의 불역 예라면, (97)은 속격 논항(N1)과 술어 명사(N2)가 목적격-술어 관계일 때의 예이다.

> (96) a. 딩가의 외침 → le cri(외침) de Dinga(딩가의)
>   [Dinga crie (딩가가 외치다).]
>   b. 건물의 붕괴 → l'effondrement(붕괴) d'un bâtiment(건물의)
>   [Un bâtiment s'est effondré (건물이 붕괴되었다).]
>   c. 민수의 행복 → le bonheur(행복) de Minsu(민수의)
>   [Minsu est heureux (민수가 행복하다).]

> (97) a. 살인자의 체포 → l'arrestation(체포) de l'assassin(살인자의)
>   [On(누군가) arrête(체포하다) l'assassin(살인자).]
>   b. 여행의 기억 → le souvenir(기억) du voyage(여행의)
>   [On(사람이) se souvient de(기억하다) le voyage(여행).]

먼저 주술 관계의 경우, (96a)처럼 N1이 술어 명사 N2의 행위자 논항일 수도 있고, (96b, c)처럼 대상 논항일 수도 있다. 이처럼 N2가 주술 관계의 술어 명사로 행태한다는 것은 이것이 동사나 형용사 술어(곧 용언)가 되고 행위자나 대상 논항의 N1이 주어로 기능하는 단문으로 실현될 수 있다는 데서 확인된다.

한편, (97)에서처럼 'N1의 N2'의 속격 명사구에서 논항 N1과 술어 명사 N2가 목적격 논항과 술어의 관계를 이룰 수 있다. 이처럼 N2가 목술 관계의 술어 명사로 행태한다는 것은 이 N2가 동사 술어가 되고 N1이 목적어 논항으로 기능하는 단문으로도 환언될 수 있다는 데서 확인된다.

결국, N1이 술어 명사 N2의 주격이나 목적격 논항인 'N1의 N2'는 프랑스어에서도 구절구조만 우분지일 뿐 똑같이 N2가 술어 명사인 'N2 de N1'의 속격 명사구로 실현된다는 것을 알 수 있다.

지금까지 이곳 3장에서 여섯 가지 유형의 한국어 명사 부류, 곧 **사람 명사, 공간물 명사, 개체물 명사, 추상물 명사, 사태 명사, 추상적 관계 명사**가 나타내는 N1과 N2의 배합 가능성을 바탕으로 'N1의 N2'의 결합 유형을 '**N1이 N2의 주체인 경우, N1이 N2의 공간적 지주인 경우, N1이 N2의 객체인 경우, N1이 N2의 존재 양식**(곧 시간, 수량, 형상 그리고 속성)**의 표지인 경우** 그리고 **N2가 N1의 술어 명사인 경우**'라는 다섯 가지 상위 유형으로 나눈 후, 그 세부 하위 유형들이 프랑스어에서는 어떻게 번역되는지를 기술했다. 그 결과를 요약하면 다음 <표 5-1>과 <표 5-2>와 같다.

〈표 5-1〉 N1과 N2의 결합 관계와 한불 번역의 실례

N1과 N2 사이의 결합 관계		한불 번역의 예
I. N1이 N2의 주체인 경우	①소유: N1이 N2를 갖는 주체	a. <u>민수의</u> 땅→le terrain(땅) **de Minsu**(민수의) b. <u>논문의</u> 제목→le titre(제목) **de la thèse**(논문의)
	②소속: N1이 N2에 혹은 N2가 N1에 소속될 때의 주체인 N1	a. <u>민수의</u> 가정→le foyer(가정) **de Minsu**(민수의) b. <u>민수의</u> 등→le dos(등) **de Minsu**(민수의) c. <u>민수의</u> 따귀→la gueule(따귀) **à Minsu**(민수의) d. <u>뱀의</u> 혀→la langue(혀) **du serpent**(뱀의)

	③존재: N1이 N2에 존재하는 주체	말들의 섬→ı'île(섬) **des** chevaux(말들의)	
	④관계: N1이 인간관계어 N2에 대한 주체	민수의 동생→le petit frère(동생) **de** Minsu(민수의)	
	⑤소작: N1이 N2를 만드는 작자	솔거의 그림→la peinture(그림) **de** Solgeu(솔거의)	
	⑥소행: N1이 N2를 행한 주체	친구의 선물→le cadeau(선물) **d'un** ami(친구의)	
	⑦소성: N1이 N2를 이룬 주체	학자의 업적→les travaux(업적) **d'un** savant(학자의)	
II. N1이 N2의 공간적 지주인 경우	①소재: N1에 있는 N2	a. 마당의 잡초→les herbes(잡초) **du** jardin(마당의) b. 접시의 우유→du lait(우유) **dans** une écuelle(접시의) c. 바닥의 그림→le dessin(그림) **au** sol(바닥의) d. 병 속의 새→ı'oiseau(새) **dans** la bouteille(병 속의)	
	②소속: N1에 소속되는 N2	a. 학교의 교장→le directeur(교장) **de** l'école(학교의) c. 마을의 복판→le milieu(복판) **d'un** village(마을의)	
	③소산: N1에서 나는 N2	대구의 사과→la pomme(사과) **de** Daegu(대구의)	
	④소생: N1에서 출생한 N2	인도의 시성→un grand poète(시성) **indien**(인도의)	
	⑤소기: N1이 N2가 일어난 장소	a. 론강의 폭풍우→la tempête(폭풍우) **du** Rhône(론강의) b. 한강의 기적→le miracle(기적) **du** Han(한강의)	

<표 5-2> N1과 N2의 결합 관계와 한불 번역의 실례

N1과 N2 사이의 결합 관계		한불 번역의 예
III. N1이 N2의 객체인 경우	①대상: N1에 대(對)한 N2	한강의 사진→la photo(사진) **du** Han(한강의)
	②소관: N1에 관(關)한 N2	죽음의 이야기→l'histoire(이야기) **sur** la mort(죽음의)
	③소위: N1을 위한 N2	민수의 선물→un cadeau(선물) **pour** Minsu(민수의)
	④소반: N1에 반하는 N2	인플레의 방지책→la mesure préventive(방지책) **contre** l'inflation(인플레의)
	⑤관계: N1에 대한 N2의 역할 관계	책의 저자→l'auteur(저자) **du** livre(책의)
IV. N1이 N2의 존재 양식의 표지인 경우	①시간: N1이 N2의 시간 표지	a. 올해의 도시→la ville(도시) **de** cette année(올해의) b. 오늘의 친구→un ami(친구) **d'aujourd'hui**(오늘의) c. 한 달의 휴가→un **mois** de(한 달의) vacances(휴가)
	②수량: N1이 N2의 수량 표지	a. 대부분의 책→la plupart(대부분) **des** livres(책의) b. 두 명의 군인→**deux**(둘의) soldats(군인) c. 네 잔의 물→quatre(넷의) **verres(잔)** d'eau(물의)
	③형상: N1이 N2의 형상 표지	장발의 청년→un homme jeune(청년) **aux** cheveux longs(장발의)
	④속성 ④-1속성 일반: N1이 N2의 속성을 나타내는 경우	평화의 세계→le monde(세계) **de** paix(평화의)

	④-2 비유: N1이 N2의 속성을 비유를 통해 나타내는 경우	일장춘몽의 인생→la vie(인생) **de rêve fugitif**(일장춘몽의)
V. N2가 N1의 술어 명사인 경우	①주격관계: N1이 N2의 주격 논항인 경우	a. 딩가의 외침→le cri(외침) **de Dinga**(딩가의) b. 민수의 행복→le bonheur(행복) **de Minsu**(민수의)
	②목적격관계: N1이 N2의 목적격 논항인 경우	살인자의 체포→l'arrestation(체포) **de l'assassin**(살인자의)

<표 5-1>과 <표 5-2>에서 정리되고 있는 'N1의 N2'의 불역 문제를 다섯 가지 상위 유형별로 다시 한 번 요약 설명하면 다음과 같다.

[1] 유형 Ⅰ : N1이 N2에 대한 주체의 관계에 있을 때, {의}는 N1과 N2 사이에 나타나는 '소유', '소속', '존재', '인적 관계', '소작', '소행' 그리고 '소성'의 의미 관계를 수렴해서 나타낼 수 있고, 이러한 여러 의미 관계는 프랑스어에서 '소속'의 의미를 나타낼 수 있는 전치사 à 외에는 모두 전치사 de의 용법으로 번역된다.

[2] 유형 Ⅱ : N1이 N2의 공간적 지주일 때, {의}는 N1과 N2 사이에 나타나는 '소재', '소속', '소산', '소생' 그리고 '소기'의 의미 관계를 나타낼 수 있고, 이러한 여러 의미 관계는 '소재'의 경우 외에는 모두 프랑스어에서 전치사 de의 용법으로 번역된다.

'N1의'가 '소재'의 의미를 나타낼 때는 {의}는 세 가지 유형의 전치사, 곧 de, dans 그리고 à로 불역된다. 먼저, N1과 N2 사이에 전체-부분 관계가 성립할 때, 즉 N1의 공간물에 대하여 N2가 항구적인 부분을 구성할 때는 {의}가 de로 불역된다. 그러나 N1과 N2 사이에 이러한 전체-

부분의 항구적인 관계가 성립하지 않을 때는 {의}가 dans이나 à로 불역된다. 똑같이 '위치'를 나타낼 수 있는 이 두 전치사 간의 선택은 다음과 같다. 곧 'N1의'가 'N1에서의'나 'N1 속(안)의'로 환언될 수 있을 정도로 N1의 외연적 경계가 한정된 장소나 위치를 나타낼 때는 {의}가 'dans'으로 불역된다면, 그렇지 않을 경우는 'à'로 불역된다.

[3] 유형 Ⅲ : 'N1의 N2'의 N1이 N2의 객체일 때 N1과 N2 사이에는 '대상, 소관, 소위, 소반, 관계'의 의미 관계가 성립한다. N2에 대해 'N1의'가 가질 수 있는 이러한 의미관계를 반영하듯 '대상'과 '관계'의 {의}만이 전치사 de로 불역되고, '소관'의 'N1의'는 '-에 관해'를 뜻하는 전치사 sur를 수반하여 'sur N1'로 불역되고, '소위'의 'N1의'는 '-를 위해'를 뜻하는 전치사 pour를 수반하여 'pour N1'로 불역되고, 끝으로 '소반'의 'N1의'는 '-에 반하는'을 뜻하는 전치사 contre를 수반하여 'contre N1'로 불역된다.

[4] 유형 Ⅳ : 'N1의 N2'의 N1이 N2의 '시간, 수량, 형상 그리고 속성'이라는 존재 양식의 표지인 경우이다. 먼저, N1이 '시간' 표지인 경우를 보면 다음과 같다. 즉 시간명사 N1이 '올-'과 같이 '오늘'의 의미를 갖는 관형성 어휘와 합성된 명사일 때는 'N1의'는 'de ce N1'로 불역된다면, N1이 '오늘'과 같은 날을 나타내는 명사, '정오' 등을 나타내는 명사 그리고 달과 요일명의 명사로 구성될 때는 'N1의'는 'de Ø N1'로 불역된다. 마지막으로, 'N1'이 시간 단위를 나타내는 의존명사로 쓰여 '수사+시간단위명사(N1)+의+N2'의 구조일 때는 프랑스어에서도 한국어와 똑같이 '수사+시간단위명사(N1)+de+N2'의 어순으로 실현된다.

둘째, N1이 N2에 대한 '수량' 표지인 경우는 크게 두 유형으로 불역된다. 하나는 N1이 '대부분, 다량' 등과 같은 수량 관계 명사로 된 경우이다. 이때 수량 표지(N1)가 전제된 N2 중의 '다수'를 나타낼 때는 N2가 속격형이 되어 'N1 de det N2'로 불역된다면, 수량 표지(N1)가 미정의 N2에 대한 '소수'나 '양적 부분'을 가리킬 때는 'un N1 de Ø N2'로 불역된다. 다른 하나는 N1이 수관형사를 수반한 '명, 잔' 등의 수량 단위 명사일 때는 '수관형사+N1(수량단위명사)+의'가 단순히 '수한정사+N1'로 불역되는 경우와, 프랑스에서도 똑같이 '수한정사+N1(수량단위명사)+de'로 불역되는 경우로 이분된다. 이러한 사실은 프랑스어보다 한국어가 수량 단위명사가 더 발달된 언어라는 것을 보여준다.

셋째, N1이 N2의 형상을 표시하는 경우란 '장발의 청년 → Un homme jeune(청년) aux cheveux longs(장발의)'에서처럼 N1이 N2의 외형적 특징, 그 '형상'을 표시하는 것을 말한다. 이때 'N1의'는 'N1을 가진/N1이 있는'이라는 용법을 갖는 전치사 à에 의해서 전치사구 'à N1'로 불역된다.

마지막으로, N1이 N2의 속성을 표시하는 경우로 두 가지 유형으로 나뉜다. 하나는 '속성 일반'의 경우로 N1은 N2의 술어로 환언될 수 있다(평화의 세계 → 세계가 평화롭다.). 다른 하나는 N1의 비유를 통해서 N2의 속성이 나타나는 경우이다(일장춘몽의 인생 → 일장춘몽과 같은 인생: 인생이 일장춘몽과 같다.). 이들 '속성'의 'N1의'는 N1이 관사를 수반하지 않는, 곧 명사 어휘 그 자체만으로 된 명사보어 'de Ø N1'로 불역된다.

[5] 유형 V : 사건(곧 행위나 동작)이나 상태와 같은 술어 의미를 갖는 사태 명사가 실체물 혹은 추상물을 논항으로 하는 술어 명사로 행태할 때, 이 술어 명사는 자신의 논항을 속격 보어로 하는 'N1의 N2'의 속격 명사구로도 실현될 수 있다. 요컨대, N1이 술어 명사 N2의 주격 논항이

나 목적격 논항일 수 있는 'N1의 N2'는 프랑스어에서도 구절구조만 우분지일 뿐 똑같이 술어 명사인 N2가 전치사 de에 의해 지배되는 속격 보어 'de N1'을 동반하는 'N2 **de** N1'의 속격 명사구로 번역된다.

제 4 장

'N1의 N2'의
불역과
프랑스어 관사

'N1의 N2'의 불역과 프랑스어 관사

이곳 4장에서 다루고자 하는 것은 한국어의 속격 명사구 'N1의 N2'가 불역될 때 {의}의 전후 두 명사인 N1과 N2는 각각 프랑스어의 정관사나 부정관사[1] 중 어느 것을 수반하여 나타날까이다(김지은 2011a 참조). 이를 위해 명사구가 나타내는 한정성(definiteness), 총칭성(genericity), 특정성(specificity), 비특정성(non-specificity) 그리고 술어성(predicativity)에 대한 개념 설명이 선행될 필요가 있다.

먼저, 한정성이란 명사구가 나타내는 어떤 존재에 대하여 화자와 청자가 동일한 지식 곧, 정보를 공유하고 있는 경우를 말한다. 여기서 동일한 정보의 공유 문제는 크게 두 가지로 나눌 수 있다. 하나는 명사구의 한정성이 객관적으로 확인될 수 있는 것, 다시 말해서 한정성이 문맥이

---

1) 프랑스어의 정관사(definite article)는 남성 단수 'le', 여성 단수 'la' 그리고 남여성 복수 'les'로 구성된다. 프랑스어의 부정관사(indefinite article)는 남성 단수 'un', 여성 단수 'une' 그리고 남여성 복수 'des'로 구성된다. 앞으로 'le'와 'le N'은 각각 정관사와 정명사구를 대표하고, 'un'과 'un N'은 각각 부정관사와 부정명사구를 대표한다. 'N'은 명사(noun)의 약어이다.

나 상황적 맥락에 의해 화자와 청자가 동일한 정보를 공유함으로써 결정되는 경우이다. 다른 하나는 한정성이 문맥이나 상황적 맥락과는 상관없이 어떤 존재가 그것 자체로서 화자와 청자의 경험세계에 공히 존재하는 것으로 믿는 '존재적 전제'에 의한 경우이다.

그러면, 한정성은 총칭성, 특정성, 비특정성 그리고 술어성과는 어떤 상관관계를 가질까? 먼저, 총칭성은 문장적 개념으로 하나의 특정 사건에 대한 기술이 아닌 일반적 진술로서 규범, 습관, 속성 따위의 지속적인 상태를 표현하는 경우를 말한다. 총칭문은 총칭성의 정도에 따라 다음 (1)에서처럼 여러 가지 유형이 있을 수 있다(채완 1984, Kleiber 1987, Carlier 1998 참조).

(1) a. **토끼는** 귀가 크다.
b. **젊은이는** 사이다를 마신다.
c. 그 **젊은이는** 사이다를 마신다.
d. **영민이는** 사이다를 마신다.

(1a)처럼 주어 명사구가 자신이 속한 유(類) 전체의 필연적인 속성을 나타내는 전칭적 총칭(universal genericity)일 수도 있고, (1b)처럼 술부가 나타내는 속성이 주어 명사가 가리키는 유 전체를 모두 충족시키지 못할 수도 있는 존재적 총칭(existential genericity)일 수도 있다. (1c, d)의 경우, 각 주어 명사구는 한 개체를 가리키므로 총칭명사가 아니지만 술부가 습관화된 지속적인 상태를 나타내는 것으로 해석될 때는 총칭문이다.[2] 이렇듯, 총칭성이란 문장 단위의 개념으로서 서술어로 표현됨을 알 수 있다.

---

[2] (1c, d)는 또한 현재 일어나고 있는 특정한 하나의 사건을 기술하는 비총칭문으로도 해석된다.

그러나, 문장 단위의 개념인 총칭성이 (1)에서도 확인할 수 있듯이 명사구가 총칭적인지의 여부를 말하는 개념으로도 사용될 수 있다. 그래서 우리는 총칭성이라는 용어는 명사구를 가리키는 것에 한정하고, '총칭문/비총칭문'이라는 용어 대신 이것과 거의 동일한 개념으로 임홍빈(1988a [1972])에서 쓰이고 있는 '정언문(定言文)/비정언문(非定言文)'이라는 용어를 사용할 것이다. 이를테면 서술어가 지속적인 상태를 나타낼 경우 그 문장은 정언문으로서의 특성을 갖는다면, 서술어가 특정적인 일회의 사건을 나타낼 경우 그 문장은 비정언문으로서의 특성을 갖는다.[3]

특정성은 명사구가 실제의 세계나 화자의 마음에 있는 어떤 개별적 대상을 가리키는 경우를 말한다면, 비특정성은 명사구가 하나 혹은 그 이상의 대상을 나타내기는 하나 어떤 개별적 대상과는 지시관계를 구성하지 않는 경우를 말한다(채완 1984와 Winkelmann 1980: 296 참조).[4] 다음 (2)의 예를 보자.

(2) a. 민지는 **그 사회 운동가**와 결혼하기를 원한다.
    b. 민지는 **한 사회 운동가**와 결혼하기를 원한다.
    c. 민지는 **사회 운동가**와 결혼하기를 원한다.

(2a)에서 '그 사회 운동가'는 지시관형사 '그'에 의해 한정적 의미의

---

3) 임홍빈(1988a: 216)은 정언문이 갖는 의미적인 특성으로 '간접적, 추상적, 관념적, 일반적, 항구적, 객관적, 비현실적' 특성을 들고, 비정언문이 갖는 의미적인 특성으로 '직접적, 구체적, 감각적, 특수적, 순간적, 주관적, 현실적' 특성을 들고 있다.
4) 그러나 채완(1984: 752)에서는 '명사구에서 비특정성과 총칭성은 그것이 본질적으로 지시(referent)가 아니라 속성(attribute)을 문제삼는다는 점에서 상당히 유사한 개념이라고 할 수 있다'고 하면서 '결과적으로 비특정적 명사구는 총칭적 명사구와 겹치는 개념이라 할 수 있을 듯하다'라고 말하고 있다.

특정적 사회 운동가를 가리킨다면, (2b)에서 '한 사회 운동가'는 부정관형사 '한'의 수식에 의해 비한정적이지만 특정적 사회 운동가를 가리킨다. 이에 반해 관형사를 수반하지 않는 (2c)의 '사회 운동가'는 두 가지 해석이 가능하다. 하나는 민지가 결혼하고픈 대상의 직업이 사회 운동가인 비특정적 사회 운동가를 말할 수 있다면, 다른 하나는 민지가 최근에 선을 본 여러 직업의 남자들 중에서 그 지시적 정체성이 확인되지는 않은 '어떤 사회 운동가'를 가리키는 것으로 화자가 말할 때는 특정적인 사회 운동가인 것이다. 이 후자의 경우는 (2b)와 동일한 의미라 할 것이다.

마지막으로, 명사구의 술어성이란 다음 (3)에서처럼 이미 다른 명사구에 의해 가리켜진 대상이나 개체의 속성, 사건, 상태, 관계 등[5]을 표현하는 것을 말한다.

(3) a. 서울은 **수도**이다(Séoul est **une capitale**).

b. 서울은 <u>한국의</u> **수도**이다(Séoul est **la capitale** <u>de la Corée du Sud</u>).

c. <u>자동차의</u> **수리**(la réparation <u>de la voiture</u>), <u>거북의</u> **느림**(la lenteur <u>de la tortue</u>)

d. <u>중생의</u> **얼굴**(le visage <u>de l'homme</u>), <u>남산의</u> **정상**(le sommet <u>de Namsan</u>)

(3a)에서 '수도'는 '서울'에 대한 속성을 나타내는 술어명사라면,[6] (3b)에서 '수도'는 '서울'에 대한 속성뿐만 아니라 '한국'과의 공간적 관계도

---

5) Mel'čuk(2003)은 술어명사가 다음 (i)과 같은 다양한 사실을 표현한다고 말한다(박만규 2007: 344)에서 재인용).

   (i) 사건(events), 행위(actions), 과정(process), 관계(relations), 속성(properties), 양(quantity), 처소(location) 등.

6) 이 경우 '수도'라는 속성이 다른 대상들(곧 도시들)에 의해서도 공유될 수 있기 때문에 부정명사구 'une capitale'로 불역된다.

나타내는–곧 두 개의 논항을 갖는–술어명사이다. (3c)의 속격 명사구에서 '수리'와 '느림'은 각각 '(누군가) 자동차를 수리하는 사건'과 '거북이가 느린 상태'를 나타내는 사건과 상태의 술어명사이다. (3d)에서 '얼굴'이라는 신체부위와 '정상'라는 위치 공간의 부분은 각각 그 전체로서 '중생'과 '남산'을 전제하는 관계의 술어명사이다.[7)]

이처럼 각기 다른 의미적 기능을 갖는 명사구[8)]는 한정적인가의 여부에 따라 정(定)명사구(le N)와 부정(不定)명사구(un N)로 나뉜다.

프랑스어의 관사는 랑그 차원의(곧 사전상의) 명사 어휘가 파롤 차원의 담화에서 사용되게 하는 현동화(actualization)의 기능을 수행한다(Bonnard 1971: 258 참조). 정관사(le)는 화자가 말하는 어떤 대상을 청자가 이미 알고 있거나, 혹은 그 어떤 대상의 존재를 전제할 경우, 그리고 바로 인접한 요소에 의해 그 명사체의 지시적 정체성이 확인될 수 있는 경우에 쓰여 정명사구 'le N'을 만든다. 이에 반해, 부정관사(un)는 화자가 말하는 바로 그 순간에 소개되는 사람 또는 사물, 그리고 화자가 말하는 순간에 아직 청

---

7) 담화상 홀로 쓰일 수 있을 만큼 통사–지시적 자립성을 갖는 실체 명사나 추상물 명사에 비해 사태명사와 관계명사는 그러한 자립성이 없는 술어명사이므로, 이들은 지배하는 논항을 필요로 한다. 이에 대한 상세한 논의는 앞의 2.3. 참조.

8) 지금까지 살펴본 명사구의 제 의미적 기능은 서얼(J.R. Searle)이 말하는 단언 행위 (propositional act)의 부분들로서 다음과 같은 위계적 도식으로 나타낼 수 있다. 이는 결국 프랑스어 관사의 의미–화용론적 체계와 일치한다(Winkelmann 1980: 296 참조).

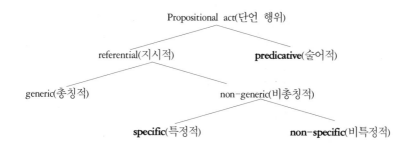

자에게 확인되지 못한 사람 또는 사물을 나타내는 명사에 쓰여 부정명사구 'un N'을 만든다.

프랑스어에서 'le N'은 <단지 하나만의 어떠 어떠한 것이 있다>라는 식으로 단일성(unicity)(곧 한정성)을 띤 어떤 유일한 존재가 있다는 것을 기본적으로 전제하고 있으며,[9] 경우에 따라 그 존재 대상을 직접 가리키는 지시적 기능을 가진다(Ducrot 1972: 221-45와 김지은 1999a: 345-49 참조). 이처럼 한정성(definiteness)을 갖는 'le N'은 비지시적인 술어적 의미 외에 특정적, 비특정적 그리고 총칭적이라는 지시적 의미로도 쓰인다.

프랑스어에서 'un N'의 사용은 두 가지로 특징된다. 첫째, 명사구로 나타나는 어떤 존재가 그것이 속한 부류(class)(곧 소속 부류)를 대표하는 한 유형적 요소(an element type)임을 나타낸다(Charaudeau 1992: 166 참조). 예컨대, 'Hier, j'ai monté **un vélo**(어제, 나는 자전거를 조립했다).'라고 말할 때, '어제 내가 조립한 것'은 조립할 수 있는 다른 모든 개체들의 부류와 대립되는 'vélo(자전거)'가 갖는 특성을 가지고 있는 부류에 속한다. 둘째, 화자가 언술행위 시 어떤 존재의 지시적 정체성에 대하여 청자(혹은 독자)가 어떤 기지적(既知的) 정보도 갖고 있지 않다고 판단할 때이다. 곧, 화자-청자가 어떤 요소의 존재에 대하여 공유하고 있는 한정된 지식이 없을 때이다. 이처럼 비한정성(indefiniteness)을 갖는 'un N'도 비지시적인 술어적 의미 외에 특정적, 비특정적 그리고 총칭적이라는 지시적 의미로도 쓰인다.[10]

여기서 우리는 다음과 같이 가정할 수 있다. 관사가 없는 한국어의 명사가 어떤 존재가 있다는 것을 전제하는 '존재적 지시'의 총칭적 의미나

---

9) 정명사구 'le N'의 복수형인 'les N'은 여러 구성요소들로 이루어진 하나의 집합이 존재한다는 것을 전제한다.

10) 프랑스어에서 'le N'과 'un N'이 갖는 이러한 제 의미적 기능에 대해서는 Winkelmann (1980)와 Charaudeau(1992: 166-68, 171-174) 참조.

비특정적 의미로 쓰이든, 그 사용 맥락에 따라 그 존재 대상을 직접 가리키는 지시적 기능을 갖든, 단일성(곧 한정성)을 띤 어떤 존재가 있다는 것을 나타낼 때는 le를 동반하여 번역된다. 반대로 한국어의 명사가 그 존재적 정체성을 확인할 수 없는 비한정적인 한 유형적 요소를 나타낼 때는 프랑스어에서 un을 동반하여 번역된다.

'N1의 N2'[11]의 불역에서 이러한 가정을 추론하기 위해서는 {의}의 전후 두 명사인 N1과 N2가 각각 어떤 언어학적 환경에서 한정적으로 사용되고, 어떤 언어학적 환경에서 비한정적으로 사용되는지를 밝혀내야 할 것이다. 이를 통해서 전자의 경우에는 'le N'으로 불역되고 후자의 경우에는 'un N'으로 불역된다는 것을 확인할 수 있을 것이다.

요컨대, 'N1의 N2'의 N1과 N2는 각각 le와 un을 선택적으로 수반함에 따라 '[1] N1의 N2→le N2 de[12] le N1, [2] N1의 N2→un N2 de un N1, [3] N1의 N2→le N2 de un N1, [4] N1의 N2→un N2 de le N1, [5] N1의 N2→le N2 de (ø) N1, [6] N1의 N2→un N2 de (ø) N1'와 같은 여섯 가지 유형의 속격 명사구로 불역될 수 있다.[13]

---

11) 우리는 이 책에서 N1과 N2가 어떤 관형사도 수반하지 않고 순전히 두 명사 N1과 N2로만 구성된 속격 명사구만을 대상으로 한다.

12) 속격 조사 {의}가 많은 경우에 전치사 de로 불역되지만, à, dans, pour, contre 등과 같은 de 외의 다른 전치사로 불역되기도 한다(이에 대해서는 앞 3장 참조). 따라서 de 는 {의}를 대표하는 불역형이다.

13) 속격 조사 {의}가 선행 명사구의 존재를 전제한다는 기능을 고려한다면(임홍빈 1998b와 김명희 1997 참조), [5] 유형과 [6] 유형에서처럼 'N1의'가 'de (ø) N1'로 불역되는 것은 불가능해야 할 것이다. 그러나 우리는 코퍼스 수집과정에서 [5]형의 불역은 드물지만 [6]형의 불역은 다음 (i)에서처럼 상당히 생산적인 것을 확인한 바 있다.

   (i) a. 연기의 밑으로 투명하게 반짝이는 불의 혀가 보였다. (만 204)
     b. **Les langues** de feu scintillaient en transparence sous la fumée. (Man 198)

   [6] 유형의 불역에 대한 상세한 논의는 앞의 3.4.4. 참조.

여기서 우리가 다루고자 하는 문제는 크게 볼 때 다음 두 가지이다. 첫째, 앞의 네 가지 각 유형(즉 [1], [2], [3], [4])에서 N1과 N2가 각각 'le N'이나 'un N' 중의 하나로 불역되게끔 하는 언어학적 요인은 무엇인가? 둘째, 어떤 언어학적 환경에서 N1과 N2가 총칭적, 특정적, 비특정적 그리고 술어적 의미의 'le N'이나 'un N'으로 불역되는가? 이를 위해서 우리는 'N1의 N2'의 N1과 N2가 모두 le를 수반한 [1]에 이어 un을 모두 수반하여 번역되는 [2]의 경우를 먼저 살펴본 후, [3]에서는 N1이 'un N1'로 불역되는 언어학적 요인은 어디에 있으며, 또한 [4]에서는 N2가 'un N2'로 불역되는 언어학적 요인은 무엇인지를 차례대로 구명할 것이다.

4.1. 'N1의 N2' → 'le N2 de le N1'

'N1의 N2'에서 N1이 그 자체로서 단일성(곧 한정성)을 갖는 사람이나 공간물 등을 나타내는 고유명사일 때, 이 N1의 한정을 통해 지시적 정체성을 갖게 되는 N2[14]는 다음 예들에서처럼 'le N2'로 불역된다.

(4) a. 그의 군대는 마침내 <u>남산의</u> **정상을** 차지했다.

b. Son armée a enfin pris **le sommet** de Namsan.

(5) a. <u>민준이의</u> **눈길이** 하늘을 더듬었다. (고양이2-1: 16)

b. **Le regard** de Minjun fouilla le ciel. (chat2-1: 15)

---

14) 아래 예들에서 '정상(sommet)'과 '눈길(regard)'은 각각 공간물과 추상적 관계명사이고, '탈환(reprise)'은 사건의 술어명사이고, '모자(chapeau)'와 '말(mot)'은 각각 실체의 보통명사와 추상물 명사이다(이러한 명사들의 분류에 대해서는 앞 2장 참조). 이들 N2의 명사에 대한 논의는 아래 4.1.3. 참조.

(6) a. <u>파리의</u> **탈환은** 시간문제였다.

b. **La reprise** <u>de Paris</u> était une question de temps.

(7) a. 그는 <u>준호의</u> **모자를** 스피커 옆에서 찾아냈다. (밤 368)

b. Il finit par découvrir **le chapeau** <u>de Chunho</u> près d'un haut-parleur. (nuit 19)

(8) a. 괴로울 땐 술을 마시라던 <u>지산의</u> 말이 떠올랐다. (만 209)

b. **Le mot** <u>de Jisan</u> sur l'alcool qui guérit les tourments me remonta à la mémoire. (Man 204)

이들 예에서처럼 N1이 고유명사인 경우와는 달리, 'N1의 N2'의 N1이 존재적 전제에 의해서 단일성을 띠거나, 그러한 단일성이 문맥이나 상황적 맥락에 의해서 뒷받침될 때는 'le N1'로 불역된다. 이에 상응하여 N1은 총칭적 의미를 갖는 경우와 특정적 의미를 갖는 경우로 나타난다. 이때 'N2'도 직접 인접한 'N1의'의 한정을 받아 'le N2'로 불역된다.

4.1.1. 총칭적 의미의 N1

'N1의 N2'의 N1이 존재적 전제를 통해서 총칭적 의미의 단일성을 가질 때, N1은 물론이고, 이 N1을 통사-지시적 보어로 갖는 N2도 'le N2'로 불역된다. 이는 다음 두 가지 경우로 나눌 수 있다.

첫째, 다음 예들에서처럼 정언문에서 N1이 실체의 보통명사로 쓰이는 경우이다.

(9) a. 번뇌는 <u>중생의</u> **얼굴**이야. (만 171)

    b. La souffrance est **le visage** de l'homme. (Man 166)

(10) a. 그는 <u>코끼리의</u> **코**를 좋아한다.

    b. Il aime **la trompe** <u>de l'éléphant</u>.

(11) a. 조련사는 <u>동물의</u> **본성을** 이용한다.

    b. Le dompteur exploite **la nature** <u>de l'animal</u>.

(12) a. <u>거북이의</u> 느림은 장수의 비결이다.

    b. **La lenteur** <u>de la tortue</u> est le secret de sa longévité.

    이들 정언문의 N1에 쓰인 '중생, 코끼리, 동물, 거북이'는 어떤 비특정적 대상을 가리키는 것이 아니라 존재적 전제를 통해서 해당 부류 전체를 지시함으로써 일반성을 지향하는 총칭적 의미를 나타낸다.[15] 이는 다음 (13)에서처럼 상기 예들의 'N1' 앞에 비특정적 의미를 띤 부정 관형사 '어떤'이 놓일 수 없다는 데서 확인된다.

---

15) (12a)의 N2인 '느림'은 '거북이'를 속격 논항으로 갖는 상태의 술어명사이다. 이처럼 상태의 술어명사가 N2로 실현될 경우는 (12a)와 같은 정언문에서뿐만 아니라 다음 (i)과 같은 비정언문에서도 그 속격 논항을 구성하는 N1은 총칭적 의미를 띤다.

    (i) a. 그는 <u>토끼의</u> **총명함을** 이야기했다.
       b. Il a parlé de **l'intelligence** <u>du lapin</u>.

왜냐하면, 해당 상태 술어(곧 상태 용언)가 상대적인 의미를 가질 때는 그 문장은 반드시 총칭적(우리에게는 정언적)이기 때문이다. Chafe(1970: 169)(채완 1984: 749에서 재인용) 참조. 한편, N2가 사건의 술어명사일 경우 'N1의'의 의미와 불역에 대해서는 아래 4.3.2.1.을 볼 것.

(13) a. 번뇌는 <u>중생의</u> **얼굴**이야.

　　→*번뇌는 <u>어떤 중생의</u> **얼굴**이야.

　b. 그는 <u>코끼리의</u> **코**를 좋아한다.

　　→*그는 <u>어떤 코끼리의</u> **코**를 좋아한다.

　c. 조련사는 <u>동물의</u> **본성을** 이용한다.

　　→*조련사는 <u>어떤 동물의</u> **본성을** 이용한다.

　d. <u>거북이의</u> **느림은** 장수의 비결이다.

　　→*<u>어떤 거북이의</u> **느림은** 장수의 비결이다.

이렇듯 이들 'N1'이 '어떤 N1'로 환언될 수 없다는 것은 이들 'N1'이 정언문으로 실현되면서 존재적 지시를 통해 일반성을 지향하는 총칭성을 나타낸다는 것을 말한다. 따라서 'N1(의)'의 불역형은 총칭적 의미의 '(de) le N1'이 된다.

한편, 이들 N1의 총칭적 실체명사에 의해 한정되는 N2의 술어명사들, 곧 '얼굴'과 '코'와 같은 신체(몸체)부위 관계명사, '본성'과 같은 추상적 관계명사 그리고 '느림'과 같은 상태명사는 명사 제사로서 'le N2'로 불역된다(이에 대한 상세한 논의는 아래 4.1.3. 참조).

둘째, 다음 예들에서처럼 정언문이나 비정언문에서 실현되는 N1의 추상물 명사가 관념적 총칭성을 통해서 단일성을 띠는 경우이다. N1은 물론이고 이것에 의해 한정되는 N2의 추상적 관계명사도 'le N2'로 불역된다.

(14) a. 이것이 <u>신앙의</u> **본질**이며 <u>종교의</u> **목적**인 것입니다. (만 163)

　b. Là est la substance <u>de la foi</u> et le but <u>de la religion</u>. (Man 159)

(15) a. <u>불법(佛法)의</u> **이치**란 마치 사탕과도 같아서 (...). (만 27)

    b. La loi <u>du bouddhisme</u> est comme le sucre. (Man: 21)

(16) a. 나는 (...), <u>절망의</u> **나락**에서 방황하고 있는 것을. (만 53)

    b. Je suis en train d'errer dans **l'abîme** <u>du désespoir</u>. (Man 48)

(17) a. 우리는 <u>정신의</u> **고갈을** 두려워한다. (만 166)

    b. On craint **l'épuisement** <u>de l'esprit</u>. (Man 162)

(18) a. 그는 <u>인생의</u> **무상함을** 달래고 있었다. (만 20)

    b. Il s'était consolé de l'inconstance <u>de la vie</u>. (Man 15)

이들 예에서 보듯이, '신앙, 종교, 불법, 절망, 정신, 인생'과 같은 N1의 추상물 명사들은 이들이 정언문(14), (15), (17)의 경위에 쓰이느냐 아니면 비정언문(16), (18)의 경위에 쓰이느냐에 상관없이 자신들이 전제하는 관념적 총칭성을 통해서 존재의 단일성을 나타내므로 'le N1'로 불역된다. 또한 이들 N1의 관념적 추상물에 의해서 통사-지시적 자율성을 갖게 되는 N2의 추상적 관계명사(곧 '본질, 목적, 이치, 나락')와 상태의 술어 명사(곧 '고갈, 무상함')도 공히 명사 제사로서 'le N2'로 불역된다(이에 대한 상세한 논의는 아래 4.1.3. 참조).

정리하면, 'N1의 N2'의 N1이 실체의 보통명사로서 정언문에 나타날 때는 존재적 전제를 통해서 총칭적 의미의 단일성을 나타낸다면, 이 N1이 추상물 명사로 나타날 때는 정언문으로의 실현 여부와는 상관없이 전제된 관념적 총칭성을 통해서 그 존재의 단일성을 나타내는 바, 이 두 경우 모두 N1은 총칭적 의미의 'le N1'로 불역된다.[16]

4.1.2. 특정적 의미의 N1

4.1.2.1. 조응어

'N1의 N2'의 'N1'이 자신의 지시적 정체성(곧 단일성)을 다음 예들에서
처럼 선행 문맥에 있는 피조응어을 통해서 확보하는 경우이다.

(19) a. 고개를 돌려보니 추악하게 **노파가** 웃고 있었다. (…). 나는 노파의
손을 뿌리치며 명쾌하게 말했다. (만 239-40)

→ Je retournai et vis **une vieille femme** laide qui riait. (…). Je repoussai
la main de la vieille et lui dit clairement. (Man 231-32)

b. **내 방**의 여자는 오지 않고 있었다. 소변을 보고 돌아오는데 옆방
의 문이 열려 있었다.(만 242)

→ La fille de **ma chambre** ne venait toujours pas. Je sortis uriner et, en
revenant, **la porte** de la chambre d'à-côté étant ouverte (…). (Man
233)

해당 속격 명사구만을 끌어내어 상응하는 불역 부분과 함께 정리하면
다음과 같다.

(20) a. 노파의 손 → la main(손) de la vieille(노파의)
b. 옆방의 문 → la porte(문) de la chambre d'à-côté(옆방의)

이처럼 속격 명사구의 N1로 쓰인 '노파, 옆방'이 'le N1'로 불역될 수

---

16) Guillaume(1973: 145)이 말하는 정신 역학적 설명에 의거할 때, 'le N'은 일반성을 지
향하는 총칭성을 가질 수 있다면, 'un N'은 개별성을 지향하는 총칭성을 가질 수 있
다. 또한 김지은(1999a: 349-354)도 볼 것.

있는 것은 이들 각 명사가 선행 문맥에서 이미 언급된 그들의 피조응어를 그대로 복사하거나('노파'의 경우), 아니면 선행 문맥의 어사와 연합관계(associative relation)를 이룸으로써[(19b)의 '옆방'은 '내방'과 연합관계를 이룬대 자신들의 지시적 단일성(곧 한정성)을 충족시키는 조응어(anaphora)로 나타나기 때문이다. 한편, N2의 경우 '문'과 같은 개체물 관계명사, '손'과 같은 신체부위 관계명사의 지시적 단일성은 각각 N1의 '옆방'과 '노파'라는 실체물 명사의 한정을 통해서 확립되기 때문에 'le N2'로 나타난다.

4.1.2.2. 상황적 맥락

'N1의 N2'에서 'N1'이 그 지시적 정체성(곧 한정성)을 상황적 맥락을 통해 확보할 수 있는 경우는 두 가지가 있다. 하나는 아래 (21)과 (22)의 예에서처럼 화자와 청자가 언어외적 상황에 대한 사전 정보를 공유하는 경우이다. (21)은 밤 사이에 할퀴고 간 태풍으로 화자가 친구와 함께 다니던 체육관을 포함한 시내의 주요 건물들이 상당한 피해를 입었다는 소식이 언론을 통해 알려진 후, 그 날 오후에 우연히 만난 그 친구에게 물을 수 있는 질문이다.

> (21) a. 태풍에 <u>체육관의</u> **지붕이** 날아갔다면서?
>   b. **La couverture** <u>du centre sportif</u> s'est envolée à cause du typhon?

다음 (22)는 화자가 자동차를 카센터에 맡긴 다음 잠시 어디에 갔다가 돌아온 후 정비사에게 물을 수 있는 질문이다.

(22) a. <u>자동차의</u> **수리가** 벌써 끝났어요?

　　 b. **La réparation** <u>de la voiture</u> est déjà terminée?

　이들 두 예에서 'N1의'를 이루는 '체육관'과 '자동차'가 'le N1'로 불역될 수 있는 것은 화자와 청자가 언어외적인 상황적 맥락에 의해 이 두 명사구에 대한 정보를 사전에 공유하고 있기 때문이다.

　다른 하나는 다음 (23)~(25)의 예에서처럼 특정한 상황에 대한 화자의 묘사적 기술에서 특정적인 N1의 존재가 시공간적 장면에 의해 전제(곧 한정)되는 경우이다.

(23) a. <u>근처 교회의</u> **시계가** 3시를 쳤다. 마지막 이별의 순간이 온 것이다. 뻬에트로는 사랑하는 여자의 품안에서 빠져 나왔다. (다리 264)

　　 b. **L'horloge** <u>de l'église voisine</u> sonna trois heures; le moment des derniers adieux arrivait. Pietro s'arracha des bras de son amie. (bles 66)

(24) a. <u>등나무의</u> **그늘** 아래 그 노승은 반듯이 척추를 펴고, (...) 앉아 있었다. (만 21)

　　 b. C'était un vieux moine, (...), assis là, bien droit, dans **l'ombre** <u>des glycines</u>, (...). (Man 16)

(25) a. 고죽은 <u>천장의</u> **합판 무늬를** 멍하니 바라보며 생각했다. (금 12)

　　 b. Kojuk réfléchit en regardant distraitement **les motifs** <u>du plafond</u>. (oiseau 16)

　이들 각 예에서 한국어의 N1인 '근처 교회', '등나무' 그리고 '천장'은 모두 문맥의 상황상 자신들의 존재가 시공간적 장면에 의해 전제되는 경우이다. 이를테면, (23a)의 '근처 교회'는 '작중 인물이 있는 곳의 근처에 위치한 하나의 교회'이고, (24a)의 '등나무'는 '노승이 앉아 있는 공간의 범위 안에 있는 등나무'이고, (25a)의 '천장'은 '고죽이라는 인물이 누운 상태로 볼 수 있는 범위 안의 천장'이다. 이처럼, 화자의 묘사적 기술 내의 상황적 한정에 의해 그 지시적 단일성이 전제되는 이들 한국어의 N1은 모두 비정언문에서 특정적이면서도 한정적인 명사구들인 바 'l'église voisine(근처 교회)', 'les glycines(등나무)' 그리고 'le plafond(천장)'의 정명사구로 불역된다.

정리하면, 'N1의 N2'의 N1이 화자와 청자가 언어외적 상황에 대하여 공유하는 기지적 정보로서 한정성을 띠거나, 화자의 묘사적 기술에서 특정적인 N1의 존재가 상황적 장면에 의해 한정될 경우 N1은 'le N1'로 불역된다.

4.1.3. N2의 통사-의미적 특성

N1만이 아니라 정명사구로 불역되는 N2의 어휘적 특성에 대하여 보기로 하자. 앞의 예들 중 일부를 다시 가져온 다음 (26)~(28)에서 볼 수 있듯이 한국어에서 N2는 많은 경우 'N1의'의 도움 없이는 홀로 쓰일 수 없는 관계나 사태의 술어명사로 구성되지만 실체의 보통명사나 추상물 명사로도 나타난다. 먼저 'N1의'의 삭제 가능성을 테스트해보면 다음과 같다. 물론 이 경우 담화적이거나 화용론적인 어떤 정보도 전제하지 않는다.

(26) N2가 관계명사로 된 경우
  a. 그의 군대는 <u>남산의</u> **정상을** 차지했다(Son armée a pris **le sommet** <u>de</u>

Namsan).

→ *그의 군대는 **정상을** 차지했다(* Son armée a pris **le sommet**).

b. 나는 <u>노파의</u> 손을 뿌리치며 말했다(Je repoussai **la main** <u>de la vieille</u> et lui dit).

→ *나는 **손을** 뿌리치며 말했다(* Je repoussai **la main** et lui dit).

c. <u>불법의</u> **이치란** 마치 사탕과도 같아서(**La loi** <u>du bouddhisme</u> est comme le sucre).

→ * **이치란** 마치 사탕과도 같아서(* **La loi** est comme le sucre).

(27) N2가 사태명사로 된 경우

a. 우리는 <u>정신의</u> **고갈을** 두려워한다(On craint **l'épuisement** <u>de l'esprit</u>).

→ *우리는 **고갈을** 두려워한다(* On craint **l'épuisement**).

b. 이 영화는 <u>토끼의</u> **영리함을** 그리고 있다(Ce film montre **l'intelligence** <u>du lapin</u>).

→ *이 영화는 **영리함을** 그리고 있다(* Ce film montre **l'intelligence**).

c. <u>자동차의</u> **수리가** 벌써 끝났어요?(**La réparation** <u>de la voiture</u> est déjà terminée?)

→ * **수리가** 벌써 끝났어요?(* **La réparation** est déjà terminée?)

(28) 실체의 보통명사나 추상물 명사

a. <u>근처 교회의</u> **시계가** 3시를 쳤다. 마지막 이별의 순간이 온 것이다

(**L'horloge** <u>de l'église voisine</u> sonna trois heures; le moment des derniers adieux arrivait).

→ **시계가** 3시를 쳤다. 마지막 이별의 순간이 온 것이다.

(**L'horloge**(**/Une horloge**)[17)]sonna trois heures; le moment des derniers

---

17) (28a)에서 속격형 '근처 교회의'가 삭제될 경우 '시계'는 화자에게 기지의 시계일 수도 있고('시계'는 'l'horloge'로 불역됨), 미지의 시계일 수도 있다('시계'는 une horloge' 로 불역됨).

adieux arrivait).

b. 괴로울 땐 술을 마시라던 <u>지산의</u> **말이** 떠올랐다(**Le mot** de Jisan
sur l'alcool qui guérit les tourments me remonta à la mémoire).

→ 괴로울 땐 술을 마시라던 **말이** 떠올랐다(**Un mot** sur l'alcool qui
guérit les tourments me remonta à la mémoire).

이들 (26)~(27)의 테스트에서 볼 수 있듯이 N2가 관계명사나 사태명
사일 경우는 'N1의'의 삭제가 비문을 야기하지만, (28)에서처럼 N2가 실
체의 보통명사나 추상물 명사일 경우는 그렇지 않음을 볼 수 있다. 이는
관계나 사태의 술어명사는 'N1의'의 도움 없이는 홀로 쓰일 수 없는 비
자립적인 명사라면, 실체의 보통명사나 추상물 명사는 통사-지시적으로
자립적인 명사이기 때문이다.

한편, N2가 관계명사일 때와 사태명사일 때의 차이는 다음 (29)~(30)
에서처럼 전자의 경우 N2가 삭제되어도 해당 문장이 적격문으로 남는
데 반해, 후자의 경우는 N2가 삭제되면 해당 문장이 비문이 된다는 데
있다.

(29) a. 그의 군대는 <u>남산의</u> **정상을** 차지했다(Son armée a pris **le sommet** de
Namsan).

→ 그의 군대는 **남산을** 차지했다(Son armée a pris **Namsan**).

b. 불법의 이치란 마치 사탕과도 같다(**La loi** du bouddhisme est comme
le sucre).

→ **불법**이란 마치 사탕과도 같다(**Le** <u>bouddhisme</u> est comme le sucre).

(30) a. 우리는 <u>정신의</u> **고갈을** 두려워한다(On craint **l'épuisement** de l'esprit).

→ *우리는 정신을 두려워한다(On craint **l'esprit**).

b. <u>자동차의</u> **수리가** 벌써 끝났어요? (**La réparation** <u>de la voiture</u> est

déjà terminée?)

→＊**자동차가** 벌써 끝났어요? (**La voiture** est déjà terminée?)

이는 N2가 관계명사일 경우 N2는 속격 보어인 N1의 부분적 개체나 그 존재 양식을 나타낸다면, N2가 사태명사일 경우 N2는 속격 보어인 N1과 사건과 상태의 술어적 의미관계를 구성하기 때문이다.[18]

그러한 차이에도 불구하고, (26)에서 N2의 관계명사들, 곧 '정상, sommet' 과 같은 공간물 관계명사, '손, main'과 같은 신체부위 관계명사 그리고 '이치, loi'와 같은 추상적 관계명사는 그들의 통사-지시적 자율성을 확보하기 위하여 속격 논항(곧 'N1의')을 필요로 하는 명사 제사이다. 또한 (27)에서 '고갈, l'épuisement'과 '영리함, l'intelligence'처럼 그 주체를 'N1 의'로 요구하거나, '수리, la réparation'처럼 그 대상을 'N1의'로 요구하는 상태나 사건의 명사들(N2)은 그들의 통사-지시적 자율성을 확보하기 위하여 그러한 속격 논항을 필요로 하는 명사 제사, 곧 술어명사들이다. 이처럼 'N1의 N2'의 N2가 속격 논항(곧 'N1의')을 지배하는 명사 제사일 때는 'le N2'로 불역된다.

이에 반해, (28)에서처럼 속격 논항 없이도 통사-지시적 자율성을 갖는 N2의 '시계, l'horloge'와 같은 실체물 명사나 '말, le mot'과 같은 추상물 명사가 'le N2'로 불역되는 것은 이들 유형명사들[19]이 담화적 차원에서 유의미하게 쓰이기 위해서 'N1의'에 의해 '수식-피수식어'의 관계로 한정되기 때문이다. 이렇게 볼 때, 관계나 사태의 술어명사(N2)의 'N1의'

---

18) 이에 대한 더 상세한 논의는 앞의 2.3. 참조.

19) 여기서 유형명사(sortal nouns)란 실체물 명사나 추상물 명사처럼 통사-지시적 자율성을 갖는 명사들을 아울러 지칭한다. Strawson(1973: 189) 참조.

는 '보충관형어'의 기능을 한다면, 실체의 보통명사(N2)나 추상물 명사 (N2)의 'N1의'는 '부가관형어'로 기능한다 하겠다(이병규2009: 13-14, 각주 2) 참조).20)

　　지금까지 논의한 'N1의 N2'의 N1과 N2가 모두 le를 수반하여 'le N2 de le N1'로 불역되는 언어학적 환경은 다음 세 가지로 정리될 수 있다. 첫째, 'N1의 N2'의 N1이 존재적 전제를 통해서 총칭적 의미의 단일성을 나타낼 때 'le N1'로 불역된다. 이때 'le N1'이 실체의 보통명사일 때는 정언문에서만 그러한 총칭적 의미의 단일성을 나타낸다면, 'le N1'이 추상물 명사일 때는 정언문으로의 실현 여부와는 상관없이 전제된 관념적 총칭성을 통해서 그 존재의 단일성을 나타낸다.

　　둘째, 'N1의 N2'의 N1은 자신이 갖는 단일성이 문맥이나 상황적 맥락에서 지시적으로 확인될 때 'le N1'로 불역된다. 이를테면, 문맥에 의한 'N1'의 지시적 정체성은 문맥상 앞서 언급된 자신의 피조응어를 그대로 복사하거나 아니면 그것과 연합관계를 이룸으로써 확보되는 반면, 상황에 의한 'N1'의 지시적 정체성은 화자와 청자가 언어외적 상황에 대하여 공유하는 지식이나, 화자의 묘사적 기술에서 특정적인 N1의 존재가 상황적 장면에 의해 전제(곧 한정)될 경우이다. 이 두 경우 N1은 'le N1'로 불역된다.

　　셋째, 'N1의 N2'의 N2가 'le N2'로 불역되는 것은 두 가지 사실로 설명된다. 하나는 N2가 속격 논항(곧 'N1의')을 필요로 하는 명사 제사, 곧 관계명사와 사태명사일 때는 술어적 의미의 'le N2'로 불역된다. 이에

20) 그러나 이에 대한 더욱 엄밀한 통사적 분석은 다음 기회로 미룬다.

반해 실체물 명사나 추상물 명사로 된 N2가 'le N2'로 불역되는 것은 이들 유형명사들이 담화적 차원에서 'N1의'에 의해 한정되기 때문이다.

4.2. 'N1의 N2' → 'un N2 de un N1'

'N1의 N2'의 전후 두 명사구가 모두 un을 수반하여 불역되는 경우는 그렇게 생산적이지 않다. 다음은 '-이다'로 된 지정사 구문의 두 실례이다.

> (31) a. 포교당의 주지는 <u>사십대의</u> **승려**였다. (만 60)
>
> b. Le responsable du Centre de propagation était **un moine** <u>d'une quarantaine</u> <u>d'années</u>. (Man 54)

> (32) a. 나는 이 세상의 햇빛과 바람과 물에는 견디지 못하고 시들어 버리는 <u>가을 들판의</u> **갈대**인 것을. (만 170)
>
> b. Je suis **un roseau** <u>dans un champ en automne</u>, qui meurt de ne pouvoir supporter ni le soleil, ni le vent, ni l'eau. (Man 165)

이 두 예처럼 지정사 구문의 가장 일반적인 형식은 "N은 N(가)이다 (아니다)"이고, 의미-지시적으로는 주어 명사구 'N는'이 보격 명사구 'N (가)'의 일부분으로 포함되는 관계[21]에 있다. 이때 주어 명사구 'N는'이 기지의 구체적인 정보를 나타낸다면, 보격 명사구 'N가'는 선행된 주어 명사구 'N는'을 지시적으로 내포하는 비한정적인 상위어로 구성된다.[22]

---

21) Kleiber(1981: 43 이하)는 프랑스어에서 être('이다'에 상응하는 동사)구문을 구성하는 두 명사구 사이의 의미적 포함관계를 'Hiérarchie-être'('위계-이다')라는 개념으로 설명하고 있다.

그래서 'N(가)'의 단순 보격 명사구가 'un N'으로 불역되듯이,[23] 상기 (31)과 (32)의 속격 보격 명사구의 N2도 다음 (33)의 정리에서처럼 'un N2'로 불역되고 있다.

    (33) a. <u>사십대의</u> **승려** → **un moine(승려)** <u>d'une quarantaine d'années</u> (사십대의)
        b. <u>들판의</u> **갈대** → **un roseau(갈대)** <u>dans un champ</u>(들판의)

  그러나, 다음 (34)~(36)의 예에서 보듯이 'N1의 N2'의 'un N2 de un N1'로의 불역은 (31)~(32)에서와 같은 속격 보격 명사구에만 한정되지 않는다.

    (34) a. 객실에는 <u>삼십대의</u> **승려가** 벽을 의지하고 앉아 소주병을 기울이고
         있었다. (만 11)

---

22) 다음과 같은 전형적인 예를 들 수 있다.

    (i) a. 고래는 **포유동물**이다(La baleine est **un mammifère**).
      b. 철은 **곡물**이 아니다(Le fer n'est pas **une céréale**).
23) 다음과 같은 예를 들 수 있다.

    (i) a. 그는 정치가가 아니었으므로 정치적인 망명을 해온 것은 아니었다. (밤 385)
      b. N´étant pas **un homme politique**, il n´était pas venu demander l´asile politique.
      (nuit 45)
    (ii) a. 서구적인 견해로 보면 고죽은 **타고난 예술가**였다. (금 58)
      b. Du point de vue occidental, Kojuk était **un artiste-né**. (oiseau 78)

한편, 주어명사구 'N는'은 대조의 의미로 쓰이지 않는 한, 내포문의 주어로 나타날 경우 'N가'의 형태를 취한다. 그러나 보격 명사구가 부정적 의미를 갖고서 'un N'으로 번역되기는 마찬가지다.

    (iii) a. 나는 **최씨 아저씨가** 대단히 **유식한 사람**이라고 믿고 있었다. (불 46)
      b. A mes yeux, M. Ch´oe était **un vrai savant**. (Feu 168)

b. Accroupi contre le mur, **un bonze** <u>d'une trentaine d'années</u> était en train de vider une bouteille de cet alcool. (Man 7)

(35) a. 나는 길에서 <u>사십대의</u> **승려를** 만났다.

b. J'ai rencontré en route **un moine** <u>d'une quarantaine d'années</u>.

(36) a. 강가로 가면서, 나는 <u>가을 들판의</u> **갈대를** 꺾었다.

b. En faisant route vers le bord d'un fleuve, j'ai cassé **un roseau** <u>dans un champ en automne</u>.

속격 보격 명사구이건 아니건 간에 상기 (31)~(36)의 속격 명사구 모두에서 'N2'가 'N1의'의 수식이 있음에도 불구하고 'un N2'로 불역될 수 있는 이유는 어디에 있을까? 그것은 다음 (37)의 테스트에서 볼 수 있듯이 N2가 N1의 통사-지시적인 도움 없이도 자립적인 어사일 수 있다는 데서 찾을 수 있다.

(37) a. 그는 <u>사십대의</u> **승려였다**(Il était **un moine** <u>d'une quarantaine d'années</u>).
→ 그는 **승려였다**(Il était **un moine**).

b. 나는 <u>가을 들판의</u> **갈대이다**(Je suis **un roseau** <u>dans un champ en automne</u>). → 나는 갈대이다(Je suis un roseau).

c. 객실에는 <u>삼십대의</u> **승려가** 벽을 의지하고 앉아...(Accroupi contre le mur, un bonze <u>d'une trentaine d'années</u>, ...)

→ 객실에는 **승려가** 벽을 의지하고 앉아...(Accroupi contre le mur, **un bonze**...)

이처럼 N2가 'N1의'의 통사-지시적 도움 없이도 홀로 적격한 명사구일 수 있는 것은 이곳의 N2가 속격 논항(곧 'N1의')을 필요로 하는 명사 제사가 아니라 통사-지시적 자율성을 갖는 실체의 보통명사라는 것을 말한다. 이렇듯 'N1의 N2'의 N2가 명사 제사가 아니라 비한정적 사실을 나타내는 실체의 보통명사일 때는 'un N2'로 불역될 수 있다.[24)

한편, 이들 속격 명사구의 N1이 'un N1'로 불역되는 것은 다음과 같이 설명된다. 곧 (31)과 (34)의 경우는 '사십(삼십)대'라는 표현의 비한정성 때문이라면, (32)의 경우는 '들판'이 '가을'이라는 관형성 명사의 수식과 함께 '가을 들판'이라는 하위부류로 새롭게 개념화됨에 따라 비한정성을 띠기 때문이다.[25)

정리하면, 지정사 구문은 물론이고 그 밖의 구문에서-이들 구문이 정언문인가의 여부를 떠나-실현되는 'N1의 N2'에서 N2가 속격 논항을 필요로 하는 명사 제사가 아니라 비한정적이면서도 특정적인 사실을 나타내는 실체의 보통명사이고, N1이 의미적으로 비한정적인 표현이거나 관형성 명사의 수식에 의해 새로운 하위부류로 개념화될 때는 두 명사구가 모두 부정관사를 수반하는 'un N2 de un N1'로 불역된다.

4.3. 'N1의 N2' → 'le N2 de un N1'에서의 N1

'N1의 N2'에서 N2는 'N1의'의 한정에 의해서 'le N2'로 불역될 수 있는 데 반해,[26) 비한정적인 'N1(의)'은 다음에서와 같이 총칭적, 비특정적

---

24) 이에 반해, 속격 명사구의 N2가 'N1의'를 필요로 하는 명사 제사, 곧 관계의 술어명사나 사태의 술어명사일 때는 'le N2'로 불역된다. 이에 대한 논의는 앞 4.1.3.을 볼 것.
25) 관형형의 수식에 따른 명사의 새로운 하위 부류화에 대해서는 아래 4.3.3.2.를 볼 것.
26) 이때 N2는 앞 4.1.3.에서 살펴본 세 가지 유형의 명사, 곧 관계명사, 사태명사 그리

그리고 특정적 의미를 각각 달리 띠고서 '(de) un N1'로 불역될 수 있다.

4.3.1.총칭적 의미의 N1

비정언문에서 'N1의 N2'가 비교 표현과 더불어 쓰일 때 속격형을 이루는 'N1(의)'이 총칭적 의미를 가질 수 있다. 예컨대, '처럼'과 같은 부사격 조사나 '같다'와 같은 형용사와 더불어 'N1의 N2'가 비교의 대상으로 나타날 경우, N1에 의해 바로 한정되는 N2와는 달리 N1 자체의 존재는 한정성도 특정성도 띠지 않는다. 이때 'N1(의)'는 다음의 각 예들에서처럼 총칭적 의미를 띠고서 '(de) un N1'로 불역된다.

먼저, '처럼'과 같이 비교의 대상을 나타내는 부사격 조사와 쓰인 'N1(의)'는 '(de) un N1'로 불역된다.

(38) a. 새의 **날개**처럼 두루마기 자락을 펄럭이며 휘적휘적 걸어오고 있는
이는 (...). (만 142)

b. Quelqu'un arrivait, balançant les bras, sa robe s'agitant comme **les ailes d'un oiseau**. (Man 137)

(39) a. 여자의 육체는 야생마의 **둔부**처럼 탄력이 넘치고 불빛을 받아 번쩍거린다.(만 183)

b. Son corps, vif *comme* **la croupe** d'un cheval sauvage, luit sous la lumière. (Man 177)

(40) a. 그 나무의 줄기가 기린의 **목**처럼 높게 뻗었다.

고 실체의 보통명사나 추상물 명사 중의 하나로 나타난다.

b. La branche de l'arbre s'étend en haut *comme* **le cou** d'une girafe.

이들 예에서 주목되는 것은 N1은 유정물 명사로 되어 있고 N2는 이 유정물 명사의 몸체(신체) 부위를 구성하는 관계명사로 이루어져 N1과 N2가 전체-부분 관계를 이루고 있다는 점이다.

다음으로, 형용사 '같다'도 앞말-주로 명사-이 보이는 전형적인 어떤 특징과 유사하다는 것을 나타낸다. 여기서도 '같다' 앞에 위치한 'N1(의)'는 자신이 속한 부류를 대표하는 총칭적 의미로 쓰인다.

(41) a. 뜨거운 여름날 **개의 헐떡임** *같기*도 한 그 소리는 끊임 없이 들려왔다. (만 75)

b. Le bruit ressembla au **halètement** d'un chien pendant un jour de canicule, en été. (Man 70)

(42) a. (...) 명부전 용마루에서 들려오는 <u>능구렁이의 **울음소리**</u> *같기*도 한 그 소리는 저만치 떨어진 숲속으로부터 들려오고 있었다. (만 81)

b. (...) ou encore comme **le glissement furtif** <u>d'un gros serpent</u> sur le toit du Halle de l'Au-delà, et ce bruit provenait du sous-bois assez loin de moi. (Man 76)

이 두 예의 'N1의 N2'는 N2가 N1을 속격 보어로 갖는 사태명사라는 점이 특징이다. 여기서는 논항 N1이 사태명사 N2에 대한 주격의 역할을 하고 있다.

이들 두 유형의 예에서 '처럼'이나 '같다'에 의해 비교의 대상으로 나타난 'N1의 N2'의 불역 부분만을 다시 가져와 정리하면 다음 (43)과 같다.

(43) a. <u>새의</u> **날개**처럼→*comme(처럼)* **les ailes(날개)** <u>d'un oiseau(새의)</u>

　　 b. <u>야생마의</u> **둔부**처럼 → *comme(처럼)* **la croupe(둔부)** <u>d'un cheval</u>
　　　　<u>sauvage(야생마의)</u>

　　 c. <u>기린의</u> **목**처럼→*comme(처럼)* **le cou(목)** <u>d'une girafe(기린의)</u>

　　 d. <u>개의</u> **헐떡임** 같기도 →*ressembla au(같기도)* **halètement(헐떡임)** <u>d'un</u>
　　　　<u>chien(개의)</u>

　　 e. <u>능구렁이의</u> **울음소리** 같기도 → *comme(같기도)* **le glissement furtif**
　　　　(울음소리) <u>d'un gros serpent(능구렁이의)</u>

이곳 속격 명사구의 특징은 N1과 N2 사이에 전체-부분의 관계((43a, b, c)의 경우)나 보어와 술어의 관계((43d, e)의 경우)가 성립한다는 점이다. 곧 (43d, e)에서 명사보어(곧 N1)에 대한 술어명사의 역할을 하는 N2는 물론이고, (43a, b, c)에서 전체(곧 N1)에 대한 부분을 나타내는 N2의 관계명사도 똑같이 N1이라는 논항을 지배하는 명사 제사로 행태하고 있다. 따라서 이들 명사 제사(N2)는 자신의 통사-지시적 지위를 보장하는 보어인 N1의 도움 없이는 홀로 쓰일 수 없다.[27]

한편, 사태명사로 나타나는 N2와는 달리, N2가 전체(곧 N1)에 대한 부분을 나타내는 관계명사인 경우는 다음 (44)에서처럼 N2 없이 N1만이 홀로 쓰여도 해당 문장의 용인성에는 아무런 문제가 없다.

(44) a. **새**처럼 두루마기 자락을 펄럭이며 휘적휘적 걸어오고 있는 이는 (...).
　　　 → Quelqu'un arrivait, balançant les bras, sa robe s'agitant comme **un**
　　　　 oiseau.

　　 b. 여자의 육체는 **야생마**처럼 탄력이 넘치고 불빛을 받아 번쩍거린다.
　　　 → Son corps, vif *comme* **un cheval sauvage**, luit sous la lumière.

---

27) 이에 대한 상세한 논의는 앞 4.1.3.을 볼 것.

c. 그 나무의 줄기가 **기린**처럼 높게 뻗었다.

→ La branche de l'arbre s'étend en haut comme une girafe.

이처럼 N1만이 홀로 쓰일 수 있는 것은 N2의 관계명사는 이 N1의 부분을 구성하는 개체일 뿐만 아니라, N1은 그 자체로서 통사-지시적 자율성을 갖춘 실체의 보통명사이기 때문이다.

정리하면, 비정언문에서 '처럼'이나 '같다'와 같은 비교 표현의 대상으로 나타나는 'N1의 N2'의 'N2'가 'N1'을 논항으로 하는 명사 제사일 때 자신은 N1의 한정에 의해 'le N2'로 불역됨에 반해, 해당 부류의 개별적 총칭성이 강조되는 'N1(의)'는 총칭적 의미의 '(de) un N1'로 불역된다.[28]

4.3.2. 비특정적 의미의 N1

4.3.2.1. 정언문에서 사건명사의 보어

다음의 예들에서처럼 'N1의 N2'의 N1이 정언문에서 [일회성]의 상적 (aspectual) 속성을 갖는 사건명사인 N2의 속격 보어로 나타나면서 자신이 속한 부류를 대표하는 한 유형적 요소임을 나타내는 경우이다.

(45) a. 여기서는 <u>기차의</u> **도착이** 한 시간 전에 알려진다.

b. Ici, **l'arrivée** <u>d'un train</u> est connue dans une heure.

---

28) 이때 'un N'은 자신이 속한 부류를 대표한다는 점에서는 총칭성을 띠지만, 비한정적인 어떤 한 유형적 요소를 나타낸다는 점에서는 개별성도 띤다. 바로 그러한 점에서 이 경우 'un N'이 나타내는 총칭성은 개별성을 지향하는 총칭성이다. Guillaume(1973: 145) 참조.

(46) a. 자동차의 **수리는** 최소한 하루가 걸린다.

b. La réparation d'une voiture demande au moins un jour.

(47) a. 조련사는 코끼리의 **울음소리**에 민감하다.

b. Le dompteur est sensible au[29] **cri** d'un éléphant.

이곳 속격 명사구에서 N2가 사건의 술어명사인 것은 다음 (48)에서처럼 해당 사건명사가 동사 술어가 되어 나타나는 술어동사구문과 대응 관계에 놓인다는 데서 확인된다.

(48) a. **기차의** 도착→**l'arrivée**(도착) d'un train(기차의)

[기차가 **도착하다.**→Un train **arrive.**]

b. 자동차의 수리→**la réparation**(수리) d'une voiture(자동차의)

[누군가 자동차를 **수리하다.**→On **répare** une voiture.]

c. 코끼리의 울음소리→**le cri**(울음소리) d'un éléphant(코끼리의)

[코끼리가 **울다.**→Un éléphant **crie.**]

이들 속격 명사구에서 N1은 총칭적 의미가 아닌, 해당 사건 술어의 행위로 그 의미가 제한되는 비특정적 의미를 갖는다. 이를테면 (45a)에서의 'N1, 기차'는 '여기에 도착하는 기차'로, (46a)에서의 'N1, 자동차'는 '수리되는 자동차'로 그리고 (47a)에서의 'N1, 코끼리'는 '우는 코끼리'로 각각의 외연이 제한되는 비특정적인 N1이다.

정리하면, 정언문으로 실현되는 'N1의 N2'에서 N2가 [일회성]의 상적 속성을 갖는 동태의 사건명사인 경우, 속격 논항의 N1은 비특정적 의미

---

29) 'au'는 전치사 à와 정관사 le의 축약형이다(à+le=au).

를 띔과 함께 개별성을 지향하는 한 유형적 요소임을 나타낸다.[30] 따라서 이 경우 'N1(의)'는 '(de) un N1'로 불역된다.

4.3.2.2. 미완료적 의미의 비정언문

'N1의 N2'의 N1이 다음의 예들에서처럼 동태동사로 된 미완료적 의미의 비정언문에서 어떤 부류를 대표하는 한 유형적 요소를 나타낼 때, 그 N1은 비한정적이면서도 비특정적인 의미를 띤다.

(49) a. 그는 먼발치에 <u>여자의</u> **그림자**만 비쳐**도** 외면할 정도로 계행이 시퍼런 율사여서 선배 수좌들로부터 기대와 사랑을 받고 있는 터였다. (만 103)

   b. Il était admiré et aimé des anciens pour sa piété qui le faisait détourner son regard de la simple vue, même lointaine, de **l'ombre** d'une femme. (Man 98)

(50) a. 차라리 <u>독사의</u> **아가리**에 자지를 집어넣**을지언정** 여자와 가까이 해서는 안 된다고 (만 153)

   b. Le Bouddha lui-même a dit qu'il valait mieux mettre son pénis dans **la gueule** d'un serpent que dans une femme. (Man 149)

(51) a. 나에게는 이상한 버릇이 있다. <u>고층건물의</u> **꼭대기**에서 지상을 내려다볼 **때나** 푸른 강물이 넘실대는 다리 위를 지날 **때면** 뛰어내리고 싶은 충동을 받고는 한다. (만 182)

   b. Que je regarde en bas du **haut** d'un gratte-ciel ou que je passe sur un

---

30) 이에 반해, 상태 술어명사(N2)의 속격 논항(N1)은 정언문으로의 실현 여부와 관계없이 항상 총칭적 의미를 갖는다. 이에 대해서는 앞 4.1.1.의 각주 15)를 볼 것.

pont avec en dessous une eau tumultueuse, j'éprouve l'attrait du vide.
(Man 176)

이들 비정언문에서 'N1의 N2'가 나타나는 구절적 표현이 미완료적 의미를 띠는 것은 다음과 같이 설명될 수 있다. 즉 (49a)에서 "먼발치에 <u>여자의</u> **그림자**만 비쳐도"의 구절은 동태동사 '비치다'에 첨가된 양보의 연결 어미 '-어도'를 통해서 미완료적 의미를 나타내는 바, 'N1, 여자'는 비특정적인 '어떤 여자'를 뜻한다. (50a)에서도 "차라리 <u>독사의</u> **아가리**에 자지를 집어넣**을지언정**"의 구절은 동태동사 '집어넣다'에 첨가된 양보의 연결 어미 '-을지언정'을 통해서 미완료적 의미를 나타내므로, 'N1, 독사'는 비특정적인 '어떤 독사'를 뜻한다. (51a)에서 "<u>고층건물의</u> **꼭대기**에서 지상을 내려다볼 때**나** … 다리 위를 지날 **때면**"의 구절은 동태동사 '내려다보다, 지나다'를 관형어로 하는 명사 '때'에 첨가된 선택이나 조건의 형태소 '나'와 '-면'을 통해서 미완료적 의미를 나타내는 바, 'N1, 고층건물'은 비특정적인 '어떤 고층건물'을 뜻한다.

이렇듯, 'N1의 N2'의 N1이 동태동사에 의해 지배되는 미완료적인 비정언문에서 어떤 부류를 대표하는 한 유형적 요소를 나타낼 때, 그 N1은 비한정적이면서도 비특정적인 의미를 띠고서 'un N1'로 불역된다.

4.3.3. 특정적 의미의 N1

4.3.3.1. 상황적 맥락에 의한 비한정

'N1의 N2'의 N1이 가리키는 지시적 정체성이 상황적 맥락에 의해 전제(곧 한정)되지 않는 경우이다. 두 가지의 유형으로 나눌 수 있다. 하나는 화자와 청자가 언어외적인 상황에 대한 정보를 사전에 공유하지 못한 경우이다. 예컨대, 내가 점심 시간이 되어 카센터를 운영하는 친구에게 전화를 걸어 점심을 먹으러 가자고 제안할 때, 친구는 다음 (52)와 같이 답할 수 있을 것이다.

(52) a. 자동차의 **수리가** 아직 끝나지 않았어. 조금만 기다려 줄래?

b. **La réparation** d'une voiture n'est pas encore terminée. Tu m'attends un peu s'il te plaît?

또 다른 예로, 누군가로부터 친구인 민수가 어떤 국회의원의 외동딸과 결혼한다는 소식을 전해들은 후, 나는 민수에게 전화를 걸어 다음 (53)과 같이 말할 수 있을 것이다.

(53) a. 너, 국회의원의 **외동딸**과 결혼한다면서?

b. Tu te maries avec **la fille unique** d'un député?

이 두 예에서처럼, 'N1의'를 구성하는 '자동차'와 '국회의원'이 특정적 대상을 가리키기는 하나 그들의 지시적 정체성(곧 한정성)에 대한 정보는 화자와 청자에 의해 공유되고 있지 않다. 이처럼 비정언문에 쓰인 'N1 (의)'가 특정적 대상을 가리키기는 하나, 언어외적인 상황상 그것의 지시적 정체성에 대한 정보가 화자와 청자에 의해 공유되지 않을 때는 '(de) un N1'로 불역된다.

다른 하나는 비정언문 내의 특정한 상황에 대한 화자의 묘사적 기술에서 특정적인 N1의 존재가 시공간적인 장면에 의해 전제되지 않는 경우이다. 다음 두 예를 보자.

(54) a. 꿈속에서 그는 사자(死者)가 되었다. 그는 <u>여학교의</u> **교문** 앞에 쭈
그리고 앉아 있었다. (만 120)

　　 b. Dans son rêve il était un mort. Et il était assis devant **la porte** d'un
<u>lycée de filles</u>. (Man 116)

(55) a. 사미는 혼탁해지는 머리를 식히기 위해서 창문을 열었다. 빛도 소
리도 없는 밤이었다. <u>영화의</u> **화면** 속에서는 흰 가운을 입은 의사
들이 <u>개의</u> **성대**를 도려내고 있었다. (다리 222).

　　 b. Sami ouvrit la fenêtre pour se rafraîchir les idées. Une nuit sans lumière,
ni bruit. Sur **le photogramme** d'un film, on voyait des médecins en
blanc exciser **les cordes vocales** d'un chien. (bles 14)

이 두 예에서 시공간적인 문맥(곧 장면)의 상황상 어떤 전제됨도 없이
해당 부류의 한 유형적 요소로 나타나는 N1의 '여학교', '영화' 그리고
'개'는 각각 비정언문 내에서 특정적이나 비한정적인 대상을 가리킴에
따라 'un N1', 곧 'un lycée de filles', 'un film' 그리고 'un chien'으로 불
역된다.

요약하면, 비정언문에 쓰인 'N1(의)'가 특정적 대상을 가리키기는 하나,
언어외적 상황상 그것의 지시적 정체성(곧 한정성)에 대한 정보가 화자와
청자에 의해 공유되지 않거나, 화자의 묘사적 기술에서 특정적인 N1의
존재가 상황적 장면에 의해 전제(곧 한정)되지 않고 단지 그 소속 부류만
을 나타내는 한 유형적 요소일 경우, 그 N1은 'un N1'로 불역된다.

4.3.3.2. 용언 관형형의 피수식어

'N1의 N2'의 'N1'이 비정언문에서 비한정적이면서도 특정적 대상을 가리키는 전형적인 경우는 다음 예들에서처럼 N1이 용언 관형형(혹은 드물게 관형성 명사)의 수식을 받을 때이다.[31]

(56) a. 들어보겠어. *미친* 개의 **이야기**를. (만 115)

　　b. Tu veux vraiment entendre **les aventures** d'un chien *fou*? (Man 112)

(57) a. 하지만 해탈로서 모든 게 끝나는 것일까... 또 *새로운* 윤회의 **시작**일 뿐이야. (만 149)

　　b. Ce qu'on appelle ainsi la libération de l'âme, est-ce la fin de tout?... ce n'est que **le commencement** d'une *nouvelle* transmigration. (Man 146)

(58) a. 바니나는 *조그마한* 문의 **열쇠**를 손에 넣을 수 있었다. (다리 229)

　　b. Vanina parvint à se procurer **la clef** d'une petite porte. (bles 24)

(59) a. 이어 살갗을 뚫고 드는 주사 바늘의 **느낌**이 무슨 찬바람처럼 몸을 오싹하게 했다. (금 59)

　　b. **La sensation** d'une seringue *qui lui traversait la peau* le fit tressaillir comme un vent froid. (oiseau 79)

(60) a. 거액의 시주금을 내어 법당을 중수케 한 *서울* 신도의 **딸**이었다. (만 77)

　　b. C'était la **fille** d'un fidèle *de Séoul*, qui avait fait de riches offrandes pour la restauration du bâtiment central. (Man 71)

---

31) 아래 예들에서 이탤릭체로 된 부분이 'N1'을 수식하는 용언 관형형(혹은 관형성 명사)이다. 이들 예 중 (63)에서 'N1의'를 수식하는 '서울'이 관형성 명사의 경우이다.

이처럼, 'N1의 N2'의 'N1'이 자신의 특정적 의미를 확인시켜주는 용언 관형형(혹은 관형성 명사)의 수식이 있는 경우, 그 피수식 명사인 N1이 비한정성을 띠는 이유는 어디에 있을까? 그것은 'N1의'의 N1이 통합적으로 바로 인접한 용언 관형형의 수식을 받는다는 것은 'N1'보다 외연 범위는 작아지고 그 내포는 커지는 새로운 하위부류로 '용언 관형어 +N1'의 유형이 새롭게 개념화되어 현동화됨을 의미한다. 요컨대, '용언 관형어+N1'라는 하위부류의 존재가 선행된 맥락과는 무관하게 새롭게 개념화된 부류의 유형으로 화자에 의해 언술되고 있는 바, 이들의 지시성은 청자(혹은 독자)에게 미지의 비한정적인 정보일 수밖에 없다. 바로 그런 이유에서 용언 관형형(혹은 관형성 명사)의 수식을 받는 'N1(의)'는 un을 수반하는 '(de) un N1'로 불역된다.

이곳 4.3.의 논의를 정리하면 다음과 같다. 즉 'N1의 N2'에서 N2는 'N1의'의 한정에 의해서 'le N2'로 불역될 수 있는 데 반해, 비한정적인 'N1(의)'은 다음에서와 같이 총칭적, 비특정적 그리고 특정적 의미를 각각 달리 하면서 '(de) un N1'로 불역된다.

첫째, 비정언문에서 '처럼'이나 '같다'와 같은 비교 표현의 대상으로 나타나는 'N1의 N2'의 'N2'가 'N1'을 논항으로 하는 명사 제사일 때, 해당 부류의 개별적 총칭성이 강조되는 'N1(의)'는 총칭적 의미의 '(de) un N1'로 불역된다.

둘째, 'N1의 N2'의 N1은 다음 두 경우에 비특정적 의미의 'un N1'로 불역된다. 하나는 정언문으로 실현되는 'N1의 N2'에서 N2가 동태의 사건명사인 경우, 속격 논항의 N1이 비특정적 의미를 띠고서 자신이 속한 부류를 대표하는 한 유형적 요소임을 나타낼 때이다. 다른 하나는 'N1의 N2'의 N1이 동태동사에 의해 지배되는 미완료적인 비정언문에서 자신이 속한 부류를 대표하는 한 유형적 요소일 때이다.

셋째, 'N1의 N2'의 'N1'이 비정언문에서 사용 맥락상 -곧 언어외적인 상황 맥락상 혹은 언어적인 문맥상- 그 존재가 전제되지 않은 어떤 부류의 한 유형적 요소를 나타낼 수 있다. 이때 N1은 비한정적이지만 특정적 대상을 가리키고 그 불역형은 'un N1'이 된다. 이처럼 N1이 갖는 비한정적이면서도 특정적인 용법은 N1이 용언 관형형(혹은 드물게 관형성 명사)의 수식을 받을 때는 일반적인 언어현상으로 나타난다. 왜냐하면, '용언 관형어+N1'라는 하위부류의 존재가 선행된 맥락과는 무관하게 새롭게 개념화된 부류의 유형으로 화자에 의해 언술되는 비한정적인 신정보이기 때문이다.

4.4. 'N1의 N2' → 'un N2 de le N1'에서의 N2

'N1의 N2'의 불역에서 N1은 'le N1'로 나타나나, 비한정적 의미를 갖는 N2는 'un N2'로 나타나는 경우이다. 이때 N2는 총칭적 의미로는 쓰이지 않고 다음에서처럼 비특정적 의미나 특정적 의미를 띠고서 'un N2'로 불역된다.

4.4.1. 비특정적 의미의 N2

비정언문적 맥락에서 부사격 조사 '처럼'이나 형용사 '같다'와 함께 실현되는 다음 예들의 'N1의 N2'를 보자.

(61) a. 저 저문 바닷가의 **게**들처럼 방황하는 그의 영혼이 (…). (만 146)

　　 b. (…) son âme, vagabonde comme **un crabe** des mers au soleil couchant, (…). (Man 141)

(62) a. 방매하는 시장의 **가축**처럼 내던져져 있는 저 여자 (…). (만 244)

　　 b. Cette femme gisant là comme **un animal** soldé au marché, (…). (Man 235)

(63) a. 출정 전야의 **병사**처럼 그는 비장하게 말했다. (만 117)

　　 b. Je répondais, pathétique comme **un soldat** à la veille de la bataille. (Man 113)

(64) a. 차는 사정 직전의 **동물**처럼 몸을 떨고 있었다. (밤 401)

　　 b. La voiture tremble comme **un animal** au moment d'éjaculer. (nuit 71)

(65) a. 마치 8월의 **망토** 같은 것이라면 (…). (다리 263)

　　 b. Si elles sont pour moi comme **un manteau** au mois d'août, (…) (bles 66)

이들 예에서 '처럼'과 '같다'에 의해 비교의 대상으로 나타나는 'N1의 N2'의 불역 부분만을 다시 가져오면 다음 (66)과 같다.

(66) a. 바닷가의 게처럼 → comme(처럼) **un crabe(게)** des mers(바닷가의)

　　 b. 시장의 가축처럼 → comme(처럼) **un animal(가축)** au marché(시장의)

　　 c. 출정 전야의 병사처럼 → comme(처럼) **un soldat(병사)** à la veille de la bataille(출정전야의)

　　 d. 사정 직전의 동물처럼 → comme(처럼) **un animal(동물)** au moment

d´éjaculer(사정직전의)

e. 8월의 **망토같이** → comme(같이) **un manteau(망토)** au mois d'août(8월의)

이곳 'N1의 N2'의 특징은 앞 (43a, b, c)[32]처럼 N1과 N2 사이에 전체-부분의 관계가 성립하는 경우가 아니라, N1이 공간적으로나(66a, b)의 경우), 시간적으로(66c, d, e)의 경우) 실체의 보통명사로 나타나는 N2의 외연 범위를 축소시킬 뿐이라는 점이다. 바로 그런 이유로 다음 (67)에서 처럼 'N1의'의 수식이 없이 단지 'N2처럼' 혹은 'N2같이'에 의한 비교의 표현이 가능하다.

(67) a. 바닷가의 **게들**처럼 방황하는 그의 영혼

   → **게**처럼 방황하는 그의 영혼 : son âme, vagabonde comme **un crabe**

 b. 시장의 **가축**처럼 내던져져 있는 저 여자

   → **가축**처럼 내던져져 있는 저 여자 : Cette femme gisant là comme **un animal**

 c. 출정 전야의 **병사**처럼 비장하게

   → **병사**처럼 비장하게 : pathétique comme un soldat

 d. 사정 직전의 **동물**처럼 몸을 떨고

   → **동물**처럼 몸을 떨고 : elle tremble comme **un animal**

 e. 마치 8월의 **망토** 같은 것이라면

   → 망토 같은 것이라면 : comme **un manteau**

(67)에서 보듯이 'N1의'의 수식 없이도 -곧 'N1의'가 삭제될 때도- 'N2'만으로 '처럼(comme)'이나 '같이(comme)'에 의한 비교의 표현이 두 언어 모두에서 가능하다는 것은 N1이 N2의 통사-지시적 역할을 보장하는

---

32) 앞의 4.3.1. 참조.

논항이 아니라 단지 N2의 시공간적인 외연만을 작아지게 하는 부가관형어라는 것을 말한다.[33]

이처럼 조사 '처럼'이나 형용사 '같다'에 의한 비교의 대상으로 나타나는 'N1의 N2'의 'N1의'가 N2의 필수적인 논항이 아니라, 실체 명사로 나타나는 N2에 대한 단순한 시공간적인 수식어의 역할을 할 때는 'N2'가 'un N2'로 불역된다. 한편, 이곳 'un N2'가 'N1'의 시공간적인 한정만큼이나 자신의 외연 범위가 축소됨에 따라, 그것이 갖는 의미 또한 그만큼 외연이 제한된 범위 내에서 비특정성을 띠게 된다.

4.4.2. 특정적 의미의 N2

4.4.2.1. N1이 처소적 의미를 갖는 경우

처소격과 함께 하는 존재동사 '있다'로 된 구문은 문장 전체가 새로운 정보를 갖는다. 왜냐하면 "N1에(는) N2가 있다" 구문은 N2라는 어떤 개체나 집합의 존재가 N1이라는 어딘가에 제일 처음으로 있다는 것을 언술하는 비정언문이기 때문이다. 이때 'N2가'는 비한정적인 신정보이기 때문에 다음 예들에서처럼 아주 자연스럽게 'un N2'로 불역된다.

> (68) a. 우체국 뒤에 카페가 있다.
>
> b. Il y a **un café** derrière la poste.

> (69) a. 옛날 옛적에 슬하에 자식이 없는 **노부부가** 있었다.

---

33) 반면, 똑같이 비교 표현과 더불어 쓰인 4.3.1.에서의 N1은 N2의 통사-지시적 지위를 보장하는 보충관형어로 쓰인 경우이다.

b. Autrefois, il y avait **un vieux couple** sans enfant.

(70) a. 그리 멀지 않은 곳에 **주유소가** 있다.

b. Il y a **une station d'essence** non loin d'ici.

존재의 의미를 갖는 '있다' 동사가 처소격을 동반하는 주동사[34]의 보조동사로 쓰여 과거나 현재의 미완료적 상태를 나타낼 경우에도 비한정적 신정보인 'N2가'는 다음 예들에서처럼 'un N2'로 불역된다.[35]

(71) a. 객실의 한 귀퉁이에 앉아서 손에 **술잔을** 들고 있던 그는 (...). (만 112)

b. Il était assis dans un coin de la chambre, **un verre d'alcool** à la main et, (...). (Man 109)

(72) a. 맨 처음 찾아 간 별에는 **왕이** 살고 있었다.

b. La première était habitée par **un roi**.

(73) a. 머리에는 **여의주가** 박혀 있다. (금 47)

b. Il a sur le front **un joyau magique**. (oiseau 64)

이와 동일한 언어적 환경에서 속격 명사구의 N2도 'un N2'로 불역된다.

(74) a. 화장대 위 벽에는 밀레의 '만종'의 **모사품이** 액자에 끼워져 있었

---

34) 김영희(1988: 13)의 각주 5)에서 다음과 같은 언급은 우리에게 시사적이다. "존재동사란 이른바 존재사 "있다", "없다"를 포함하여, 처소격을 격자질로 하는 일체의 동사들을 일컫는다."

35) 이에 대한 더 많은 실례는 김지은(1999b: 337~338)을 볼 것.

는데 (...). (만 241)

b. Au mur, au–dessus de la fenêtre, <u>un cadre</u>, penché contenait **une reproduction** de l'*Angélus* de Millet, (...). (Man 232)

뿐만 아니라 문제의 'N2가'가 술부인 'N1에 있다'의 관형형의 수식을 받을 경우에도 명사 'N2'는 똑같이 'un N2'로 번역된다.

(75) a. "우리 언니는 <u>중앙동에 있는</u> **다방**에 레지가 될 거야." (불 39)

b. Ma soeur va devenir hôtesse, dans **un café** <u>du quartier de Chungang</u>. (Feu 158)

(76) a. "형은 <u>풀장 옆에 있는</u> **돌멩이를** 집어던져 유리창을 깼어." (밤 369)

b. Tu l´as cassée en lançant **une pierre** <u>qui se trouvait près de la piscine</u>. (nuit 21)

이와 동일한 맥락에서 'N1의 N2'의 'N1의'가 'N1에 있는'으로 환언될 수 있는 처소적 의미를 가질 때는 다음 예들에서처럼 'N2'가 'un N2'로 불역된다.

(77) a. 눈이 쌓인 <u>도시의</u> **광장을** 걷기도 하고 (...). (다리 218)

[눈이 쌓인 <u>도시에 있는</u> **광장**을 걷기도 하고 ...]

b. Ou bien à se promener sur **une place** <u>de la ville</u> enneigée (...). (bles 10)

(78) a. 나는 <u>광장의</u> **벤치**에 앉았지. (만 190)

[... <u>광장에 있는</u> 벤치에 앉았지.]

b. J'allai m'asseoir sur **un banc** <u>de la place</u>. (Man 185)

(79) a. <u>바닷가의</u> **돌멩이** 위에 쭈그리고 앉아서. (만 170)

　　　 [<u>바닷가에 있는</u> **돌멩이** 위에 ...]

　　b. (...) assis sur **un rocher** <u>à la plage</u> (...). (Man 165)

(80) a. <u>대웅전 앞의</u> **화원** 속에 나는 누워있었다. (만: 78)

　　　 [... <u>대웅전 앞에 있는</u> **화원** 속에...]

　　b. J'étais allongé dans **un jardin de fleurs** <u>devant le grand pavillon du</u>

　　　 <u>Bouddha.</u> (Man 72)

　한편, 이곳 속격 명사구의 N2는 다음 (81)의 테스트에서 보듯이 'N1
의'의 통사-지시적 도움 없이도-곧 'N1의'가 삭제되어도-담화상 홀로
실현될 수 있는 실체의 보통명사들이다.

(81) a. 눈이 쌓인 <u>도시의</u> **광장을** 걷기도 하고...

　　　 → 눈이 쌓인 **광장을** 걷기도 하고...

　　　 (Ou bien à se promener sur **une place** enneigée, ...).

　　b. 나는 <u>광장의</u> **벤치**에 앉았지.

　　　 → 나는 **벤치**에 앉았지(J'allai m'asseoir sur **un banc**).

　　c. <u>바닷가의</u> **돌멩이** 위에 쭈그리고 앉아서...

　　　 → **돌멩이** 위에 쭈그리고 앉아서... (... assis sur **un rocher**).

　　d. <u>대웅전 앞의</u> **화원** 속에 나는 누워있었다.

　　　 → **화원** 속에 나는 누워있었다(J'étais allongé dans **un jardin de fleurs**).

　이렇듯, 실체의 보통명사로 된 'N2'가 비정언문에서 'N1에 있는'으로
환언될 수 있는 처소적 의미를 띠는 'N1의'의 수식을 받을 때는 특정적
의미의 'un N2'로 불역될 수 있음을 볼 수 있다. 이는 처소인 N1에 소

개되는 'N2'는 그것의 존재가 전제되거나 사전에 알려지지 않은 비한정
적인 신정보를 구성하기 때문이다.

4.4.2.2. N1이 N2의 '외형적 특징'을 나타내는 경우

다음과 같은 비정언문들에서 특정적 의미를 띠는 'N1의 N2'의 N2가
자신의 '외형적 특징'을 나타내는 'N1의'의 수식을 받을 때는 'un N2'로
불역된다.

(82) a. <u>거구의</u> **사내들**이 싸우고 있었다.(만 73)

 b. **Des hommes** <u>au corps massif</u> étaient en plein combat. (Man 68)

(83) a. <u>짙은 화장의</u> **여인들**이 거기서 서성거렸다.(만 75)

 b. **Des femmes** <u>au maquillage épais</u> y allaient et venaient, (...).(Man 69)

(84) a. <u>장발의</u> **청년**이 테이블로 나를 안내했다.(만 221)

 b. **Un homme jeune** <u>aux cheveux longs</u> me guida à la table. (Man 215)

이곳 'N1의 N2'의 불역 부분만을 다시 가져와 정리하면 다음 (85)와
같다.

(85) a. <u>거구의</u> **사내들**→**Des hommes**(사내들) <u>au corps massif</u>(<u>거구의</u>)

 b. <u>짙은 화장의</u> **여인들**→**Des femmes**(여인들) <u>au maquillage épais</u>(짙은
  화장의)

 c. <u>장발의</u> **청년**→**Un homme jeune**(청년) <u>aux cheveux longs</u>(장발의)

이곳 'N1의 N2'에서 N2가 갖는 어휘적 특징은 그것이 'N1의'의 도움

없이도 홀로 나타날 수 있을 정도로 통사-지시적 자율성을 갖는 실체의 보통명사들이라는 점이다. 이는 다음 (86)의 테스트에서처럼 'N1의'의 삭제에도 불구하고 문장의 문법성은 별다른 영향을 받지 않는다는 데서 확인된다.

(86) a. 거구의 사내들이 싸우고 있었다(**Des hommes** au corps massif étaient en plein combat).

→ 사내들이 싸우고 있었다(**Des hommes** étaient en plein combat).

b. 짙은 화장의 여인들이 거기서 서성거렸다(**Des femmes** au maquillage épais y allaient et venaient).

→ 여인들이 거기서 서성거렸다(**Des femmes** y allaient et venaient).

c. 장발의 청년이 테이블로 나를 안내했다(**Un homme jeune** aux cheveux longs me guida à la table).

→ 청년이 테이블로 나를 안내했다(**Un homme jeune** me guida à la table).

이곳의 N2가 'N1의'의 도움 없이도 홀로 쓰일 수 있다는 것은 이들이 'N1의'를 지배하는 명사 제사가 아니라 통사-지시적 자율성을 갖는 실체의 보통명사들이라는 것을 말한다. 이는 달리 말해서 N2의 '외형적 특징'을 나타내는 'N1의'는 N2에 의해서 지배되는 논항이 아니라 그것의 외연만을 축소시키는 단순한 부가관형어일 뿐이라는 것이다. 이는 'N1의'가 프랑스어에서 이 N1의 의미적 특징을 담아내는 용법을 갖는 전치사 à를 수반하는 전치사구 'au N1'(단수형)이나 'aux N1'(복수형)[36]로 번역된다는 사실로도 뒷받침된다.

---

36) 여기서 'au'와 'aux'는 각각 'à+le'와 'à+les'의 축약형이다. 이 두 축약형 외에 'à la N1'과 'à l' N1'의 단수형이 있다.

이처럼, N2에 자리하는 실체의 보통명사들이 'N1의'의 수식에 의해 그들의 '외형적 특징'에 대한 내포적 특성을 더하여 새로운 하위부류로 개념화되는 비한정적인 명사구일 때는 'un N2'로 불역된다.

지금까지 전개한 이곳 4.4.의 내용을 정리하면 다음과 같다. 즉 'N1의 N2'에서 N1은 'le N1'로 불역됨에 반해, 비한정적 의미를 갖는 N2는 다음 세 가지 경우에 비특정적 의미나 특정적 의미를 띠고서 'un N2'로 불역된다.

첫째, 조사 '처럼'이나 형용사 '같다' 등에 의한 비교의 대상으로 나타나는 'N1의 N2'의 'N1의'가 N2의 필수적인 논항이 아니라, 단순히 실체의 보통명사로 나타나는 N2에 대한 시공간적인 수식어, 곧 부가관형어의 역할을 할 때는 'N2'가 'un N2'로 불역된다. 이때 'un N2'는 'N1'의 시공간적인 한정만큼이나 자신의 외연 범위가 제한된 범위 내에서 비특정성을 띤다.

둘째, 실체의 보통명사로 된 'N2'가 'N1에 있는'으로 환언될 수 있는 처소적 의미를 띠는 'N1의'의 수식을 받을 때는 특정적 의미의 'un N2'로 불역될 수 있다. 이는 처소인 N1에 소개되는 'N2'는 자신의 존재가 전제되거나 사전에 알려지지 않은 비한정적인 신정보를 구성하기 때문이다.

셋째, 'N1의 N2'에서 실체의 보통명사로 된 N2가 'N1의'의 수식에 의해 자신의 '외형적 특징'에 대한 내포적 특성을 더하여 새로운 하위부류로 개념화되는 비한정적인 명사구일 때는 'un N2'로 불역된다.

제 5 장

'그의 bpN (신체부위명사)'의 불역 문제

'그의 bpN(신체부위명사)'의 불역 문제

신체부위명사(body parts' Noun. 이하 **bpN**으로 약칭)[1]는 그 지시적 주체인 개인(person)과 연결됨으로써 지시적 정체성(referential identity)을 확보하는 관계명사의 한 부류이다. 우리가 이 장에서 다루고자 하는 것은 기본적으로 인칭대명사 속격형 '그의'를 수반한 주어와 목적어의 속격 명사구 '그의 bpN'[2]의 불역 문제이다(김지은 2002a와 김지은 2002b 참조).

주어 명사구로 쓰인 '그의 bpN이(은)'의 '그의'는 다음 (1)에서처럼 여격 lui[3]의 한 용법인 '부분적' 여격('partitive' dative)(이하 *lui*P로 약칭)이나 'mon,

---

1) bpN이란 Bally(1926)가 말하는 개인 영역(personal sphere)을 가리키는 명사로 단순히 신체부위만을 지칭하지 않고 개인의 정신적 영역까지 포함한다. Herslund(1988: 250)는 프랑스어의 경우 bpN의 범위를 "신체부위뿐만 아니라, 의복류, 액세서리, 정신적이거나 육체적인 능력이나 상태를 나타내는 명사"로까지 확대하고 있다.

2) 서론의 각주 10) 참조할 것. 한편, 예시될 예문에서 'bpN이/bpN을'과 그 불역형은 '진하게' 표시하고, 그 개인 주체인 '그의'와 그 불역형은 '밑줄과 함께 진하게'로 표시할 것이다.

3) 서론의 각주 11) 참조할 것. 한편, 프랑스어의 여격에는 여기서 다루는 *lui*P 외에 어휘적 여격(lexical dative), 확장된 여격(extended dative) 그리고 심정 여격(ethical dative)이 있다. 이들 여격의 용법에 대해서는 Melis(1991)를 볼 것.

ton, son, leur' 등의 소유 형용사(이하 3인칭 소유 형용사인 Son으로 나타냄)로 불역된다.

(1) a. <u>그의</u> 얼굴은 아무런 기색도 드러내 보이지 않는다.

  → **Son visage** ne reflète rien.

  / * **Le visage** ne **lui** reflète rien.

  b. a. <u>그의</u> 입술이 무의식적으로 중얼거렸다.

  → Inconscients, **ses lèvres** murmurèrent.

  / * **Les lèvre**s **lui** murmurèrent.

  c. <u>내</u> 눈이 따가워요(「프」).

  → **Les yeux me** cuisent.

  / * **Mes yeux** cuisent.

  d. 기뻐서 <u>내</u> 가슴이 터질 것 같다.

  → **Le coeur m**'éclate de joie(Camus, TLF).

  / * **Mon coeur** éclate de joie

  e. <u>그의</u> 눈은 총명함으로 빛난다.

  → **Ses yeux** brillent d'intelligence(Green, TLF).

  / * **Les yeux lui** brillent d'intelligence

  f. <u>그의</u> 얼굴이 침울해진다(「프」).

  → **Son visage** s'assombrit.

  / * **Le visage** se **lui** assombrit.

(1)에서처럼 '그의 bpN'가 문장 주어로 실현될 경우, '그의'가 *lui*P나 Son 중의 하나로 불역되는 것을 결정하는 통사-의미적 요인은 무엇일까?

한편, bpN이 목적어 명사구로 쓰인 '그의 bpN을'도 크게 볼 때 다음 두 가지 유형으로 불역된다.4) 첫째, 목적격 명사구 '(그의) bpN을'이 정관사 le를 수반하여 불역되는 경우로 다음 (2)에서처럼 다시 세 가지 하위 유형으로 나뉜다. 즉 '(그의) bpN을'이 단순히 정관사만을 수반한 'le bpN'형으로 불역되거나(2a의 경우), *lui*P나 재귀적인 '부분적' 여격 se(이하 *se*P로 약칭)를 각각 동반하는 '*lui*P ... le bpN'형(2b의 경우)과 '*se*P...le bpN'형 (2c의 경우)으로 불역된다.

(2) a. <u>그는</u> 손을 흔든다.

→ <u>**Il**</u> agite **la main**.

b. 나는 <u>그의</u> **팔을** 잡는다.

→ Je <u>**lui**</u> prends **le bras**.

c. 그는 손가락을 빨고 있다.

→ <u>**Il**</u> <u>**se**</u> suce **les doigts**.

둘째, 다음 (3)에서처럼 목적격 명사구 '(그의) bpN을'이 소유 형용사 Son을 수반하여 'son bpN'형으로 불역된다.

(3) a. 나는 <u>그녀의</u> 눈을 좋아한다.

→ J'aime **ses yeux**.

b. 그가 내 **발을** 측정한다.

→ Il mesure **mes pieds**.

c. 그녀는 젖은 **머리를** 닦아주었다.

→ Elle a essuyé **mes cheveux** *mouill*és.

---

4) 다음 (i)에서처럼 수관형사를 동반하여 실현되는 '(그의)+수관형사+bpN을'은 'un(하나의), deux(둘의)'와 같은 수 형용사를 수반하여 'un bpN'형으로 '불역된다. 이에 대한 논의는 이번 연구에서 유보한다.

(i) a. <u>그는</u> 한 손을 들었다.→ Il a levé **une main**.
   b. <u>그의</u> 두 손가락을 절단수술 했다.→ On <u>lui</u> a amputé **deux doigts**.

d. 나는 끈으로 **그녀의** 머리를 묶었다.

→ J'ai noué **ses cheveux** *avec une ficelle.*

(2)의 예들에서처럼 목적어 명사구 '(그의) bpN을'이 단순히 NP object le bpN으로 불역되거나, *lui*P나 *se*P를 동반한 *lui*P/*se*P ... NP object *le bpN* 으로 불역되는 통사-의미적 요인은 무엇이며, (3)의 예들에서처럼 목적어 명사구 '(그의) bpN을'이 소유 형용사 Son을 수반하는 NP object *Son bpN*으로 불역되게 하는 통사-의미적 환경은 무엇일까?

이처럼 주어나 목적어 명사구로 실현되는 '그의 bpN'의 '그의'가 특히 *lui*P로 불역되는가, 아니면 Son으로 불역되는가를 설명하기 위하여 우리는 방법론적으로 몇 가지 중요한 개념을 사용하려고 한다(김지은 2002b 참조).

첫째, 주제성 정도(degree of topicality)의 개념이다. 주제적 요소(topical elements)란 문장이라는 담화 단위에서 화자와 청자의 주의(attention)나 관심(interest)의 중심이 될 정도로 상대적으로 더 두드러진 요소(relatively more salient elements)를 말한다. 이는 문장의 어떤 어휘 항목들의 의미적 특성이나 이들 어휘 항목들 사이에 존재하는 의미적 관계에 의해서 나타난다.[5] 예컨대, GIVÓN(1976: 152)이 말하는 다음의 자질들이 주제성의 정도를 파악하는 기준으로 고려될 수 있다.

(4) a. human > non-human

b. definite > indefinite

c. agent > dative > accusative (engagements; participants)

d. 1st person > 2nd person > 3rd person

---

5) Barnes(1985: 159): "Thematicity is defined as greater relative saliency based on certain purely semantic (non pragmatic) properties and relations of arguments." 참조.

여기서 왼쪽에 위치한 자질들을 가지고 있는 문장 성분은 오른쪽에 위치한 자질들을 가지고 있는 성분보다 상대적으로 더 주제적인 요소라는 것이다. 우리가 이곳 5장에서 주제성 정도의 개념을 가지고 논의하고자 하는 것은 평언(comment)에 대한 주제(topic)의 구분에 있지 않고, 문제의 요소 즉 NP *bpN*이 (4)에서 열거한 높은 위계의 주제성 자질을 가지고 있는가 아니면 반대로 낮은 위계의 주제성 자질을 가지고 있는가에 따라 어떻게 불역에서 *lui*P와 Son의 선택이 결정되는가를 설명하는 데 있다. 여기서 그 분포 여부를 문제삼고 있는 *lui*P는 자신이 내포하고 있는 자질 [+human(인간적)], [+personal(개인적)], [+definite(한정적)], [+dative(여격)] 등을 고려할 때 주제성의 정도가 높은 대명사 접어(pronoun clitic)이다.

Approche pronominale이론(이하 AP로 약칭)[6]에 의거할 때도 여격 lui가 주제적 요소임을 확인할 수 있다. 먼저, 주제성 정도는 동사 결합가(valency)가 갖는 통사-의미적 자질(syntactico-semantical features)중의 하나인 자질 [±per- sonal](이하 [±pers]로 약칭)을 통해서 나타난다. 예컨대, 동사 *plaire*의 구문(ex. *Ça lui plaît*.)[7]에서 P2인 *lui*가 자질 [+pers]만을 갖는다는 것은

---

6) 영어로 Pronominal Approach(대명사적 접근)로 옮겨지는 이 이론은 Blanche-Benveniste & al.(1984)에서 기본 개념들이 소개된 이론으로 어휘보다는 대명사에 방법론적 우선성을 부여한다. 예컨대, 동사들이 가질 수 있는 결합가(valency)(특히 대명사 접어 pronoun clitics)의 다양한 배열에서 출발할 때 각 동사가 갖는 어휘-의미적 성격을 규명할 수 있고 그에 따라 통사적 설명도 할 수 있다는 이론이다. 이들 결합가, 곧 동사 전접어들은 그들의 계열체적 위치에 따라 다음과 같이 명명된다.

   Po: *je(나)*, *tu(너)*, *il(그/그것)* 등의 주어 인칭대명사가 나타나는 위치.
   P1: *me(나를)*, *le(그를/그것을)*, *en(그것들을)* 등의 직접목적어 대명사가 나타나는 위치.
   P2: *me(나에게)*, *te(너에게)*, *lui(그/그녀에게)* 등의 간접목적어(곧 여격) 대명사가 나타나는 위치.
   P3 : *en*(그것/그 사람에 대하여)(ex. J'en parle.)의 대명사가 나타나는 위치.
7) 프랑스어의 *plaire*는 '누가/무엇이 누구의 마음에 들다'를 뜻하는 동사로 다음 (i)에서처

1, 2인칭 대명사 접어 '*me*(나에게), *te*(너에게), *nous*(우리에게)' 등과 동일한 계열체를 구성함을 말한다. 반면, 동사 *parler*의 구문(ex. Je *lui en* parle(나는 그에게 그것에 대해 말한다.).)에서 접어 *en*(그것/그것들)이 자질 [−pers]만을 갖는다는 것은 자질 [+pers]를 띠는 접어 *me, te, nous* 등의 계열체에는 결코 속하지 않는 것을 의미한다.[8] 이렇듯, 자질 [+pers]을 내재한 결합가 lui는 자질 [−pers]을 내재한 다른 결합가보다 더욱 주제적이다. 그 이유는 전자의 결합가가 주제적인 1, 2인칭 접사와 동일한 계열체를 구성한다는 사실에 있다((4)의 d항 참조).

한편, *lui*P는 해당 bpN과 연대관계(relation of solidarity)를 구성한다. *lui*P가 NP object *bp*N과 연대된 다음 구문을 보자.

(5) a. Je **lui** prends **le bras**. (나는 <u>그의</u> 팔을 잡는다.)

b. *Sa vie irrégulière* **lui** a déréglé l'estomac.

(*불규칙적인 생활이* <u>그의</u> 위를 나빠지게 했다.

/*불규칙적인 생활로* <u>그의</u> 위가 나빠졌다(「프」).)

여기서, 불연속적으로 나타난 *lui*P와 NP object *bp*N이 통사−지시적으로

럼 주어로는 사람 혹은 사물이 올 수 있고, 간접 목적어로는 사람을 가리키는 어휘적 여격, 곧 P2인 'lui(그/그녀에게), me(나에게), te(너에게)' 등의 결합가가 온다.

(i) a. Il **me** plaît (<u>그가</u> **내** 마음에 든다).

b. Ça **lui** plaît (<u>그것이</u> <u>그의</u> 마음에 든다).

8) parler(말하다)의 접사 계열체를 보면 다음과 같다.

(i) Je (*lui, te, *en, etc.*) parle de ça.

→ 나는 (*그/녀에게, * 그것에 대해*) <u>그것에 대해</u> 말한다.

(ii) Je (*en, *lui, *te, etc.*) parle à mon ami.

→ 나는 (*그것에 대해, * 그/녀에게*) <u>내 친구에게</u> 말한다.

연대되어 있다는 것은 전자가 삭제될 때 해당 문장이 비문이 된다는 데 있다.[9]

(5') a. * Je prend **le bras**. (* 나는 **팔을** 잡는다.)

b. * *Sa vie irrégulière* a déréglé **l'estomac**.

(* *불규칙적인 생활*이 **위를** 나빠지게 했다.)

(5')가 비문인 이유는 이곳 bpN이 통사–지시적 자율성(syntactico-referential autonomy)을 갖지 않는 관계 명사로 쓰이고 있기 때문이다. 이는 이들 bpN이 통사적으로 명사 제사로 쓰이고 있고,[10] 그 보어로 *lui*P를 필요로 한다는 것을 말한다. 그러면 이곳 bras(팔)와 estomac(위)가 *lui*P와 연대될 수밖에 없는 이유는 어디에 있을까? 그것은 이들 bpN이 그 개인 주체(곧 *lui*P)와 '전체–부분 관계(relation of Entity-Part)'로 결합되어 있다는 데 있다(김지은 2001a: 643-646 참조). 이렇듯, bpN이 의미적으로 *lui*P에 내포된다는 것은 그것 자체가 개체로서의 개별성을 갖고 있지 않는 만큼이나 그 개인 주체에 비해 주제성 정도가 약한 요소라는 것을 말한다.

반면, bpN이 *lui*P아닌 Son을 수반하는 경우를 보자.

(6) a. J'ai lavé **ses** mains *sales*.

(나는 **그의** *더러운* 손을 씻었다.)

---

9) 이처럼, 연대관계란 동사에 의해 지배되는 두 요소가 통사–지시적으로 서로 상호 의존관계를 구성하는 경우를 말한다. 여기서 연대된 두 요소가 해당 술어의 한 결합가를 구성하는 것을 AP에서는 '삼원 관계 결합가(valency of ternary relation)'라 부른다. 더 상세한 내용은 Blanche-Benveniste & al.(1984: 66) 참조.

10) 관계 명사와 명사 제사에 대해서는 2.3. 참조.

b. *La fièvre* enlumine **ses joues**.

(열이 **그의** 볼을 붉게 한다. / *열로 인해* **그의** *볼이 붉어진다.*)

이 경우, 연속적으로 나타나고 있는 Son과 bpN은 연대관계에 있는 것이 아니라 단순히 동사 제사의 직접적인 지배를 받는 NP object를 구성할 뿐이다. 여기서 Son은 bpN의 지시대상을 가리키는 한정사로서의 역할을 하고 있다. 이처럼, bpN이 *lui*P와 연대관계를 맺지 않고 Son과 더불어 지시 관계만을 유지하는 경우는 어떤 조건에서일까? 그것은 한 마디로 -다른 모든 조건들은 모두 동일하다고 할 때- bpN이 그 개인 주체에 예속될 정도로 이 후자를 구성하는 '일부분'이 되지 못할 때이다. 다시 말해서, bpN이 그 개인 주체에 내포되지 않을 정도로 개체 그 자체로서의 개별성, 곧 주제성을 가질 때를 말한다. (6a)에서의 bpN *mains*(손은 형용사의 수식을 통해서 개체적 개별성을 갖는 경우라면, (6b)에서의 bpN *joues*(볼)는 동사 *enluminer*가 나타내는 '외향적 작용성'에 의해서 그것 자체가 변화하는 외형적 모습이 표현됨으로써 개체로서의 개별성이 부각되고 있다.[11]

결국, bpN이 *lui*P와 더불어 연대관계를 구성한다는 것은 bpN이 그 개인 주체(곧 *lui*P)의 '일부분'을 구성할 정도로 그것 자체가 독립된 개체(entity)로서 갖는 개별성, 곧 높은 주제성을 갖고 있지 않다는 것을 말한다. 반면, bpN이 Son을 수반한다는 것은 bpN이 자신과 지시 관계에 있는 개인 주체와 '전체-부분 관계'를 구성하지 않을 정도로 그것 자체로서의 개별성, 곧 높은 주제성을 갖고 있다는 것을 말한다. 그래서, 우리는 앞으로의 전개 과정에서 -특히 5.1.2.1에서- bpN이 어떤 언어적 환경

---

11) '외향적 작용성'에 대해서는 김지은(2001a: 671-72) 참조.

에서는 그 개인 주체에 대하여 개체로서의 개별성을 갖지 않고, 어떤 언어적 환경에서는 개체로서의 개별성을 갖는지를 볼 것이다.

이러한 주제성 정도의 개념을 원용하여 우리가 나타내고자 하는 것은 높은 위계의 주제성을 내재한 두 요소는 통사-지시적으로 서로 연대관계를 구성할 수 없다는 것이다. 따라서 동사의 어휘적 특성이나 그 논항들 사이의 통사-의미적 관계에 의해서 명사구로서의 bpN이 주제성의 정도가 낮을 경우에는 주제성의 정도가 높은 요소인 *lui*P와 함께 쓰일 수 있지만, bpN이 높은 정도의 주제성을 띠는 경우에는 주제성의 위계상 충돌이 일어나 *lui*P가 쓰일 수 없고, 그 대신 Son이 나타난다는 가정이다.

둘째, 주어의 행위가 의미적으로 목적어인 대상에 영향을 주는 이행성(移行性)의 정도(degree of transitivity)의 개념이다. Hopper & Thompson(1980)에 의하면 이행성이란 동사가 나타내는 행위(action)가 행위주(agent) 논항에서 피동자(patient)(즉 대상 object) 논항에 미치는 효력(effectiveness)의 정도를 말한다.[12] 그들은 다음과 같이 이분법적 자질로 대립되는 열 가지 의미 특성을 문장의 이행성 정도를 결정짓는 이행성 매개 변수로 제시하고 있다.[13]

---

12) 이처럼 이행성(달리 '타동성'이라고도 함)이 의미적 개념이라면 이와 관련된 타동문은 구문의 형식을 나타내는 통사적 개념이다.
13) Hopper & Thompson(1980 : 252) 참조. 이들 이행성 변수의 우리말 옮김은 김영희 (1999: 100)를 볼 것.

(7) 이행성 매개 변수

이행성의 정도 매개변수	높음(high)	낮음(low)
a. 참여자(participants)	둘 또는 그 이상 (2 or more participants), A and O	하나(1 participant)
b. 활동성(kinesis)	행위(action)	비행위(non action)
c. 상(aspect)	종결(telic)	비종결(atelic)
d. 기간성(punctuality)	기간(punctual)	비기간 (non-punctual)
e. 의지성(volitionality)	의지적(volitional)	비의지적 (non-volitional)
f. 긍정(affirmation)	긍정적(affirmative)	부정적(negative)
g. 동사 법(mode)	실재적(realis)	비실재적(irrealis)
h. 작용성(agency)	힘이 큼 (A high in potency)	힘이 작음 (A low in potency)
i. 대상의 피영향성 (affectedness of object)	전적인 피영향 (O totally affected)	무영향 (O not affected)
j. 대상의 개체화 (individuation of object)	높은 개체화 (O highly individuated)	비개체화 (O non-individuated)

(여기서 A와 O는 두 참여자로 된 문장의 행위자(Agent)와
대상(Object)을 나타낸다.)

이들 이행성 매개 변수 중 특히 우리가 앞으로의 논의에서 고려하고
자 하는 것은 <대상의 피영향성>의 변수이다. 다음 (8)에서 'bpN을'의
속격형 '그의'가 (8a)에서는 *lui*P로 불역되는 데 반해 (8b)에는 Son으로 불
역되는 이유는 어디에 있을까?

(8) a. 여보시오, 당신이 <u>내</u> 발을 밟았소(「프」).
→ Attention, vous <u>m</u>'avez écrasé **le pied**!

b. 나는 **그녀의** 눈을 상상했다.

→ J'ai imaginé **ses yeux**.

(8a)에서 행위동사 '밟다(écraser)'의 목적어 '발을(le pied)'은 행위주인 '당신'의 행위에 영향을 받는 <피영향성>을 띤다면, (8b)에서 주관동사 '상상하다(imaginer)'의 목적어 '눈을(les yeux)'은 경험주인 '나'의 행위에 영향을 받는 <피영향성>을 띤다고 할 수 없다. 이러한 <피영향성>의 정도는 다음 (9)와 같이 목적어를 주어로 할 때 변화되는(곧 대상이 영향을 받는) 결과의 예측 가능성 여부[14]에 의해 확인될 수 있다.

(9) a. 여보시오, 당신이 **내 발을** 밟았소. 그래서 **내 발이** 아파요.
b. *나는 **그녀의** 눈을 상상했다. 그래서 그녀의 눈이 아름다워졌다.

요컨대, (9a)의 목적어 '발을'은 행위주의 행위에 영향을 받아 변화된 상태가 예상되나, (9b)의 목적어 '눈을'은 그렇지 못하고, 단지 경험주에 의해 내면적으로 수용되고 있을 뿐이다.[15]

이렇게 볼 때, (8a)에서처럼 'bpN을'이 <+피영향성>의 자질을 가짐에 따라 구문의 이행성 정도가 높을 때는 'bpN을'의 '그의'가 *lui*P로 불역된다면, 반대로 (8b)에서처럼 'bpN을'이 <-피영향성>의 자질을 가짐에 따라 구문의 이행성 정도가 낮을 때는 'bpN을'의 '그의'가 Son으로 불역된다.

여기서 우리는 이행성 정도의 개념을 주제성 정도의 개념과 연관시켜 생각할 수 있다. 즉, 행위동사와 더불어 실현되는 이행성이 높은 문장은

---

14) 이러한 <피영향성>, 곧 이행성(곧 타동성) 테스트는 우형식(1996: 52-53) 참조.
15) '기억하다, 생각하다' 등과 같은 주관동사가 갖는 이러한 특성을 변정민(2002: 313 이하)에서는 '행위의 내면성'으로 설명하고 있다.

주어의 행위주역(Agent role)과 목적어의 대상역(Object role) 사이에 나타나는 주제성 위계의 정도가 확연히 대립되는 문장이므로, 대상역의 목적어가 행위주인 주어의 영향하에 있을 정도로 그 주제성의 정도가 낮다. 반면, 주관동사가 쓰인 이행성이 낮은 문장에서는 대상역이 경험주역(Experiencer role)의 영향하에 있지 않을 정도로 두 의미역이 강하게 대립하고 있지 않기 때문에 대상역의 목적어가 갖는 주제성의 정도는 높다.

그래서 우리는 행위주역에 비해 상대적으로 주제성의 정도가 낮은 대상역의 위치에 나타나는 Npc는 높은 주제성의 *lui*P와 자연스럽게 연대될 수 있다면, 주관동사의 경우, 경험주역에 비해 상대적으로 주제성의 정도가 높은 대상역의 위치에 나타나는 Npc는 주제적인 *lui*P와는 연대관계를 구성할 수 없고 Son과만 쓰인다고 상정하게 된다.

셋째, 우리가 또한 원용하려고 하는 것은 AP에서 말하는 동사형식군(group of verbal formulations)의 개념이다. 동사형식군이란 한 동사가 갖는 두 개 이상의 연계된 구문들의 군(group of connected constructions)을 말한다. 요컨대, 통사-의미적 자질을 내재한 동사의 항(term)은 결합가(valency)로서 한 동사의 여러 구문에 위치를 달리해서 나타날 수 있다. 예를 들면, 동사 inclure(포함시키다. 포함하다)는 다음의 동사형식군을 가진다.

(10) a. ① Je **les** y inclus. [나는(Je) **그것들을(les)** 거기에(y) 포함시킨다 (inclus).]

(J'*inclus* **ces clauses** dans le contrat. 나는 **이 항목들을** 계약에 포함시킨다.)

② Il **nous** y inclut. [그는(Il) **우리를(nous)** 거기에(y) 포함시킨다 (inclut).]

(Il **nous** *inclut* dans un cercle littéraire. 그는 **우리를** 문학서클에

포함시킨다.)

   b. ① Ça **les** inclut. [그것은(Ça) **그것들을(les)** 포함한다(inclut).]

      (Le contrat inclut **ces clauses**. 그 계약은 **이 항목들을** 포함한다.)

    ② Ça **nous** inclut. [그것은(Ça) **우리를(nous)** 포함한다(inclut).]

      (Ce cercle littéraire **nous** inclut. 이 문학서클은 **우리를** 포함한다.)

자질 [−pers]를 내재한 항이 동사형식(verbal formulation) (10a)에서는 결합가 P2(y)[16]로 실현되고 동사형식 (10b)에서는 결합가 Po(Ça)로 실현되고 있다면, 자질 [±pers]를 내재한 항은 두 동사형식에서 모두 결합가 P1(les/nous)로 불변임을 볼 수 있다. 그리고 자질 [+pers]를 내재한 항은 동사형식 (10a)에서는 결합가 Po(Je/Il)으로 실현되지만 동사형식 (10b)에서는 결합가로 나타나고 있지 않음을 볼 수 있다. 이처럼 한 동사의 통사-의미적 자질을 내재한 불변의 항들이 결합가로 위치를 달리하기도 하면서 두 개 이상의 구문에 실현될 때 이 구문들이 그 동사의 동사형식군을 구성한다. 물론 이곳 동사 *inclure*에서처럼 한 동사형식에 나타나는 항이 연계된 다른 동사형식에서는 나타나지 않을 수도 있다.[17]

넷째, 프랑스어 동사는 명격 동사(nominative verbs)와 능격 동사(ergative verbs)라는 통사-의미적 특성을 달리하는 두 언어학적 유형으로 구별될 수 있다. 이를테면 주어와 목적어의 직접격(direct case)만을 나타내는 Dixon (1987: 2)의 격 도식은 다음과 같다.

---

16) (10a)의 예에서 보듯이 y는 장소를 나타내는 전동사적 접어로서 '거기에(서)'를 뜻한다.

17) 동사형식군에 대한 더 상세한 내용은 Blanche-Benveniste & *al*.(1984)을 볼 것.

(11) <표 1> Dixon의 격 도식

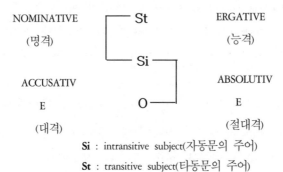

Si : intransitive subject(자동문의 주어)
St : transitive subject(타동문의 주어)
O : transitive object(타동문의 목적어)

이 격도식의 설명은 다음과 같다. 자동문의 Si가 타동문의 St와 동일하게 명격(nominative case)으로 격표지되는 언어는 명격 언어(nominative languages)이다. 명격은 대격(accusative case)과 대립된다. 일반적으로 인도-유럽어들이 여기에 속한다. 반대로 Si가 타동문의 O와 동일하게 절대격(absolutive case)으로 격표지되는 언어는 능격 언어(ergative languages)이다. 이 경우 절대격은 능격(ergative case)과 대립된다. 바스크어, Caucasian계 언어, 에스키모어 등이 그 예들이다(Postal 1977, Keenan 1984 참조).

그런데 명시적 격 표지를 갖고 있지 않는 프랑스어는 위의 두 유형의 격 특징을 모두 공유하고 있다(Olie 1984, Zribi-Hertz 1987, Ruwet 1988, 김지은 2005 참조). 이는 프랑스어 동사의 통사-의미적 행태를 통해서 확인된다. 예컨대 자동문과 타동문으로 모두 실현될 수 있는 다수의 동사들은 St와 Si에 동일한 통사-의미적 자질을 부여한다.

(12) a. **Paul** travaille son examen écrit (폴은 쓰기 시험을 공부한다).

Paul travaille dans son bureau (폴은 자기 사무실에서 공부한다).

b. **Pierre** piétine le sol (피에르가 땅을 쿵쿵 밟는다).

Pierre piétine dans la maison (피에르가 집에서만 맴돈다).

(12a, b)에서 *travailler*(공부하다)와 *piétiner*(쿵쿵 밟다) 동사의 주어인 Paul과 Pierre는 자동문과 타동문 모두에서 행위주로서의 의미적 역할을 한다. 바로 명격 동사의 경우이다. 이들 동사는 동사형식군의 관점에서 볼 때 Si와 St는 공히 명격항(nominative term)을 갖고 O는 대격항(accusative term)을 갖는다고 상정할 수 있다.

반면 어떤 동사들의 Si는 타동문의 St가 아닌 O와 통사-의미적 자질을 공유한다.

(13) a. Ça a aminci **Paul**. (<u>그것이</u> 폴을 야위게 했다.

/ <u>그것 때문에</u> 폴이 야위었다.)

Paul a beaucoup aminci. (폴이 많이 야위었다.)

b. Ça a brûlé **la forêt**. (<u>그것이</u> 숲을 태웠다.

/ <u>그것으로 인해</u> 숲이 탔다.)

La forêt a brûlé. (숲이 타버렸다.)

(13a)의 *amincir*(야위게 하다/야위다) 동사의 경우 타동문에서 목적어인 Paul 이 자동문에서는 주어로 나타나고 있다. (13b)의 *brûler* 동사의 경우에도 타동문에서 목적어인 la forêt가 자동문에서는 주어로 나타나고 있다. 바로 능격 동사의 경우이다. 동사형식군의 관점에서 볼 때 이들 동사의 O 와 Si는 절대격항(absolutive term)을 내재하고 있고 St는 능격항(ergative term)을 내재하고 있다고 상정할 수 있다. 인용된 *amincir*, *brûler* 등의 사동사(causative verbs)는 능격동사의 대표적인 부류를 이룬다.[18]

이렇게 볼 때, GIVÓN이 말하는 주제성의 정도를 나타내는 (4)의 여러 항목들에서 격의 위계에 의한 (4c)는 명격-대격 체계의 언어만을 생각한 것이라는 것을 알 수 있다. 이제 위에서 언급한 두 유형의 프랑스어 동사를 모두 고려할 때 구별되는 두 유형의 격 위계를 다음과 같이 새롭게 설정할 수 있을 것이다.

> (14) a. 명격동사의 경우: nominative(agent) > dative(benefative, malefative) >
> accusative(object)
> b. 능격동사의 경우: ergative(cause) > dative(benefative, malefative) >
> absolutive(object)
> (( )안은 각 격이 내재하는 의미적 역할을 나타낸다.)

이렇듯, 우리는 명격 동사와 능격 동사라는 두 유형의 동사 부류가 각각 달리 가지는 동사형식군의 개념으로 NP *bpN*의 주제성 정도를 밝힘으로써, 한국어의 주어 명사구 '그의 *bpN*이'와 목적어 명사구 '그의 *bpN*을'의 '그의'가 각각 어떻게 달리 *lui*P나 Son으로 불역되는가를 설명하고자 한다.

---

18) 관계문법(relational grammar)이나 생성문법(generative grammar)에서는 (12)에서 자동사로 쓰인 동사를 비능격동사(inergative verbs)라 부르고 (13)에서 자동사로 쓰인 경우를 비대격동사(inaccusative verbs)라 부르고 있다. 이는 두 유형의 언어 축을 함께 고려하지 않고 한쪽 언어 유형만을 고려하면서, 특히 자동사의 경우 자신의 부류에 속하지 않는 동사를 부정적으로 명명하는 데서 기인한 것이다.

5.1. '그의 bpN이'의 불역 문제

5.1.1. '그의 bpN이'가 타동문의 주어인 경우

타동문의 주어, 곧 St에 실현되는 '그의 bpN이'의 '그의'는 다음 (15)
에서 보듯이 프랑스어에서 지시형용사 Son으로만 나타날 수 있지, *lui*P로
는 나타나지 않는다.

(15) a. **그의 손가락**은 잔의 볼록면을 어루만지고 있다.

→ **Ses doigts** caressent la convexité des verres.

b. **그의 얼굴**이 희색을 띠고 있다.

→ **Son visage** exsude la joie(「프」).

c. **그녀의 눈**이 나를 사로잡는다.

→ **Ses yeux** me fascinent(「프」).

d. **내 입**은 한없이 네 지혜로움을 칭송할 것이다.

→ **Ma bouche** louera ta sagesse infinie(France, TLF).

e. **그의 다리**가 기운을 잃었다.

→ **Ses jambes** perdirent leur vigueur.

f. **그의 위장**은 모든 음식을 토해 올린다.

→ **Son estoma**c rejette toute nourriture(「프」).

g. **그의 얼굴**은 아무런 기색도 드러내 보이지 않는다.

→ **Son visage** ne reflète rien(「프」).

(15)에서처럼 타동문의 NP subject *bp*N의 지시적 정체성이 *lui*P를 통해
서는 확립될 수 없는 이유는 이 NP subject가 술어동사가 갖는 가장 주
제적인 논항이라는 데 있다. 즉 타동문의 NP subject는 프랑스어의 경우
동사의 언어 유형적 성격에 따라 명격항이나 능격항을 내재하고서[19] 목

적어에 대한 작용성이 큰 주제적 논항이다. 따라서 통사적 위치상 가장 주제적인 타동문의 NP subject *bpN*에 자신이 또한 주제적인 *lui*P가 연대 된다는 것은 주제성 개념으로 볼 때 서로 충돌하는 결과를 낳는다. 그래 서 한국어 타동문의 'NP subject **그의 bpN이**'는 'Son bpN'로만 불역된다.

5.1.2. '그의 bpN이'가 자동문의 주어인 경우

5.1.2.1. 비주제적 논항

(1) 'NP subject *le bpN* ... *lui*P'로 불역

한국어의 '그의 bpN이'[20]가 다음 다섯 가지 유형의 자동문에서 실현 될 때 '그의'는 프랑스어에서 지시형용사 Son이 아닌 부분적 여격 *lui*P로 나타난다.

---

19) 프랑스어의 경우 (15b, f)의 경우가 타동형식으로 실현된 능격동사로 분류될 수 있을 것이다. Rothenberg(1974)의 동사 분류 참조.
20) '그의 bpN이'(혹은 '그의 bpN은')가 다음 (i)에서처럼 겹주격 구조인 '그는 bpN이'로 자연스럽게 환언되는 경우가 많다. 그러나 (ii)에서처럼 '그의 bpN이'가 더 자연스러운 경우도 있고, 이와 반대로 (iii)에서처럼 '그는 bpN이'가 더 자연스러운 경우도 많다.
   (i) a. **그의 손이** 탈 듯이 뜨겁다. ↔ **그는 손이** 탈 듯이 뜨겁다.
     b. **그의 가슴이** 고동친다. ↔ **그는 가슴이** 고동친다.
   (ii) a. **그의 손가락이** 쑤신다. ↔ ?**그는 손가락이** 쑤신다.
     b. **그의 입술이** 움직인다. ↔ ?**그는 입술이** 움직인다.
     c. **그의 주먹이** 무릎 위에 있다. ↔ *그는 주먹이 무릎 위에 있다.
   (iii) a. ?**그의 이가** 흔들린다. ↔ **그는 이가** 흔들린다.
     b. ?**그의 입이** 탄다. ↔ **그는 입이** 탄다.
     c. ?**그의 다리가** 가렵다. ↔ **그는 다리가** 가렵다.

그러나 앞으로의 전개에서 보겠지만 이들 세 유형의 '그의'나 '그는'이 *lui*P나 Son으로의 불역에 관여적인 기준으로는 작용하지 않는다. 따라서 우리는 이 연구에서 (iii)의 경우도 '그의 bpN이'가 가능한 것으로 받아들이면서 '그의 bpN이'의 불역 문제를 구명하는 데 집중할 것이다.

<1> 유형1 : 다음 (16)의 예들을 보자.

    (16) a. **그의** 손이 [**그는** 손이] 탈 듯이 뜨겁다.

        → **Les mains lui** *brûlent*(「모」).

      b. **내** 눈이 [**나는** 눈이] 따가워요.

        → **Les yeux me** cuisent(「프」).

      c. **그는** 팔이[?**그의** 팔이] 가렵다.

        → **Le bras lui** *démange*(「프」).

      d. **그는** 피부가 [?**그의** 피부가] 당긴다.

        → **La peau lui** *tire*(GR).

      e. **내** 머리가 [**나는** 머리가] 돌 지경이야.

        → **La tête me** *tourne*.

      f. 그것을 보자 **내** 가슴이 [**나는** 가슴이] 메슥거린다.

        → A cette vue, **le coeur me** *lève*.

이들 자동문은 대부분 어떤 함축된 '원인'에 따라 개인 주체가 신체부위를 통해서 감지하는 느낌(sensation)을 나타내고 있다. 여기서 프랑스어 자동문의 NP subject *bp*N에 연대되어 *lui*P가 사용될 수 있는 것은 이들 bpN은 절대격항이 실현된 경우로 주제성의 정도가 낮은 '대상(object)'으로서의 의미적 기능을 내재하고 있기 때문이다. 이를테면, (16)의 자동문을 구성하는 프랑스어 동사들은 bpN이 입는 상태 변화의 '원인자(causer)'가 나타나는 다음 (17)의 타동문과 동일한 동사형식군을 구성하는 능격동사의 부류에 속하기 때문이다.[21]

---

21) 다음 (17)의 예에서 프랑스어 사동문에 대응하는 한국어 사동문의 직역은 자연스럽지 않기 때문에 ( )에다 의미적으로 동가인 자동문을 병기한다. 그런데 이 자동문은 원인적 표현만 보태어졌을 뿐 (16)의 한국어 자동문 다름 아니다. 그러나 원인적 부사 표현을 동반하는 이들 한국어 자동문은 이곳 (17)과 뒤 5.2.1.2.의 (48'), (51), (52)

(17) a. Ça **lui** *brûle* **les mains**.

(<u>그것이</u> <u>그의</u> 손을 탈 듯이 뜨겁게 한다.

/<u>그것</u> 때문에 <u>그의</u> 손이 탈 듯이 뜨겁다.)

b. Le soleil **me** *cuit* **les yeux**.

(<u>햇볕이</u> 내 눈을 따갑게 한다. /<u>햇볕으로</u> 내 눈이 따갑다.)

c. Une irritation **me** *démange* **le bras** (Busse).

(<u>염증이</u> 내 팔을 긁게 한다. /<u>염증</u> 때문에 내 팔이 가렵다.)

d. Le froid **me** *tire* **la peau**.

(<u>추위가</u> 내 피부를 수축시킨다. /<u>추위로</u> 내 피부가 당긴다.)

e. Cette odeur **me** tourne **la tête** (Busse).

(<u>이 냄새가</u> <u>내</u> 머리를 돌게 한다.

/ 이 냄새 때문에 내 머리가 돌겠다.)

f. Les immondices **me** *lèvent* **le coeur** (TLF).

(<u>쓰레기가</u> <u>내</u> 속을 메슥거리게 한다.

/ 쓰레기 때문에 내 속이 메슥거린다.)

이곳 (17)의 프랑스어 동사는 능격 동사의 한 부류인 **사동사들**(causative verbs)이다. (17)의 주어 명사구가 '원인자'의 의미역을 갖는다는 것은 이들 구문이 다음 (18)에서처럼 사동의 양태동사 faire로 된 복합 사동구문과 자연스럽게 환언 관계에 놓인다는 데서도 확인된다.

(18) a. Ça **lui** *fait brûler* **les mains**. (<u>그것이</u> <u>그의</u> 손을 탈 듯이 뜨겁게 한다.)

b. Le soleil **me** *fait cuire* **les yeux**. (<u>햇볕이</u> 내 눈을 따갑게 한다.)

c. Une irritation **me** *fait démanger* **le bras**. (<u>염증이</u> 내 팔을 긁게 한다.)

d. Le froid **me** *fait tirer* **la peau**. (<u>추위가</u> 내 피부를 수축시킨다.)

e. Cette odeur **me** *fait tourner* **la tête**(「프」).

에서처럼 프랑스어에서 사동문으로 번역되는 것이 일반적이다.

(이 냄새가 내 머리를 돌게 한다.)

f. L'odeur des abattis **me** *faisait lever* **le coeur** (TLF).

(오물더미 냄새가 내 속을 메슥거리게 했다.)

사실 (18)은 (16)의 자동문이 사동의 모문에 내포되어 사동화된 문장들이다. 이렇듯, 이들 능격 동사가 내재하는 주제성 정도가 낮은 절대격항이 타동형식에서는 목적어로 실현되고 자동형식에서는 주어로 실현됨을 알 수 있다. 따라서 (16)의 자동문에서 '그의 bpN이'의 '그의'가 프랑스어에서 *lui*P로 번역되는 것은 이 *lui*P와 연대된 NP subject *bpN*와 (17)의 목적어 위치에서도 *lui*P와 연대되어 나타나는 NP object *bpN*이 해당 동사 형식군 내에서 주제성의 위계가 낮은 절대격항을 공유하기 때문이다.

<2> **유형2** : 앞의 유형1과는 조금 다른 다음의 예들을 보자.

(19) a. (감격한 나머지) 그의 가슴이 고동친다.

→ **Le coeur lui** *bat* (d'émotion)(「프」).

b. 놀라서 그의 가슴이 두근거렸다.

→ **Le coeur lui** bondissait de surprise(「프」).

c. (충격으로) 내 이가 흔들린다.

→ **Les dents me** *branlent* (de choc)(「모」).

d. 그것 때문에 내 입이 탄다.

→ **La gueule me** en *brûle*(Flaubert, TLF).

e. 눈을 뭉치고 놀아서 그의 손이 얼얼하다.

→ **Les mains lui** *cuisent* d'avoir pétri des boules de neige(GL).

f. 기뻐서 내 가슴이(나는 가슴이) 터질 것 같다.

→ **Le coeur m'**éclate de joie (Camus, TLF).

g. 상처로 <u>그의 손가락이</u>(?<u>그는 손가락이</u>) 여전히 *쑤신다*.

   → **Le doigt lui** *élance* encore <u>de blessure</u>(GR).

h. 정말이지 겁이 엄청 나서 <u>내 마음이</u> *약해졌다*.

   → Mille fois **le coeur me** *faiblit* <u>de grande peur</u>(TLF).

i. (당혹해서) <u>그의 혀가</u>(<u>그는 혀가</u>) *꼬였다*.

   → **La langue lui** *a fourché* (<u>de confusion</u>)(「프」).

j. <u>그의 배꼽이</u> 오만함으로 *들떠 있었다*.

   → (...) que **le nombril lui** en *frétillait* <u>d'orgueil</u>(TLF).

k. <u>거부감 때문에</u> <u>내 속이</u> *메슥거렸다*.

   → **Le coeur me** *levait* <u>de dégoût</u>(Sand, TLF).

l. <u>이 착한 소년과 헤어져야한다는 생각 때문에</u> <u>내 가슴이</u> 내려앉는다.

   → **Le coeur me** *manque* <u>à l'idée de me séparer de ce brave garçon</u>(Gide, TLF).

m. 졸려서 <u>그의 머리가</u>(<u>그는 머리가</u>) *흔들거리기* 시작했다.

   → **La tête** se mit à **lui** *osciller* <u>de sommeil</u>(TLF).

n. 피곤해서 <u>그의 팔이</u>(<u>그는 팔이</u>) 축 *늘어진다*.

   → **Les bras lui** *tombent* <u>de fatique</u>(GR).

o. <u>극도의 불안으로</u> <u>내 머리가</u> *터질 것 같다*.

   → **La tête me** *bout* (<u>d'une extrême angoisse</u>)(「모」).

이들 유형2의 자동문도 거의 대부분 어떤 '원인'에 따라 개인 주체가 bpN을 통해서 감지하는 느낌을 나타내고 있다(단 (19c, m, n)은 bpN의 외형적 모습에 대해 말하고 있다). 그러나 이곳 유형2 구문을 만드는 프랑스어 동사의 특징은 유형1의 동사들과는 달리 자동문의 NP subject *bp*N이 입는 변화의 '원인자'가 타동문의 주어로 나타날 수 있는 −동사형식군의 틀 내에서 연계된− 타동형식을 허용하지 않는다는 데 있다.[22] 그러나 (19)의 한불 대조문에서 볼 수 있듯이, 한국어 예에서 진하지 않는 밑줄 친 표현으로 나타나는-NP subject *bpN*이 겪는-상태변화의 '원인'이 프랑스어에서 전치사 de에 의해 도입되는 '원인 보어(causal complement)'로 실현된다[23]는 점이 이곳 유형2 동사의 기본적인 특징이다. 게다가 이들 원인 보어는 다음 (20)에서처럼 한국어에서는 '-게 하다'의 사동 보조동사의 첨가에 의해, 그리고 프랑스어에서는 사동의 양태동사 faire의 첨가에 의해 구성되는 복합 사동구문에서 '원인자역(Causer role)'의 주어로 공히 실현될 수 있다.

(20) a. <u>그러한 감동이</u> <u>그의</u> 가슴을 *고동치게 한다.*

　　→ <u>L'émotion</u> **lui** *fait battre* **le coeur.**

b. <u>지고의 희망이</u> **내** 가슴을 *두근거리게 했다.*

　　→ <u>Une suprême espérance</u> **me** *fit bondir* **le coeur** (TLF).

c. <u>극도의 불안이</u> **내** 머리를 *터지게 한다.*

　　→ <u>Une extrême angoisse</u> **me** *fait bouillir* **la tête.**

---

22) 그런데, *battre, branler, brûler, élancer, fourcher, lever* 등의 동사는 다음 (i)과 같이 명격성, 즉 행위성을 띤 타동문으로도 실현된다.

　(i) a. Je te bats(나는 너를 때린다).

　　b. Il branle la tête(그는 머리를 좌우로 흔든다).

　　c. Il a brûlé du linge(그는 내의류를 태웠다).

　　d. Il élance ses bras vers les barres parallèles(그는 평행봉을 향해 팔을 들어올린다).

　　e. Il fourche la terre(그는 쇠스랑으로 땅을 판다).

　　f. Il lève son verre(그는 잔을 든다).

　그러나 이들 타동문은 능격성을 띤 (19)의 자동문들과 동일한 동사형식군 내에서 연계될 수 없다. 이는 이들 동사가 명격성과 함께 능격성도 갖기 때문이다. 한편, 본문 (19d, e, k)의 *brûler, cuire, lever*는 유형1과 이곳 유형2의 두 구문형식을 모두 허락하는 동사이다.

23) 예문 (19)에서 괄호 속에 있는 원인 보어 'de N'은 해당 언술이 함축할 수 있다고 판단되는 적절한 표현을 우리가 넣은 것이다.

d. <u>최상의 기쁨</u>이 내 가슴을 *터지게 한다*.

→ Une suprême joie **me** *fait éclater* **le coeur**.

e. <u>큰 두려움</u>이 내 마음을 *약하게 한다*.

→ La grande peur **me** *fait faiblir* **le coeur**.

f. <u>이 착한 소녀과 헤어져야한다는 생각</u>은 내 가슴을 *내려앉게 한다*.

→ L'idée de me séparer de ce brave garçon **me** *fait manquer* **le coeur**.

　여기서 주목할 사항은 (20)의 사동구문은 유형1의 동사와 관계되는 사동구문인 (18)과 동일한 통사-의미적 구조를 지닌다는 점이다. 이렇듯, (19)에서 '그의 bpN이'의 '그의'가 프랑스어에서 *lui*P로 번역되는 것은 NP subject *bpN*이 원인 보어의 영향하에 있는 '대상'으로서 주제성의 정도가 낮은 절대격항을 내재하고 있기 때문이라고 볼 수 있다.

　<3> 유형3 : 다음 (21)이 보여주는 '그의 bpN이'의 불역은 어떻게 설명할 수 있을까?

(21) a. 내 **무릎이**(나는 무릎이) *저렸다*.

→ **Les genoux me** fourmillaient.

b. <u>그의</u> 발이(그는 발이) *미끄러졌다*.

→ En passant sur l'avant, **le pied lui** glissa(GR).

c. 내 가슴이 *갑갑하다*.

→ **Le coeur me** pèse(GL).

d. 내 귀가 *울린다*.

→ **Les oreilles me** sonnent (「모」).

e. 당신 귀가 *가려웠을 거요*.

→ **Les oreilles** ont dû **vous** tinter (「모」).

f. <u>그의</u> 손이 엉덩이 사이에 *내려져 있었다.*

  → **Les mains lui** *tombaient* entre les cuisses(GL).

g. <u>내</u> 속이(나는 속이) *메스꺼웠다.*

  → (...) mais **le coeur me** *tournait*(Balzac, TLF).[24]

이곳의 자동문들도 대부분 개인 주체가 신체부위(bpN)를 통해서 감지하는 느낌을 나타내고 있다((21b, f)만이 bpN의 외형적 모습을 말하고 있다). 여기서도 '그의 bpN이'는 모두 *lui*P를 동반한 NP subject *bpN*으로 불역되고 있다. 이러한 불역이 가능한 것은 이곳 (21)의 불역문이 (17)과 같은 타동형식과 함께 하는 동사형식군 내에 있기 때문이 아니라, 다음 (22)의 fourmiller 동사처럼 bpN이 전치사(prep)[25]에 의해서 도입되는 구문과 동사형식군을 구성하기 때문이다.

(22) a. Si(NP subject) **me** *fourmiller* prep + **bpN**

  (Des impatiences **me** *fourmillaient* dans **les genoux**.

  → <u>초조해서</u> **나는 무릎이** 저렸다.)

b. Si(NP subject **le bpN**) **me** *fourmiller*

  (**Les genoux me** *fourmillaient*.→ <u>나의</u> **무릎이** 저렸다.)

동사형식 (22a)에는 '원인'의 의미를 내재한 주어(Des impatiences <u>초조함</u>)와 처소적 의미의 전치사 dans에 의해 도입되는 bpN(**les genoux** 무릎)이 있다. 그리고 이 bpN의 개인 주체 역할을 하는 *lui*P(여기서는 1인칭 단수 여격인 **me**)가 있다. 반면, 동사형식 (22b)에서는 bpN이 주어로 실현되고, bpN과

---

24) 각각 유형1과 유형2에서도 분류된 *tourner, tomber* 동사는 이곳 유형3의 동사형식군도 가질 수 있다.

25) 'prep'는 전치사(preposition)의 약어이다.

연대된 *lui*P(곧 me)는 그 자리에 그대로 남아 있다. 이렇듯, NP subject *le bp*N이 나타나는 (21)의 각 프랑스어 문장들은 이들 bpN이 '처소'를 나타내는 전치사에 의해 도입되는 다음 (23)의 각 문장과 동일한 동사형식군 내에서 서로 연결되어 있다.

(23) a. Et des impatiences **nous** *fourmillaient* <u>dans</u> **les genoux**(TLF).
(<u>초조해서</u> <u>우리는</u> **무릎**이 저렸다.)

b. La balle **lui** *a gliss*é <u>du</u> **pied**.
(공이 <u>그의</u> 발에서 *미끄러져 빠져나갔다*.)

c. Ce remords **lui** *pèse* <u>sur</u> **le coeur**　(「모」).
(그러한 후회로 <u>그는</u> **가슴**이 갑갑하다.)

d. Ce mot historique **lui** sonnait <u>à</u> **l'oreille**.
(그 명구가 <u>그의</u> **귀**에 메아리쳤다.)

e. Cette parole était venue lui tinter aux oreilles (TLF).
(이 말은 <u>그의</u> **귀**에 울려 퍼졌다.)

f. Les manches trop longues **lui** *tombent* <u>sur</u> **les ongles** (GR).
(지나치게 긴소매가 <u>그의</u> **손톱**에까지 *처져 있다*.)

g. Oui, ça **m'**a *tourn*é <u>sur</u> **le coeur**, (...) (Zola, TLF).
(그것 때문에 **내** **속**이 역겨웠다.)

　그런데, (21)에서 NP subject *le bp*N이 주제성의 정도가 높은 *lui*P와 연대될 수 있는 이유는 어디에 있을까? 그것은 Dik(1978) 등이 다음 (24)에서 말하고 있듯이 (23)의 bpN처럼 처소격 전치사에 의해 지배되는 논항은 제 의미 논항 간에 존재하는 주제성 정도의 위계에서 하위에 위치하고 있다는 데 있다.[26)]

---

26) 다음 (24)에 정리된 의미적 기능의 위계관계가 비록 명격(행위)동사를 중심으로 하고

(24) a. Agent> Goal> Recipient> Beneficiary> **Locative**> Temporal

       (Dik(1978), Barnes(1985: 175)에서 재인용)

   b. Agent> Benefactive> Recipient/Experiencer> Instrument> Theme/ Patient>

      Location (Bresnan & Kanerva(1989 : 23/ 59))

   c. (Agent (Experiencer (Goal/Source/**Location** (Theme)))) (Grimshaw(1990: 8))

(21)의 불역문에서 주제적인 *lui*P와 연대되어 NP subject *le bp*N이 쓰일 수 있는 이유는 (23)의 구문에서 주제성의 정도가 낮은 처소격 의미의 논항으로 실현되는 bpN이 해당 동사의 동사형식군 내에서 (21)의 NP subject *le bp*N으로도 실현되기 때문이다.

  <4> 유형4 : 여기서도 다음 두 동사의 한불 대조문을 예로 들 수 있다.

   (25) a. 내 마음이 몹시 *아프다*.

      → **Le coeur <u>me</u>** saigne(「프」).

     <u>그의</u> 다리에 *피가 나고 있었다*.

      → **La jambe <u>lui</u>** *a saign*é.

    b. 그의 팔이(그는 팔이) 가렵다.

      → **Le bras <u>lui</u>** *démange*(「프」).

(25)의 saigner(*아프다/아프게 하다, 피가 나다/피가 나게 하다*)와 démanger(*가렵다/가렵게 하다*) 동사는 다음 (26)과 같은 타동문으로도 실현된다.

   (26) a. <u>Cette affaire</u> **le** *saigne* au **coeur**.

      (<u>이 일이</u> <u>그의</u> 마음을 *아프게 한다*.

      / <u>이 일로</u> <u>그는</u> 마음이 *아프다*.)

있지만, 우리가 앞의 (14)에서 설정한 것보다 좀더 세분화된 것이라 할 것이다.

Cet accident de voiture l'a saigné à **la jambe**.

(이 자동차 사고로 <u>그의</u>(<u>그는</u>) 다리에 *피가 났다*.)

b. Ça **le** *démange* dans **le bras** et sur **les jambes**.[27]

(<u>그것이</u> <u>그의</u> 팔과 다리를 *가렵게 한다*.

/ <u>그것</u> 때문에 <u>그는</u> 팔과 다리가 가렵다.)

(25)에서 한국어 'bpN이'와 연대된 '그의'가 *lui*P로 불역되는 것은 '아프다(아프게 하다)/피가 나다(피가 나게 하다)'와 '가렵다(가렵게 하다)'에 각각 대응하는 프랑스어 동사인 'saigner'와 'démanger'가 각각 (25)의 자동형식과 (26)의 타동형식으로 구성되는 동사형식군을 구성하기 때문이다. 이곳 saigner류가 갖는 동사형식군의 주된 특징은 bpN의 개인 주체가 (25)의 자동형식에서는 여격 *lui*P로 실현되는 데 반해, (26)의 타동형식에서는 목적격 le로 실현된다는 점이다. 이러한 차이에도 불구하고 (25)의 자동형식에서 NP subject le bpN이 주제적 *lui*P와 연대되어 나타날 수 있는 것은 동사형식군으로 연결된 (26)의 타동형식에서는 bpN이 주제성 정도가 낮은 처소격 논항으로 실현되기 때문이다.

이렇게 볼 때, 지금까지 분석한 자동문 유형 <1>~<4>에서 'bpN이'와 연대된 '그의'가 프랑스어에서 NP subject le bpN와 연대된 *lui*P로 번역되는 것은 각 유형의 프랑스어 해당 동사가 bpN을 후동사적 위치, 곧 직접목적어나 처격 전치사의 목적어 위치에서 실현시키는 타동형식을 어휘적 차원에서 가지고 있기 때문이다.[28] 그리고 이 후자의 동사형식이

---

27) 유형1에서 분류된 démanger 동사는 이곳 유형5의 동사형식군으로도 실현된다. 여기서, bpN와 연대된 접사 le는 대격 대명사이다.

28) 유형2는 이점에서 예외적일 수 있다. 그러나 유형2의 NP subject le bpN이 faire 사동 구문으로의 환언에서 '원인자역'을 갖는 주어 명사구의 영향을 입는 목적격의 NP le bpN으로 나타날 수 있다는 점(예문 (18)과 (20) 참조)에서 동사형식군의 개념이 어느

갖는 특징은 그 주어 논항이 정도의 차이는 있지만 많은 경우 의미 자질로 원인자역을 갖고 있다는 데 있다. 그리고 이 원인자역은 술어동사의 이행성을 통해 직접적으로 또는 간접적으로–곧 전치사와 결합하여–동사 술어 뒤에 위치한 bpN라는 대상에 영향을 가하고 있다. 이같이 피영향성을 띤, 곧 주제성의 정도가 낮은 '대상(object)'으로서의 bpN이 어휘적으로 연결된 자동형식에서 NP subject로 실현될 경우 주제적인 *lui*P와 더불어 나타날 수 있는 것이다.

이렇듯, 유형 <1>~<4>에서 '그의 bpN이'의 '그의'가 프랑스어에서 *lui*P로 번역되는 것은 해당 한국어 동사에 대응하는 프랑스어 동사의 통사–의미적 특성에 기인된다. 요컨대, 프랑스어의 경우 자동문의 NP subject *le bp*N과 그 개인 주체로서 연대된 *lui*P의 출현은 동사형식군의 틀 내에서 설명된다.

(2) 'NP subject *Son bp*N'으로 불역

한국어의 '그의 bpN이'가 다음 세 가지 유형의 자동문에 실현될 때는 '그의'가 프랑스어에서 부분적 여격 *lui*P가 아닌 지시형용사 Son으로 실현됨을 볼 수 있다.

<1> **유형1** : 다음의 많은 예들을 보자.

(27) a. **그의** 머리가 *희어진다.*

→ **Ses cheveux** *blanchissent*(「프」).

정도 충족된다고 할 수 있다. 따라서 유형 <2>는 유형 <1>의 특별한 변이형이라 말할 수 있을 것이다.

b. <u>그의</u> 머리는 쉽게 커얼된다.

   → **Ses** cheveux *bouclent* facilement(GR).

c. 너무 울어서 **<u>그의</u> 눈**이 퉁퉁 부었다.

   → **Ses yeux** ont *bouffi* à force de pleurer(「프」).

d. <u>그의</u> 귀가 움직인다.

   → **Ses oreilles** bougent.

e. <u>그의</u> 이가 딱딱 소리를 낸다.

   → **Ses dents** *craquent*(GR).

f. <u>그의</u> 얼굴이 험악해졌다(굳어졌다).

   → **Son visage** *durcit*(「프」).

g. <u>내</u> 손이 부었다.

   → **Ma main** *a enflé*(「프」).

h. <u>그의</u> 머리카락이 짙어졌다.

   → **Ses cheveux** *ont foncé*(「프」).

i. <u>그녀의</u> 볼은 눈물로 녹아 내렸다.

   → **Ses** joues *ont fondu* de larmes.

j. 습기로 <u>그의</u> 머리는 곱슬곱슬하다.

   → **Ses cheveux** *frisent* à l'humidité(Busse).

k. <u>그의</u> 발가락이 동상에 걸렸다.

   → **Ses orteils** *ont gelé*(「프」).

l. <u>그의</u> 무릎이 부었다.

   → **Son genou** *a gonflé*(「프」).

m. <u>그의</u> 머리가 희끗희끗해진다.

   → **Ses cheveux** *grisonnent*(「프」).

n. <u>그의</u> 눈은 젖어있었다.

   → **Ses yeux** *mouillaient*(Sartre, GR).

o. <u>그 여자의</u> 머리는 바람에 나불거린다.

   → **Ses cheveux** *ondulent* au vent.

p. <u>그의</u> **다리가** 휘청거렸다.

→ **Ses jambe**s *ployèrent sous lui*(「프」).

(27)의 한불 대조역에서 '그의 *bp*N이'의 '그의'가 프랑스어에서 Son으로 번역되는 이유는 어디에 있을까? 우리의 가정을 따를 때(5.1.1.과 5.1.2.1.의 (1)을 참조), '그의'의 불역이 이들 예에서 *lui*P 대신에 Son으로 나타나는 것은 NP subject *bp*N 자체의 주제성 정도가 크기 때문이라는 설명이 가능하다. 그러나 문제는 이곳 NP subject *bp*N 자체의 주제성 정도가 높은 이유가 무엇인가이다.

먼저 (27)의 프랑스어 자동문들은 그것들에 각각 대응하는 다음의 타동문들과 어휘적으로 동일한 동사형식군 내에 있음을 볼 수 있다.

(28) a. L'âge *a blanchi* **ses cheveux**(Roth).

  (<u>나이가</u> <u>그의</u> **머리를** *희어지게 했다.*

  / <u>나이 때문에</u> <u>그의</u> **머리가** *희어졌다.*)

 b. Elle *boucle* **ses cheveux** le matin(Busse).

  (<u>그녀는</u> 아침마다 **머리를** *커얼한다.*)

 c. La maladie *a bouffi* **son visage**(「프」).

  (<u>병이</u> <u>그의</u> **얼굴을** *붓게 했다.*/<u>병 때문에</u> <u>그의</u> **얼굴이** *부었다.*)

 d. Il *arrive* à *bouger* **les oreilles**(Busse).

  (<u>그는</u> **귀를** *움직일 수 있다.*)

 e. Il *claque* **ses dents**(Busse).

  (<u>그는</u> **이를** *딱딱 소리나게 한다.*/<u>그는</u> **이가** *딱딱 소리나게 한다.*)

 f. Cette coiffure **lui** *durcit* **le visage**(「프」).

  (<u>머리모양이</u> <u>그의</u> **얼굴을** *굳어 보이게 한다.*

  / <u>머리모양 때문에</u> <u>그의</u> **얼굴이** *굳어 보인다*(「프」).)

g. Un abcès *a enfl*é **mon bras** (「모」).

(종기가 내 팔을 붓게 했다./종기로 내 팔이 부었다(「모」).)

h. Elle *a fonc*é **ses cheveux**(Busse).

(그녀는 머리색을 짙게 했다.)

i. Les larmes *avaient fondu* **ses joues**(Daudet, GL).

(눈물이 <u>그의</u> 볼을 녹아 내리게 했다./ 눈물로 <u>그의</u> 볼이 녹아 내렸다.)

j. La pluie *a fris*é **ses cheveux**(Karr, TLF).

(비가 <u>그의</u> 머리를 곱슬곱슬하게 했다.

/ 비 때문에 <u>그의</u> 머리는 곱슬곱슬해졌다.)

k. Le froid **lui** *a gel*é **le pied**(Busse).

(<u>추위가</u> 그의 발을 얼게 했다./ <u>추워서</u> 그의 발이 얼었다.)

l. Les pleurs *gonflaient* **ses yeux**(GR).

(<u>울음이</u> <u>그의</u> 눈을 붓게 했다./울어서 <u>그는</u> 눈이 부었다.)

m. La poussière industrielle *a grisonn*é **ses cheveux**.

(공장의 먼지가 <u>그의</u> 머리를 회색이 되게 했다./

공장의 먼지 때문에 <u>그의</u> 머리는 회색으로 변했다.)

n. Des sueurs froides **me** *mouillaient* **les cheveux**(TLF).

(차가운 땀이 내 머리를 젖게 했다.

/ <u>차가운 땀으로</u> 내 머리가 젖었다.)

o. Le vent *ondule* **ses cheveux**.

(바람이 <u>그의</u> 머리카락을 나불거리게 한다.

/ <u>바람 따라</u> <u>그의</u> 머리카락이 나불거린다.)

p. Le fardeau *ployait* **ses genoux**.

(짐이 <u>그의</u> 무릎을 휘청거리게 했다.

/ <u>짐 때문에</u> 그의 **무릎이** 휘청거렸다.)

이처럼, (27)~(28)의 대칭구문을 갖는 프랑스어 동사들은 '신체부위 (bpN)'라는 대상의 상태변화(또는 변화된 결과)나 그들의 외형적 모습((28d, e, o, p)의 경우)을 나타내는 능격동사, 곧 사동사들이 대부분이다.29) (28)의 타동 주어는 대부분 '원인자역'을 갖는 능격항으로 되어 있으며, 이들 목적어는 '대상역'을 갖는 절대격항으로 되어있다. 이러한 절대격항을 갖춘 명사구 bpN이 (27)에서는 주어로 실현되고 있는 것이다. 그러면, 주제성 정도가 낮은 절대격항을 갖춘 이들 자동문의 NP subject *bpN*이 자신의 지시적 정체성을 위해 주제적인 *lui*P를 동반할 수 있음에도 불구하고, Son이 그 자리를 차지하는 이유는 어디에 있을까?

그 이유는 (27)의 NP subject *bpN*들이 자신들의 개인 주체가 감지하는 어떤 느낌을 나타내지 않고, 이들 bpN 그 자체가 갖는 외형적인 상태변화(또는 상태변화의 결과)나 그들의 바깥 모습만을 나타내는 데 있다. 예컨대, (27a)는 '머리카락 그 자체가 흰색으로 변한다는 것'이라면, (27b)는 '그의 머리카락이 외형적으로 쉽게 커얼된다'는 것이다. (27c)는 '눈 그 자체가 외형적으로 부었다는 것'을 나타낸다면, (27d)는 '귀가 움직이는 모습'을, (27e)는 '이가 딱딱 소리내는 청각적 모습'을 나타낸다. 그리고 (27f)는 '얼굴이 험악해진 모습'을 나타낸다. 이렇듯, (27)의 NP subject *bpN*들이 그것들 자체의 외형적 변화나 외형적 모습을 나타낸다는 것은 이들 'bpN'들이 어느 정도 개체로서의 개별성을 가지고 있다는 것을 의미한다. 이는 이들 bpN이 그 개인 주체에 '전체-부분 관계'에 의해 의미적으로 더 이상 예속되지 않을 정도로 독립적인 개별성, 곧 주제성을 갖는다는 것을 말한다. (27)에서 예시한 '그의 bpN이'의 '그의'가 주제적인

---

29) (28b, d, e) 등의 타동 주어는 사동사의 특징이라 할 수 있는 사동적 작용성(곧 '원인'의 의미역)을 갖는다고 할 수는 없을 것이다. 그러나 이들 동사의 타동문의 목적어와 자동문의 주어가 동일한 대상역을 갖고서 서로 교체되어 나타나는 사실을 고려할 때 통사적 능격성은 충족시키고 있다고 할 것이다. 이에 대해서는 Blinkenberg (1960: 41) 참조.

*lui*P가 아니라 son으로 불역되는 것은 바로 이러한 이유 때문이다.

<2> **유형2** : 대부분이 자동문으로만 쓰이는 다음의 동사들과 더불어 나타나는 'NP subject *그의 bpN이*'의 '그의'는 프랑스어에서 Son으로 나타난다. 동사 술어의 개략적 의미에 따라 다음과 같은 세 가지 하위 유형으로 나눌 수 있다.

<2> **유형2-1** : '끓어오름, 떨림'을 나타내는 경우

(29)[30] a. 격분해서 <u>그의</u> 얼굴은 여전히 *부글부글 끓는* 것 같았다.

→ **Son visage** semblait encore *bouillir* <u>d'indignation</u>(TLF).

b. 내 <u>머리가</u> 분노로 *끓어오른다.*

→ **Mon cerveau** *bouillonne* <u>de fureur.</u>

c. 분개해서 <u>그의 머리는</u> *뒤끓고 있다.*

→ **Sa tête** *fermente* <u>d'indignation</u>(Constant, TLF).

d. <u>추워서 그의</u> 입술이 가늘게 떨렸다.

→ **Ses lèvres** *frémissaient* finement <u>de froid</u>(GL).

<u>기뻐서 내</u> 가슴이 뛰고 있다.

→ **Mon coeur** *frémit* <u>de joie</u>(LE).

e. <u>공포로 그의</u> 어깨가 *전율했다.*

→ **Ses épaules** *frissonnaient* <u>de peur.</u>

f. <u>초조함으로 그의</u> 짙은 **눈꺼풀은** *깜박거렸다.*

→ **Ses paupières** teintes *ont palpit*é <u>d'inquiétude</u>(GR).

---

30) 이곳 (29b, c, j)는 개인이 bpN을 통해 감지하는 느낌을 나타낸다고 할 수도 있을 것이다. 특히 '끓어오름'이라는 것은 인간이 경험하는 '내적' 현상이기 때문에 더욱 그러할 개연성이 높아 보인다. 그러나, (29a)에서처럼 sembler(..처럼 보인다)와 같은 문맥적 요인에 의해 해당 bpN의 외형적 모습이 부각될 수도 있다.

g. 그녀의 목은 고통으로 꿈틀거렸다.

  → **Son cou** *pantelait* d'amertume(La Varende, TLF).

h. 분노로 그의 입술이 떨리고 있었다.

  → **Ses lèvres** *tremblaient* de colère.

i. 불안해서 그의 손이 떨리고 있다.

  → **Ses mains** *trépident* d'inquiétude.

j. 기쁨으로 내 가슴이 두근거렸다.

  → **Mon coeur** *a tressailli* d'allégresse(「모」).

\<2\> 유형2-2 : '날림, 흔들림'을 나타내는 경우

(30) a. 마차 경주의 덜걱거림으로 그의 머리는 뒤쪽으로 흔들렸다.

  → **Sa tête** *ballait* en arrière aux cahots de la course(GL).

b. 피곤해서 내 무릎이 비틀거린다.

  → **Mes genou**x *chancelle* de fatique.

c. 십자가가 구세주의 어깨를 짓눌러 그의 무릎이 휘어질 정도였다.

  → La croix pesait sur l'épaule du Sauveur d'un tel poids que **ses genoux**
    fléchirent(Huysmans, TLF).

d. 그녀의 머리카락이 어깨 위에서 나불거린다.

  → **Ses cheveux** *flottent* sur ses épaules(GR).

e. 피곤해서 그의 다리가 물러졌다.

  → **Ses jambes** *ont molli* de fatique.

f. 그녀의 엉덩이가 우아하게 실룩거렸다.

  → **Ses hanches** *ondoyèrent* gracieusement(Sartre, TLF).

g. 졸음으로 그의 머리가 이리 저리로 흔들렸다.

  → Sa tête oscilla de droite et de gauche de sommeil(GR).

h. 그들의 머리카락이 어깨 위로 처져서 바람에 따라 날렸다.

  → **Leurs cheveux** *pendaient* sur les épaules et *flottaient* au gré du vent (GR).

i. 기진맥진해서 내 **무릎**이 후들거렸다.

> → **Mes genoux** *vacillaient* sous moi d'épuisement(GR).

j. **당신의** 감미로운 **손가락**이 건반 위로 *날아다녔다.*

> → (...) est le clavecin où *voltigeaient* **vos doigts** délicieux(Musset, TLF).

\<2\> **유형2-3** : '튀어나옴'을 나타내는 경우

(31) a. 영양실조로 **그의** 얼굴이 *부스럼 덩어리이다.*
/ 영양실조로 그의 **얼굴**에 부스럼이 났다.

> → **Son visage** *bourgeonnait* de sous-alimentation.[31]

b. 알코올 중독으로 **그의 코가** *불그스름하다.*

> → **Son** nez *fleurit* d'alcoolisme(Roth).

c. 늙어서 **내 핏줄**이 *튀어나와 있다네.*

> → **Mes veines** *saillent* de vieillesse.

d. 놀라서 **그의 어깨**가 *갑자기 움찔했다.*

> → **Ses épaul**es **soubresautait** de surprise.

e. 무서워서 **그의 손**은 *급히 움찔했다.*

> → **Sa main** *sursauta* vivement de frayeur(GR).

f. 목 칼라 때문에 그의 턱이 *움찔했다.*

> → **Son menton** *tressautait* dans son faux-col.

이곳 유형2를 구성하는 프랑스어 동사의 특징은 NP subject *bpN*이 나타나는 이들 자동형식과 더불어 동사형식군을 구성할 수 있는 사동적 의미의 타동형식이 허락되지 않는다는 데 있다. 그러나 이곳의 대부분의 동사들은 위의 예문들에서 볼 수 있듯이 사동구문의 주어가 내재하는

---

31) *lui*P도 가능하다 : **Le front lui** *bourgeonne*(LE)(그의 이마에 여드름이 피어난다).

'원인자역'을 한국어의 경우에는 연결어미 '-어서'나 격조사 '-으로'를 통해서 나타낸다면, 프랑스어의 경우에는 전치사 de에 의해 도입되는 '원인 보어(de N)'를 통해서 나타낼 수 있는 것이 특징이다. 이 점은 이들 원인 보어가 다음 (32)에서처럼 한국어에서는 '-게 하다'의 사동 보조동사의 첨가에 의해, 그리고 프랑스어에서는 사동의 양태동사 faire의 첨가에 의해 구성되는 복합 사동구문에서 '원인자역'의 타동 주어로 공히 실현될 수 있다는 사실에 의해 뒷받침된다.

(32) a. 그것이 피를 *끓게 한다*(그것 때문에 피가 *끓는다*).

→ Cela *fait bouillir* **le sang**(TLF). (cf. 29a, b)

b. 감동이 내 무릎을 *비틀거리게 했다*(감동으로 내 무릎이 *비틀거렸다*).

→ L'émotion *faisait chanceler* **mes genoux**(TLF). (cf. 32b)

c. 아주 가혹한 절망이 내 다리를 *휘청거리게 한다*(아주 가혹한 절망으로 내 다리가 *휘청거린다*).

→ Un si terrible désespoir *fait fléchir* **mes jambes**. (cf. 32c)

d. 당신의 노여움이 그의 입술을 *떨게 한다*(당신의 노여움으로 그의 입술이 *떨리고 있다*).

→ Votre colère *fait frémir* **ses lèvres**. (cf. 29d)

e. 저녁의 추위가 우리 어깨를 *부르르 떨게 했다*(저녁의 추위로 우리 어깨가 *부르르 떨렸다*).

→ Le froid du soir *faisait frissonner* **nos épaules**. (cf. 29e, h)

f. 살인 욕구가 그의 콧구멍을 *꿈틀거리게 했다*(살인 욕구로 그의 콧구멍이 *꿈틀거렸다*).

→ Une envie de meurtre *faisait palpiter* **ses narines**(Aymé, TLF). (cf. 29g)

g. 그것이 그의 손을 *움찔하게 했다*(그것 때문에 그의 손이 *움찔했다*).

→ Ça *fit sursauter* **sa main**. (cf. 33e, f)

h. 환희가 내 마음을 *설레게 했다*(환희로 내 마음이 *설렜다*).

→ <u>L'allégresse</u> *a fait tressaillir* **mon coeur**. (cf. 29j)

이렇게 볼 때, 동사형식군에 의거하지 않고 '원인 보어'를 통합적 차원에서 갖는 (29)~(31)의 프랑스어 자동문들은 연결된 타동형식이 없는 능격동사(곧 사동사)의 절대적 용법이라 할 것이다. 따라서, '원인 보어'의 영향을 입는 자동문의 NP subject *bp*N은 주제성 정도가 낮은 절대격항을 띠고 있다고 할 수 있다. 그럼에도 불구하고 이곳 NP subject *bp*N의 지시적 정체성이 *lui*P 아닌 Son에 의해 확보되고 있는 이유는 어디에 있을까? 그것은 이들 NP subject *bp*N이 '끓어오름, 떨림, 날림, 흔들림, 튀어나옴' 등이라는 신체부위의 외형적 변화나 외형적 모습을 나타냄으로써 그들 자체가 개체로서 갖는 개별성의 정도가 큰 만큼이나 주제적이기 때문이다. 바로 그런 이유로 이곳 유형2에서 예시한 '그의 *bp*N이'의 '그의'가 주제적인 *lui*P 대신에 son으로 불역되는 것이다.

<3> **유형3** : '빛남'과 '넘쳐남'의 의미를 갖는 자동사의 NP subject로 *bp*N이 쓰이는 경우이다.

<3>-1 : **'빛남'을 나타내는 경우**

(33) a. <u>그의</u> 눈은 <u>총명함으로</u> 빛난다.

　　　→ **Ses yeux** *brillent* <u>d'intelligence</u>(Green, TLF).

　　b. <u>그의</u> 얼굴은 <u>기쁨으로</u> 빛났다.

　　　→ **Son visage** *éclatait* <u>de joie</u>.

　　c. <u>그녀의</u> 새까만 눈은 <u>희망으로</u> *반짝였다.*

　　　→ **Ses yeux de jais** *étincelaient* <u>d'espoir</u>(GR).

d. 그의 눈은 분노로 <u>*타오른다*</u>.

   → **Ses yeux** *flambent* <u>de colère</u>.[32]

e. 그들의 얼굴은 증오로 <u>*타올랐다*</u>.

   → **Leur figures** jointes *flamboyaient* <u>de haine</u>(TLF).

f. 그의 검은 눈은 베수비오 화산처럼 <u>*타올랐다*</u>.

   → **Ses yeux noirs** *fulguraient* comme un Vésuve(TLF).

g. 그의 눈이 분노로 <u>*번득인다*</u>.

   → **Ses yeux** *luisent* <u>de colère</u>(「모」).

h. 그의 빛나는 얼굴은 오만함으로 <u>*폭발하고 있다*</u>.

   → **Sa face radieuse** *pète* <u>d'orgueil</u>(Dorgelès, TLF).

i. 그의 눈은 <u>원한과 영광으로</u> *반짝인다*.

   → **Ses yeux** *pétillent* <u>de rancune et de gloire</u>(TLF).

j. 그의 얼굴은 <u>만족감으로</u> *환하게 빛나고 있다*.

   → **Son visage** *rayonne* <u>de satisfaction</u>.

k. 그의 얼굴은 <u>기쁨으로</u> *빛나고 있었다*.

   → **Son visage** *resplendissait* <u>de joie</u>(「모」).

l. 그의 눈이 <u>분노와 흥분으로</u> *반짝인다*.

   → **Ses yeux** *scintillent* <u>de colère et d'émotion</u>(TLF).

<3>-2 : '넘쳐남'을 나타내는 경우

(34) a. 그의 마음은 <u>억제된 눈물로</u> *넘쳐 났다*.

   → **Son cœur** *débordait* <u>de larmes contenues</u>(Flaubert, TLF).

   그의 마음은 <u>행복으로</u> *넘쳐 났다*.

---

32) 다음 (i)의 flamber는 NP subject *bpN*이 그 개인 주체의 느낌을 나타낼 수도 있음을 보여준다.

  (i) **Sa gorge** *flambait* <u>d'âcreté</u>(「프」). ↔ 메워서 <u>그의</u> 목구멍이 얼얼했다.

→ **Son coeur** *débordait* de bonheur.

b. 그의 얼굴은 땀으로 흘러내린다.

→ **Son visage** *dégouline* de sueur.

c. 그의 이마는 땀방울로 맺혀있다.

→ **Son front** *dégoutte* de sueur(「모」).

d. 그의 이마는 땀으로 번질거렸다.

→ **Son front** *luisait* de sueur(「모」).

e. 내 눈은 눈물로 흠뻑 젖어 있었다.

→ **Mes yeux** *ruisselaient* de larmes(「프」).

이곳 유형3의 동사들은(적어도 프랑스어 동사의 경우) 어떤 대상이 '바깥으로 드러남'을 나타내는 능격(곧 비대격) 동사이다. NP subject *bpN*이 (33)에서는 '빛남'에 의해 밖으로 드러나는 경우라면,[33] (34)에서는 주로 물질적으로 넘쳐서 드러나는 경우이다. *bpN*의 이러한 외형적 드러남은 한국어의 경우는 원인이나 재료를 나타내는 격조사 '(으)로'를 수반한 'N(으)로' 형식으로 뒷받침된다면, 프랑스어의 경우는 대부분의 경우 'de N' 형식의 보어에 의해 뒷받침되고 있다.[34] 이 경우, 유형 <3>-1의 'N(으)로'와 'de N'은 '성격, 감동, 감정' 등을 나타내는 추상명사가 원인 보어

---

33) 이곳의 동사는 Tenny(1994: 60)가 비대격 술어의 네 번째 유형으로 들고 있는 다음과 같은 동사들의 한 부류와도 일치한다.

"d. Involuntary emission of stimuli that impinge on the senses(light, noise, smell, etc.) : *shine, sparkle, glitter, glisten, glow, jingle, clink, clang, snap (involuntary), crackle, pop, smell, stink,* etc."

34) 이곳 부류의 동사도 양 언어 모두에서 'N(으)로'와 'de N' 형식의 원인 보어를 동반하지 않고 절대적으로 쓰일 수 있다.

(i) a. 순간적으로 그의 눈빛이 번쩍 빛났다.

b. Quand une idée l'intéresse, **son oeil** *brille*, tout à coup. (Duhamel, TLF).

로 쓰이고 있는 반면,[35] 유형[3]-2의 'N(으)로'와 'de N'은 주로 '눈물 (larmes), 땀(sueur)'와 같은 물질명사가 '재료 보어(material complement)'로 쓰이고 있다.

한편 위 예문들에서 볼 수 있는 프랑스어 동사들의 또 다른 특징은 (33)과 (34)에서 전치사 de에 이끌려 원인·재료 보어를 구성한 추상·물질명사들이 주어로 실현되고, 주어로 나타났던 bpN은 해당 전치사에 이끌려 처소(location)나 원천(source)을 나타내는 보어로 나타난다는 점이다. 다음 (35)와 (36)에서와 같다.

(35) a. L'intelligence *brille* **dans ses yeux**.

   (총명함이 <u>그의</u> 눈에서 *빛나고 있다*.)

   b. La joie *éclatait* **sur son visage**(「프」).

   (<u>그의</u> 얼굴엔 <u>기쁜 기색</u>이 *역력했다*.)

   c. L'espoir *étincelait* **dans ses yeux**.

   (<u>그의</u> 눈엔 <u>희망의 빛</u>이 *반짝이고 있었다*.)

   d. La colère *flambe* **dans ses yeux**(GR).

   (<u>분노</u>가 <u>그의</u> 눈에서 *이글거리고 있다*.)

   e. La haine *flamboyait* **sur leur figures**.

   (그들의 얼굴엔 <u>증오</u>가 *불타고 있었다*.)

   f. Une volonté superbe *fulgurait* **dans ses yeux**(TLF).

   (<u>당당한 의지</u>가 <u>그의</u> 눈에서 *번쩍거렸다*.)

---

35) 예컨대, 프랑스어 동사 briller(빛나다)는 de에 의해 도입되는 다음과 같은 추상명사들을 동반할 수 있다.

(i) Briller d'avarice(탐욕으로), de candeur(천진함으로), d'envie(욕망으로), d'espoir(희망으로), de fièvre(열기로), de haine(증오로), d'ivresse(취기로), de jeunesse(젊음으로), de joie(기쁨으로), de malice(간교함으로), d'orgueil(거만으로), de plaisir(환희로), de pureté(순수성으로), de satisfaction(만족으로), de volupté(쾌감으로.) (TLF).

g. La colère *luisait* **dans** **ses** **yeux**.

(그의 눈에 노여움이 번득였다.)

h. L'orgueil *pète* **sur** **sa** **face** **radieuse**.

(그의 빛나는 얼굴에 오만함이 넘친다.)

i. La rancune et la gloire *pétillent* **dans** **ses** **yeux**.

(그의 눈에 원한과 영광이 반짝인다.)

j. La satisfaction *rayonne* **sur** **son** **visage**.

(그의 얼굴에 만족감이 빛나고 있다.)

k. La confiance *resplendissait* **sur** **son** **visage**(「프」).

(자신감이 그의 얼굴에 충만했다.)

l. La colère et l'émotion scintillent **dans** **ses** **yeux**.

(그의 눈에서 분노와 흥분이 반짝인다.)

(36) a. Des larmes contenues *débordaient* **de** **son** **coeur**.

(그의 마음에서 억제된 눈물이 넘쳐 났다.)

Le bonheur *déborde* **de** **son** **coeur**.

(그의 마음에서 행복이 넘쳐 난다.)

b. La sueur *dégouline* **de** **son** **visage**(「프」).

(그의 얼굴에서 땀이 흘러 떨어진다.)

c. La sueur *dégoutte* **de** **son** **front** (Busse).

(그의 이마에서 땀이 흘러 떨어진다(「프」).)

d. La sueur *luisait* **de** **son** **front**.

(그의 이마에 땀이 번득였다.)

e. Des larmes *ruisselaient* **de** **mes** **yeux**(「모」).

(내 눈에서 눈물이 철철 흘러내렸다.)

이렇듯, (33)과 (35), 그리고 (34)과 (36)의 각 대칭문은 해당 동사의 동사형식군의 틀 내에서 연결되어 있다.

이렇게 볼 때, 적어도 프랑스어의 경우 (33)와 (34)의 NP subject *bpN*은 두 가지 면에서 주제성 정도가 낮은 논항이라 할 수 있다. 첫째, (33)의 NP subject *bpN*은 앞의 유형2의 동사들과 마찬가지로 통합적 차원에서 원인 보어의 영향하에 있는 절대격항을 구성한다는 점이다. 마찬가지로 (34)의 NP subject *bpN*은 재료 보어의 영향하에 있기 때문에 주제성 정도가 낮다고 할 수 있을 것이다. 둘째, (33)와 (34)의 NP subject *bpN*은 (35)와 (36)의 구문에서는 처소격 보어로 실현되는 bpN과 동사형식군 내에서 연결되어 있다는 점이다. 왜냐하면, '처소(또는 원천)격 의미'를 띤 논항은 앞의 5.1.2.1-(1)의 유형3에서 논의한 바 있듯이 논항 간의 의미적 기능의 위계 관계에서 주제성 정도가 낮기 때문이다.

그러면, 이같이 주제성의 정도가 낮은 자동문의 NP subject *bpN*은 프랑스어에서 높은 주제성을 갖는 *lui*P와 충돌 없이 자신의 지시적 정체성을 확립할 수 있을 것 같은 데도 불구하고 Son만을 수반하는 이유는 어디에 있을까? 그것은 이곳 유형3의 NP subject *bpN*도 유형1과 유형2의 경우와 마찬가지로 그 자체의 외형적 모습이 두드러지게 드러나 있기 때문이다. 요컨대, (33)의 NP subject *bpN*들의 경우, (33a)의 'Ses yeux(그의 눈)'가 총명함으로 빛나고 있듯이, 모두 그 자체의 모습들이 빛나서 바깥으로 드러남을 표현하고 있다. (34)의 NP subject *bpN*들도 자신들이 갖는 시각적 모습이 주로 물질적 재료 보어에 의해 외형적으로 넘쳐나고 있다.

이처럼, 이곳의 NP subject *bpN*들이 그 자체가 갖는 외형적 모습이 부각되어 표현될 수 있다는 것은 그들 자체가 개체로서 갖는 개별성이 크다는 것을 의미한다. 이는 바로 이들 NP subject *bpN*이 지시적 정체성을 확보하기 위해 자신과 연대된 개인 주체에 그 '일부분'으로서 예속될 필요성이 없을 정도로 주제적이라는 것을 말한다. 바로 그런 이유로 (33)과 (34)에서 예시한 '그의 bpN이'의 '그의'가 주제적인 *lui*P가 아니라 Son으로 불역되고 있는 것이다.

지금까지 5.1.2.1에서, 한국어의 '그의 bpN이'가 자동문으로 실현될 때 이 명사구의 '그의'가 어떤 통사-의미적 조건에서는 부분적 여격 *lui*P로 불역되고, 또 어떤 통사-의미적 조건에서는 소유 형용사 Son으로 불역되는지를 다음 네 가지 변수를 중심으로 알아보았다. 즉, (a) 해당 동사형 식군에서 NP subject *bp*N이 '절대격항'을 공유한다. (b) 능격동사의 자동문이 '원인 표현'을 가질 수 있다. (c) NP subject *bp*N이 동사형식군에서 '처소격 보어'로 나타난다. (d) NP subject *bp*N이 개체로서의 개별성을 갖는다. 이러한 네 가지 변수((d) 외의 변수는 프랑스어를 중심으로 한 것이라고 할 수 있다)에 따라 '그의 bpN이'의 '그의'가 *lui*P나 Son 중의 하나로 불역되는 바를 표로 정리하면 다음과 같다.[36)]

〈표 2〉 비주제적인 'NP subject *그의 bpN이*'에서 '그의'의 불역: *lui*P vs Son

언어학적 변수 / 해당 유형		(a)	(b)	(c)	(d)
*lui*P	유형 <1>	+			−
	유형 <2>		+		−
	유형 <3>			+	−
Son	유형 <1>	+			+
	유형 <2>		+		+
	유형 <3>			+	+

---

36) Son이 나타나는 유형은 세 가지밖에 없기 때문에, 비교상 *lui*P가 나타나는 유형<4>는 다음 <표 2>에서 생략하고 있다.

이 <표 2>를 통해서 정리되고 있듯이, 세 가지 유형의 자동사구문에서 나타나는 NP subject *bp*N은 모두 통사-의미적으로 주제성의 정도가 낮은 논항들이다. 그러한 이유로 '그의 bpN이'의 '그의'가 이들 세 가지 유형의 구문에서 주제적인 *lui*P로 불역되는 것이 설명된다. 이 경우 *lui*P는 연대된 NP subject *bp*N이 의미적으로 예속되는 전체(entity)로서 개인 주체의 역할을 하고 있다. 프랑스어에서 이러한 *lui*P의 사용은 대부분의 경우 어떤 '원인'에 따라 개인 주체가 신체부위(bpN)를 통해서 감지하는 느낌을 나타내는 문장에서 이루어진다는 것을 확인할 수 있었다(5.1.2.1-(1) 참조).

그러면 이들 세 가지 유형의 구문에 나타나는 '그의 bpN이'의 '그의'가 어떤 경우에 Son으로 불역될까? 그것은 바로 <표 2>의 (d)항에서 말해지고 있듯이, 'bpN이'가 개체로서의 개별성을 띰으로써 더 이상 자신의 지시적 지주인 개인 주체에 포함되는 일부분이 아니라, 그것 자체로서의 지시적 자율성을 갖는 경우이다. 이 경우 *bp*N이 개체로서의 개별성을 갖는다는 것은 대부분의 경우 해당 동사의 어휘-의미적 특성에 의해 bpN 그 자체의 '외형적 변화'나 '외형적 모습'이 두드러지게 표현되는 경우이다(5.1.2.1-(2) 참조). 이렇듯, NP subject *bp*N이 자신의 개인 주체에 내포되지 않을 정도로 개체적 자율성을 띤다는 것은 바로 어느 정도 높은 주제성을 갖추고 있다는 것을 의미한다. 바로 이런 경우에 '그의 bpN이'의 '그의'는 주제적인 *lui*P가 아닌 Son으로 불역되는 것이다.

5.1.2.2. 주제적 논항

자동문의 주어로 나타나는 '그의 bpN이'의 '그의'가 Son으로 불역되는 다음의 문장들을 보자.

(37) a. <u>그의</u> 입술은 무의식적으로 *중얼거렸다*.

    → Inconscients, **ses lèvres** *murmurèrent*.

  b. <u>그의</u> 눈은 그녀의 입술을 향해 ˙말을 *했다*.

    → **Ses yeux** *parlaient* pour sa bouche(GR).

  c. 오! <u>그녀의</u> 눈은 *울어서 부어있었다*.

    → Oh! **ses yeux** *ont pleur*é et sont gonflés en dessus(Colette, TLF).

  d. <u>그의</u> 눈은 *웃음 지었다*.

    → **Ses yeux** *riaient*(「프」).

  e. <u>네</u> 마음이 *한숨짓는* 것은 무슨 까닭인가?

    → D'où vient que tu frémit et que **ton coeur** soupire?(Corneille, LE)

  f. <u>그의</u> 눈은 나에게 *미소지었다*.

    → **Ses yeux** me *souriaient*... (...)(TLF).

  g. <u>그의</u> 팔은 유연하게 *움직인다*.

    → **Ses bras** *travaillent* souples(TLF).

여기서 문제의 핵심은 'NP subject *그의 bpN이*'의 '그의'가 프랑스어 대응문에서 어떻게 *lui*P가 아닌 Son으로 나타나는가이다. 그 이유는 한 마디로 -적어도 프랑스어에서- 이들 NP subject가 높은 주제성을 띤 명격항으로 되어 있다는 데 있다. 그러면 이곳의 프랑스어 동사가 능격동사가 아니고 NP subject *bpN*이 명격항으로 이루어진 명격동사(곧 비능격동사(inergative verbs))라는 증거는 무엇일까? 이를테면 이들 동사의 주어가 동사의 사행을 주도적으로 수행하는 행위주역을 내재한다는 경험적 증거는 무엇일까? 이에 대한 우리의 대답은 다음과 같다. (37)에 예시된 부류의 프랑스어 동사들은 이곳의 NP subject *bpN*이 후동사적 위치-직접목적

어나 전치사의 목적어 위치-에 실현될 수 있는 연결된 다른 동사형식을
어휘적 차원에서 가지고 있지 않다. 오히려 (37)의 프랑스어 동사들은 다
음 (38)에서처럼 명격항의 NP subject가 영향을 가할 수 있는 목적어를 -
경우에 따라 동족 목적어(cognate object)를- 가질 수 있는 동사들이다.

(38) a. Il *murmure* **des vers**. (그는 **시구를** *중얼거린다.*)

b. Il *parle* **plusieurs langues**. (그는 **여러 언어를** *말한다.*)

c. Il *pleure* **des larmes de joie**. (그는 **기쁨의 눈물을** *흘린다.*)

d. Ne *riez* pas du **malheur d'autrui**(「모」).

(**남의 불행을** *비웃지* 마세요.)

e. Il *soupire* **ses peines** (「모」).

(그는 **자신의 고통을** *한탄해 한다.*)

f. Il *sourit* de **ma maladresse**(「모」).

(그는 **나의 서투름을** *비웃는다.*)

g. Il *travaille* **un cheval**. (그는 **말을** *조련한다.*)

이처럼, 적어도 프랑스어의 경우 (37)의 자동 주어가 (38)의 타동 주어
와 동일하게 행위적 의미를 띤 명격항을 가진다는 것은 이곳에서 문제
되는 동사들이 명격동사들이지, 자동문과 타동문에서 서로 교체 실현될
수 있는 절대격항을 가진 능격동사는 아니라는 것을 말한다.[37]

---

37) 예컨대 Olié(1984: 364)가 말하는 네 가지 유형의 비능격동사는 다음과 같다.

(i) 자발적 행위(actes volontaires)를 나타내는 동사 : *travailler*(일하다), *jouer*(놀다),
parler(말하다), *sourire*(미소짓다), etc.

(ii) "말하는 방식"을 나타내는 동사: *murmurer*(중얼거리다), *marmonner*(웅얼대다),
grommeler(투덜거리다), etc.

(iii) 동물의 외침을 지칭하는 동사 : *aboyer*(짖다), *miauler*(야옹하고 울다), *coasser*(개굴
개굴 울다), etc.

결국, '그의 bpN이'가 타동 주어와 동일하게 자동문에서 행위주역을 내재한 높은 주제성의 NP subject *bpN*으로 불역될 때는 이 명사구의 '그의'는 똑같이 주제적인 *lui*P가 아닌 Son으로 나타난다.

주어 명사구로 실현되는 '그의 bpN이'의 '그의'는 프랑스어에서 부분적 여격 *lui*P나 소유 형용사 Son으로 나타난다. 이곳 5.1.절의 목적은 이 두 형태소의 선택이 주제성 정도의 개념에 따라 -주로 프랑스어 쪽에서- 어떻게 결정되는지를 기술하는 것이었다. 그 결과를 요약하면 다음과 같다.

[1] 타동문의 주어로 나타나는 'bpN이'의 '그의'는 주제성의 정도가 높은 *lui*P로는 결코 불역될 수 없고 Son으로만 가능하다. 그것은 타동문의 주어 위치가 높은 주제성을 띤 명격항이나 능격항으로 되어 있기 때문이다. 뿐만 아니라, 자동문의 주어 위치에 나타나는 NP subject *bpN*이가 명격항을 내재한 행위동사로 불역될 경우도 '그의'는 *lui*P 아닌 Son으로만 번역된다. 이는 프랑스어에서 자동문 명격항의 NP subject *bpN*은 주제성 정도가 높기 때문이다.

[2] 자동문의 주어 위치에 나타나는 '그의 bpN이'가 프랑스어에서 능격동사의 'NP subject *bpN*'로 번역될 때, 이 명사구의 '그의'는 *lui*P로 불역된다. 이때 높은 정도의 주제성을 띤 *lui*P와 연대되는 'NP subject *bpN*'는 주제성 정도가 낮아야 하는데, 이는 능격동사가 갖는 동사형식군의 개념으로 설명될 수 있었다. 이를테면, 자동문 능격동사의 'NP subject *bpN*'가 주제성의 정도가 낮은 것은 이 'NP subject *bpN*'이 해당 동사형식군의 틀 내에서 주제성 정도가 낮은 목적어의 절대격항이나 처소격 논

(iv) 비자발적인 생리적 과정을 나타내는 동사 : *tousser*(기침하다), *dormir*(자다), *crier* (외치다), *pleurer*(울다), *éternuer*(재채기하다), *transpirer*(땀을 흘리다), etc.

항의 의미를 공유하기 때문이다.

[3] 자동문의 NP subject *bpN*이 프랑스어의 동사형식군 틀 내에서 주제성 정도가 낮은 논항과 연결된다는 사실이 '그의'가 *lui*P로 불역되는 것을 보장하는 절대적 조건은 아니다. 자동문의 NP subject *bpN*이 동사형식군의 개념으로 볼 때 비록 주제성의 정도가 낮은 논항을 구성할지라도, NP subject *bpN* 자체가 자신과 연대관계에 있는 개인 주체와 의미적으로 '부분-전체 관계'를 구성하느냐의 여부가 또 다른 요인으로 작용한다. 요컨대, 어떤 함축된 '원인'에 따라 개인 주체가 신체부위(bpN)를 통해서 감지하는 느낌을 나타낼 때, bpN은 그 개인 주체의 '부분'을 구성할 수밖에 없는 만큼이나 주제성의 정도가 낮은 요소이다. 바로 이 경우에 자동문에서 '그의 bpN이'의 '그의'는 주제적인 *lui*P로 불역된다.

반대로, 자동문의 NP subject *bpN* 자체가 자신과 지시관계에 있는 개인 주체에 포함되지 않을 정도로 개체로서의 개별성을 띨 때는 자신의 주제성 정도는 높아진다. 이같이 bpN이 개체적 자율성을 가짐에 따라 자신의 주제성의 정도가 높아지는 경우란 bpN 그 자체의 외형적 변화나 그 외형적 모습을 나타내는 술어와 쓰이는 경우이다. 이때 자동문의 주어 위치에 나타나는 '그의 bpN이'의 '그의'는 Son으로 불역된다.

5.2. '그의 bpN을'의 불역 문제

한국어에서 목적어 명사구로 나타나는 '(그의) bpN을'은 프랑스어에서 어떻게 번역될까? 우리는 기본적으로 한국어의 '(그의) bpN을'이 프랑스어에서도 목적어 명사구 'NP object *bpN*'로 번역되는 경우에 한정한다.

그러나, 5.2.1.2.에서 보겠지만 상태변화를 나타내는 사동사가 자동문으로 실현될 경우 주어로 나타나는 bpN도 프랑스어에서는 목적어 명사구로 번역되는데 이 경우는 예외이다. '(그의) bpN을'의 개인 주체가 어떤 문장성분으로 나타나느냐에 따라, 그리고 이들 '(그의) bpN을'의 프랑스어 대응어가 수반하는 한정사가 정관사 le[38](곧 le bpN)인가 아니면 소유형용사 Son(곧 son bpN)인가에 따라 크게 다음과 같은 두 유형의 구문으로 나눌 수 있다.[39]

(39) a. <u>그는</u> 입을 열지 않았다.

→ <u>Il</u> n´ouvrit pas **la bouche**.

b. 그는 두 팔로 **내 목을** 껴안았다.

→ Il <u>m´</u>entoura **le cou** de ses bras.

c. <u>나는</u> 손을 씻었다.

→ <u>Je</u> **me** suis lavé **les mains**.

d. 브랜디가 <u>그의 목을</u> 타게 만들었다.

→ L'eau-de-vie <u>lui</u> arracha **la gorge**.

e. 차가운 바람에 **우리 코**와 **귀가** 꽁꽁 얼었다.

→ Le vent glacial <u>nous</u> gelait **le nez** et **les oreilles**.

(40) a. 나는 <u>그녀의 귀를</u> 좋아한다.

→ J'aime **ses oreilles**.

b. 그는 **내 눈을** 피했다.

→ Il a *évité* **mes yeux**.

---

38) 프랑스어의 정관사 유형에 대해서는 앞의 4장 참조.

39) '(그의) bpN을'이 수관형사를 동반하여 실현되는 '(그의)+수관형사+bpN을'은 'un(하나의), deux(둘의)'와 같은 수 형용사를 수반하여 'un(/deux) bpN'형으로 '불역된다. 이에 대한 기술은 이곳 5장 초두의 각주 4)에서 밝혔듯이 이번 논의에서 유보한다.

c. 그는 피가 흐르는 손을 준호에게 내어 밀었다. (밤 383)

   → Il leva sa main en sang vers Chunho (...). (nuit 42)

d. 그녀는 젖은 머리를 닦아주었다.

   → Elle a essuyé mes cheveux mouillés.

e. 그는 더러운 손을 씻었다.

   → Il a lavé ses mains sales.

f. 그는 주머니에 손을 찔러 넣었다.

   → Il a mis ses mains dans ses poches.

g. 나는 끈으로 그녀의 머리를 묶었다.

   → J'ai noué ses cheveux avec une ficelle.

h. 그는 연고로 입술을 촉촉이 한다.

   → Il baigne ses lèvres avec un onguent.

i. 그녀는 젖가슴을 노출했다.

   → Elle exhiba ses seins.

j. 그녀는 내 손톱을 다듬고 있다.

   → Elle soigne mes ongles.

k. 그는 수염을 만지작거리고 있다.

   → Il tortille sa moustache.

l. 그 치료가 그의 다리를 아물게 했다.

   → Le traitement a cicatrisé sa jambe.

m. 동상 때문에 그의 손가락이 부었다.

   → Les engelures ont enflé ses doigts.

이러한 여러 유형의 예문과 더불어 우리가 제기하는 문제는 다음 두 가지이다. 첫째, 도착어(target language)(곧 프랑스어)의 목적어(NP object bpN)와 연대관계를 구성하는 개인 주체의 통사적 기능을 결정하는 한국어에서의 요인은 무엇일까? 둘째, 불역에서 프랑스어의 목적어 명사구가 'le bpN', '*lui*P ... le bpN' 그리고 '*se*P ... le bpN' 중의 어느 한 유형인지 아니면 'Son bpN'인지를 결정케 하는 한국어에서의 언어학적 변수는 무엇일까? 우리는 특히 해당 술어의 어휘적 특성이나 그 논항들 사이의 통사-의미적 관계에 따라 목적어 'bpN을'이 주제적 요소인지, 아니면 비주제적인 요소인지를 볼 것이다. 그러한 '(그의) bpN을'이 내재하는 주제성의 정도에 따라 이 명사구의 '그의'가 *lui*P로 불역되는지 아니면 Son으로 불역되는지를 설명할 것이다.

5.2.1. 'NP object *le bpN*'으로 불역

5.2.1.1. 행위동사인 경우

행위동사(agentive verbs)는 자신의 능동형 주어가 갖는 의미적 역할인 행위주역을 통해 목적어인 대상(object)에 영향력을 가하는 의미적 이행성(transitivity)이 강한 동사이다. 이 경우, 목적어 위치에 나타날 수 있는 'bpN을'은, 앞의 (39a, b, c)에서 이미 예시한 바와 같이, 다음 세 가지 유형의 NP object *le bpN*으로 불역될 수 있다.

<1> **le bpN형**: 다음 예들에서처럼 'bpN을'이 단순히 'le bpN'로 불역되는 경우이다.

> (41) a. 그러나 **그는** **입을** 열지 않았다. (밤 406)
> → Mais **il** n´ouvrit pas **la bouche**. (nuit 79)
> b. **그는** 상한 짐승처럼 **이를** 악물고 있었다. (밤 385)

→ **Il** serrait **les dents** comme un animal blessé. (nuit 45)

c. 그는 이내 **고개를** 돌리고 난로만 들여다본다. (역 76)

→ **Il** détourne aussitôt **la tête** pour fixer le poêle. (gare 28)

d. <u>사내는</u> 낮게 한숨을 토해 내며 **고개를** 흔들어 버리고 만다. (역 78)

→ Poussant un soupir, **il** finit par hocher **la tête**. (gare 31)

e. 다른 마땅한 상대를 찾기 위해 **고개를** 휘둘러본다. (역 84)

→ **Elle** tournait **la tête** en tous sens à la recherche d'un interlocuteur
digne d'elle. (gare 40)

f. <u>그들은</u> 그가 고개를 꼬박 넘어설 때까지 **손을** 흔들고 있었다. (역
92)

→ **Ils** avaient agité **la main** jusqu'à ce qu'il eût disparu derrière le col.
(gare 51)

g. <u>눈썹을 그리는</u> 흉내를 낸다고 **팔을** 쳐들면(...). (불 37)

→ Quand **elle** leva **les bras** pour me montrer comment seraient dessinés
ses soucils, (..). (Feu 154)

h. <u>그는</u> 슬그머니 나에게로 **손을** 내밀었다.

→ D'un geste furtif, **il** m'a tendu **la main**.

i. 어느 날 저녁, **바니나는** (...)쪽으로 **머리를** 살그머니 내밀자 (...).
(다리 235)

→ Un soir, comme **Vanina** avançait doucement **la tête** vers (...). (bles 31)

j. **다리는** 거의 움직일 수가 없었는데, (...). (다리 245)

→ Je ne pouvais pas remuer **les jambes**, (...). (bles 43)

<2> *lui*P ... le bpN형: 다음 예들에서처럼 '(그의) bpN을'이 '부분적'
여격인 *lui*P를 동반해서 'le bpN'으로 번역되는 경우이다.

(42) a. 농부는 <u>그의</u> **가슴을** 문질러 준다. (역 93)

→ Le paysan **lui** frictionne **la poitrine**. (gare 53)

b. 그는 두 팔로 **내 목을** 껴안았다.

   → Il **m´**entoura **le cou** de ses bras.

c. (...) **머리칼을** 잡아당기는 아이도 없었다. (불 34)

   → Ici, (...) et on ne **me** tirait plus **les cheveux**. (Feu 149)

d. 이걸 전번처럼 버리면 그땐 **형**이고 뭐고 **골통을** 부숴 버리겠어.

   (밤 373)

   → Su tu jettes ça comme la dernière fois, je **te** brise **le crâne**! (nuit 26)

e. 역장이 **어깨를** 툭툭 두드려 주며 격려했다. (역 91)

   → Le chef de gare l'exhortait en **lui** tapotant **l'épaule**. (gare 50)

f. 나는 **그녀의 젖가슴을** 어루만졌다.

   → Je **lui** caressais **les seins**.

g. 눈보라가 **내 얼굴을** 후려치고 있었다.

   → La neige **me** cinglait **la figure**(「프」).

h. 그리고 **그의 관자놀이를** 적셔 준 다음 물을 먹였다.

   → Je **lui** avais mouillé **les tempes** et l´avais fait boire.

i. 아, **내 발을** 밟고 있어요.

   → Aïe, tu **m'**écrases **le pied**(「모」).

<3> *se*P ... le bpN형: 다음 예들에서처럼 'bpN을'이 재귀적인 부분적
여격인 *se*P를 동반해서 'le bpN'로 번역되는 경우이다.

(43) a. **아이가** 손가락을 빨고 있다.

   → **Un enfant se** suce **les doigts**(「모」).

b. **나는** 손을 씻었다.

   → **Je me** suis aussi lavé **les mains**.

c. 머릿속을 박박 긁어 대는 **그 애의 아버지** 때문이었다. (불 32)

   → **Il** ne cessait de **se** gratter **le cuir chevelu**. (Feu 147)

d. 다시 연기를 빨아들이며 **그는** 머리를 부여잡았다. (밤 410)

→ Après avoir de nouveau avalé de la fumée, il **se** prit **la tête** à deux mains. (nuit 85)

e. **발은** 적어도 이틀에 한 번은 닦아요. **머리도** 이틀에 한 번은 감구요. 그리고 제발 **콧수염은** 기르지 말어. (밤 403)

→ Lave-**toi les pieds** au moins tous les deux jours. Lave-**toi** aussi **la tête** tous les deux jours. Et puis, je t´en prie, ne **te** laisse pas pousser **la moustache**. (nuit 74)

f. 하지만 **난** 몇 시에 **마음을** 치장해야 할지 모르지 않겠어?

→ Mais, **je** ne saurai jamais à quelle heure **m´**habiller **le coeur**.

g. **사람들은** 이런 날 밤에는 **손을** 부비며 고향이라도 생각하는 법이다. (다리 218)

→ Plutôt un temps à rêver au pays natal en se frottant **les mains**, (...). (bles 10)

지금까지 주어가 행위주로 나타나는 행위동사와 쓰여진 대상역의 목적어 명사구 'bpN을'이 프랑스어로 옮겨질 때 세 가지 유형(<1> le bpN, <2> *lui*P ... le bpN, <3> *se*P ... le bpN)으로 나타날 수 있음을 실제의 예문을 통해 확인할 수 있었다. 우리가 여기서 밝히고자 하는 것은 이들 'bpN을'이 나타나는 한국어 문장이 공히 행위동사로 이루어지고 있다는 것 외에 상기 세 가지 유형의 프랑스어 대응문으로 번역되는 것을 결정하는 통사-의미적 특징들은 무엇일까하는 것이다. 다음과 같은 다섯 가지 변수를 고려할 수 있다.

첫째, '(그의) bpN을'이 동사의 사행(事行, process)[40])에 대한 자발적인 (voluntary) 대상으로 나타나는가, 아니면 비자발적인(involuntary), 곧 피동적

---

40) 동사의 사행이란 일반적으로 동사가 문장의 주어에 의해 실현된 '행위(action)'를 나타내는 것을 말한다(Dubois et al. 1994 참조).

인 대상일 뿐인가 하는 문제이다. 그래서 전자의 의미로 쓰인 'bpN을'은 자질 [+자발성]을 갖고 후자의 의미로 쓰인 'bpN을'은 자질 [-자발성]을 갖는다고 할 수 있다. 이 기준에 따라 상기 <1>, <2>, <3> 유형의 예문을 하나씩 검토해 보기로 하자.

<1> 유형

    (41) a. 그러나 **그는** **입을** 열지 않았다. (밤 406)

        → Mais **il** n´ouvrit pas **la bouche**. (nuit 79)

<2> 유형

    (42) a. 농부는 **그의** **가슴을** 문질러 준다. (역 93)

        → Le paysan **lui** frictionne **la poitrine**. (gare 53)

<3> 유형

    (43) a. **아이가** **손가락을** 빨고 있다.

        → **Un enfant se** suce **les doigts**(「모」).

유형 <1>의 bpN인 '입'은 그 자체의 자발적 움직임을 나타내기 때문에 자질 [+자발성]을 갖는다면, 유형 <2>의 bpN인 '가슴'과 유형 <3>의 bpN인 '손가락'은 해당 동사의 사행에 대한 비자발적인 대상이기 때문에 ―곧 '가슴'은 문지름의 대상이고 '손가락'은 빠는 대상이다― 자질 [-자발성]을 갖는다.

둘째, 'bpN을'과 연대관계를 구성하는 개인 주체가 해당 문장의 주어인가, 아니면 속격형 '그의'에 의한 제3자인가의 문제이다. 'bpN을'과의 연대관계가 해당 문장의 주어와 이루어질 경우는 자질 [+주어]로, 그렇지 않을 경우는 자질 [-주어]로 표시하기로 하자. 이 기준에 따라 상기 <1>, <2>, <3> 유형의 예문을 또 다시 가져와서 검토해 보기로 하자.

<1> 유형

(41) a. 그러나 <u>그는</u> **입을** 열지 않았다. (밤 406)

　　→ Mais **il** n´ouvrit pas **la bouche**. (nuit 79)

<2> 유형

(42) a. 농부는 <u>그의</u> **가슴을** 문질러 준다. (역 93)

　　→ Le paysan **lui** frictionne **la poitrine**. (gare 53)

<3> 유형

(43) a. <u>아이가</u> **손가락을** 빨고 있다.

　　→ **Un enfant se** suce **les doigts**(「모」).

<1>과 <3> 유형에서 'bpN을'은 문장 주어와 연대관계를 구성하므로 자질 [+주어]를 갖는다면, <2> 유형에서의 'bpN을'의 개인 주체는 선행될 수 있는 '그의'로 표시될 수 있으므로 자질 [-주어]를 갖는다.[41]

---

41) 'bpN을'이 자질 [-주어]를 갖는다고 해서 본문의 (42c, d, e)의 예에서 보듯이 표면적

셋째, 'bpN을'이 '그의'(주로 인칭대명사이나 사람을 가리키는 고유명사나 일반 명사도 가능하다)를 수반하느냐의 문제이다. 이 관형어의 수반 유무를 [±그의]로 나타낼 수 있다. {의}에 의한 관형어가 <1>과 <3> 유형에서는 [-그의]로 나타난다면,[42) 유형 <2>에서는 이 관형어의 표면적 출현 여부가 문맥에 따라 결정되므로 자질 [±그의]를 갖는 것으로 나타낼 수 있다(상기 각 유형에 따라 예시한 예문들을 참조할 것).

넷째, 문장의 주어의 행위로부터 'bpN을'이 영향을 입어 피영향성을 띠는지의 여부를 자질 [±피영향성]으로 나타낼 수 있다. 유형 <1>의 'bpN을'은 [-피영향성]의 자질을 가진다. (41a)에서 '입'은 주어인 '그'가 스스로 열거나 열지 않을 수 있는 대상이다. 이에 반해 유형 <2>, <3>은 자질 [+피영향성]을 갖는다. (42a)에서 '그의 가슴'은 '농부'에 의한 문지름의 대상이고, (43a)에서 '손가락'은 '아이' 자신이 빠는 대상이다.

다섯째, 'bpN을'이 용언 관형형의 수식을 받고 있는지의 여부를 자질 [±용언 관형형]으로 나타낼 수 있다. 물론 이곳의 <1>, <2>, <3> 유형은 자질 [-용언 관형형]을 띤다.[43)

지금까지 행위동사와 더불어 실현된 'bpN을'이 프랑스어에서 NP object *le bpN*으로 번역되는 세 가지 유형의 문형을 살펴보았고, 또 이들

으로 '그의'를 항상 수반하는 것은 아니다.

42) 만일 유형 <1>과 <3>의 문장이 자질 [+그의]를 갖고서 실현된다면 'bpN을'은 다음처럼 'son bpN'로 불역되는 것이 더 자연스러울 것이다.

    (i) a. 그는 슬그머니 나에게로 **자신의** 손을 내밀었다.
       b. (...) d´un geste furtif, il m´a tendu **sa main**.
    (ii) a. 아이가 **자기** 손가락을 빨고 있다.
       b. **Un enfant** suce **son puce**.

43) 이 다섯 번째 기준은 비록 여기서는 변별성을 갖지 않지만 아래 5.2.2.에서 'bpN을'이 NP object *son bpN*으로 번역되는 경우와 비교할 목적으로 여기서 언급한다.

세 가지 각 유형으로의 불역을 결정짓는 다섯 가지 변별적 자질도 제시했다. 이들 각 유형과 여섯 가지 변별적 기준(여섯 번째 기준으로 이들 동사의 주어가 내재하는 의미적 역할인 [+행위주역]까지를 보탤 때)과의 상관관계를 정리하면 다음 <표 3>과 같다.

<표 3> 행위동사와 '(그의) bpN을'의 불역형

자질 유형	[±행위주]	[±bpN의 자발성]	[±bpN과 주어와의 연대성]	[±그의]	'bpN을'의 [±피영향성]	[±용언 관형형]
<1> le bpN형	+	+	+	−	−	−
<2> *lui*P...le bpN형	+	−	−	+(−)	+	−
<3> *se*P...le bpN형	+	−	+	−	+	−

여기서 'bpN'들이 프랑스어에서 정관사를 수반해서 'le bpN'으로 번역되는 이유는 어디에 있을까? 이를테면 프랑스어 정관사는 무슨 용법으로 쓰이고 있을까? 여기서 무엇보다도 주목할 것은 bpN과 이것의 개인 주체 사이에는 신체 부위로서의 부분(part)과 그 개인 주체로서의 전체(entity)라는 부분-전체 관계로 연대되어 있다는 점이다. 곧 개인 주체가 bpN의 지시적 정체성을 보장하는 지시적 지주(referential support)로서의 역할을 하고 있다. 이는 bpN이 그 전체로서의 개인 주체에 의해서 동일한 절 내에서 연속적으로나 불연속적으로 한정되고 있음을 말한다. 지금까지 기술한 세 가지 유형을 다시 가지고 와서 분석해 보기로 하자.

<1> 유형

(41) a. 그러나 **그는** 입을 열지 않았다. (밤 406)

→ Mais **il** n´ouvrit pas **la bouche**. (nuit 79)

<2> 유형

(44) a. 나는 **그의** 머리를 어루만졌다.

→ Je **lui** caressais **la tête**.

b. 나는 **폴의** 주둥아리를 까부수고 싶은 마음이 들었다.

→ J'avais envie de casser **la gueule à Paul**(ou **la gueule de Paul**).

c. 나는 **(내) 친구의** 주둥아리를 까부수고 싶은 마음이 들었다.

→ J'avais envie de casser **la gueule à mon ami**(ou la gueule de mon ami).[44]

<3> 유형

(45) a. **폴은** 빨리 손을 씻었다.

→ **Paul s**'est vite lavé **les mains**.

이들 세 유형 모두에서 bpN의 개인 주체는 그 실현이 대명사((41a)와 (44a)에서 *그/il*과 *그/lui*)이든 보통명사((46c)의 (내) *친구(mon ami)*이든 고유명사 ((44b)의 *폴(Paul)*이든 간에 특정적 개인을 가리킨다. 그러한 특정적 개인과 동일한 절 내에서 통사-지시적으로 부분-전체 관계로 연대되어 쓰이는

---

44) 유형 <2>의 경우, 프랑스어에서 bpN의 개인 주체가 명사나 고유명사로 나타날 경우, 이들 명사는 여기서처럼 전치사 à나 de를 모두 수반할 수 있다(앞의 3.1.2. 참조).

bpN은 두 언어 모두에서 한정적일 수밖에 없다.[45] 바로 그런 점에서 프랑스어의 bpN이 정관사를 수반하는 이유가 설명된다.

5.2.1.2. 사동사인 경우

앞 예문 (39d)에서처럼 사동문[46]에 쓰인 '그의 bpN을'은 많은 경우 다음 예들에서처럼 '*lui*P ... NP object *le* *bpN*'으로 불역된다. 이 경우 그 개인 주체인 '그의'가 *lui*P로 나타나는 유형 –앞 5.2.1.1.의 유형<2>에 해당함– 만이 가능할 뿐이다(아래 예문들은 대부분 『프라임 불한사전』에서 가져온 것이다).

> (46) a. <u>브랜디가</u> <u>그의 목을</u> *타게 만들었다*.
>
> → L'eau-de-vie **lui** *arracha* **la gorge**.
>
> b. <u>은비녀의 광택은</u> 한순간 <u>내 눈을</u> *부시게* 했다. (불 33)
>
> → <u>Sa grosse épingle à cheveux en argent</u>, (...) **me** *piquait* **les yeux**.
>
> (Feu 149)

---

45) 한국어 'bpN을'의 개인 주체는 사용 맥락상 그 지시대상이 분명할 때는 다음 예들의 a.에서처럼 생략될 수 있다. 그러나 프랑스어에서는 그것의 실재가 문법적으로 필수적이기 때문에 b.에서처럼 회복된다.

(i) a. **팔다리는** 거의 움직일 수가 없었는데, (...). (다리 245)
   b. (...) et **je** ne pouvais pas remuer **les jambes**, (...). (bles 43)
(ii) a. 역장이 **어깨를** 툭툭 두드려 주며 격려했고, (...). (역 91)
   b. Le chef de gare l'exhortait en **lui** tapotant **l'épaule**, (...). (gare 50)
(iii) a. 빨간 격자무늬 손수건으로 **이마의 땀을** 닦았다.
   b. **Il s'**épongea **le front** avec un mouchoir à carreaux rouges.
46) 한국어의 사동문은 본동사에 "이, 히, 기, 리, 우, 추" 따위의 사동 접미사를 첨가하거나, "게 만들다" 또는 "게 하다"와 같은 사동 보조동사의 첨가로 이루어진다. 그리고 "하다" 관련 서술어는 "시키다"와 거의 일률적으로 사동 표현을 이룰 수 있다(서정수 2006: 1069쪽 이하 참조).

c. 이욕(利慾)은 <u>그의</u> 마음을 *메마르게* 한다.

  → <u>L'amour du gain</u> **lui** *endurcit* **le coeur.**

d. <u>이 희소식은</u> <u>그의</u> 마음을 *환하게* 했다.

  → <u>Cette bonne nouvelle</u> **lui** *a dilat*é **le coeur.**

e. <u>그 문제는</u> <u>내</u> 머리를 *혼란스럽게* 한다.

  → <u>Ce problème</u> **m'***embarbouille* **la tête.**

f. <u>그의 고통은</u> <u>내</u> 마음을 *몹시 아프게* 한다.

  → <u>Sa douleur</u> **me** *pénètre* **le coeur.**

g. <u>그 음식이</u> <u>내</u> 위를 *손상시켰다.*

  → <u>Ces aliments</u> **m'***ont démoli* **l'estomac.**

h. <u>그러한 책읽기가</u> <u>그의</u> 판단을 *그르쳤다.*[47]

  → <u>Ces lectures</u> **lui** *ont fauss*é **le jugement.**

i. <u>당신네 정치 집단이</u> <u>우리의</u> 마음을 *역겹게 하고 있소.*

  → <u>C'est votre société politique entière</u> qui **nous** *fait lever* **le coeur.**

j. <u>사라지는 환영이</u> <u>당신의</u> 마음을 *두근거리게 하고 있다.*

  → <u>Un vapeur qui s'en va,</u> cela **vous** *fait battre* **le coeur.**

이곳에서 주목할 사항은 (46)의 모든 예들이 다음 (46')의 각 환언문들이 보여주듯이 자동사(타다(따갑다), 손상되다, 두근거리다)나 형용사(따갑다, 부시다, 메마르다, 환해지다, 혼란스럽다, 그르다, 역겹다)로 된 자동문에서 사동화되었음을 알 수 있다.

  (46') a. <u>브랜디 때문에</u> <u>그의</u> 목이 *탔다(따가웠다).*

  → <u>L'eau-de-vie</u> **lui** *arracha* **la gorge.**

---

47) 국어사전에서 '그르치다'를 타동사로 기술하는 경우가 많으나, 사동 접미사 '치'와 쓰인 형용사 '그르다'의 사동형으로 해석하는 것도 가능하다.

b. 비녀의 광택 때문에 한순간 내 눈이 부셨다.

→ Sa grosse épingle à cheveux en argent, (...) **me** *piquait* **les yeux**.

c. 이욕(利慾) 때문에 그는 마음이 메마르다.

→ L'amour du gain **lui** *endurcit* **le coeur**.

d. 이 희소식으로 그의 마음이 환해졌다.

→ Cette bonne nouvelle **lui** *a dilat*é **le coeur**.

e. 그 문제 때문에 내 머리가 혼란스럽다.

→ Ce problème **m'***embarbouille* **la tête**.

f. 그의 고통 때문에 내 마음이 몹시 아프다.

→ Sa douleur **me** *pénètre* **le coeur**.

g. 그 음식 때문에 나는 위가 손상되었다.

→ Ces aliments **m'***ont démoli* **l'estomac**.

h. 그러한 책읽기 때문에 그의 판단이 그르쳐졌다.

→ Ces lectures **lui** *ont fauss*é **le jugement**.

i. 당신네 정치 집단 때문에 우리의 마음이 역겹다.

→ C'est votre société politique entière qui **nous** *fait lever* **le coeur**.

j. 사라지는 환영 때문에 당신은 마음이 두근거린다.

→ Un vapeur qui s´en va, cela **vous** *fait battre* **le coeur**.

그런데, 사동문의 피사동 사건(caused event)은 다음 (47)에서처럼 피사동자의 의지적인 행동으로 나타날 수도 있고,

(47) a. 선생님은 폴을(이) 걷게 했다(cf. 폴이 걸었다).

b. 선생이 학생에게 책을 읽게 했다(읽히었다)(cf. 학생이 책을 읽었다).

또는 다음 (48)에서처럼 피사동자의 상태의 변화 따위를 일으키는 작용으로 나타날 수도 있다.

(48) a. 아이가 얼음을 녹였다(녹게 했다)(cf. 얼음이 녹았다).

    b. 인부들이 길을 넓혔다(넓게 했다)(cf. 길이 넓었다).

(46)의 한국어 사동문은 그 피사동자의 'bpN을'의 상태가 변화하는 이 후자의 경우에 속한다. 이러한 상태 변화의 사동자(causer)인 (46)의 주어들이 'bpN을'이 겪는 상태 변화의 원인자로 작용함은 자동문(46')의 문두에서 원인을 나타내는 부사적 표현으로 환언됨에서도 알 수 있다. 요컨대, 여기서 한국어 bpN이 자동문에서는 -주어로서- 어떤 원인에 기인한 상태 변화의 결과적 대상(object)으로 나타난다면, 타동문(곧 사동문)에서는 -목적어로서- 원인자(곧 사동자)에 의해 상태 변화를 당할 수밖에 없는 대상으로 나타난다. 이는 바로 통사-의미적으로 볼 때 이곳의 bpN이 능격동사의 한 부류인 상태변화동사(verbs of change of state), 곧 상태변화의 사동사와 쓰이고 있음을 말한다. 특히, 여기서 우리가 주목하고자 하는 것은 예문 (46)과 (46')를 통해서 알 수 있듯이, 한국어의 자동 및 사동구문 모두와 등가 관계를 이루는 프랑스어 대응문은 대부분의 경우 사동 양태동사 faire[48])의 도움 없이도 사동 의미를 어휘적 차원에서 갖는 상태변화동사로 된 사동문이라는 것이다.

실제로 (46')에서처럼 bpN이 주어로 나타나는 많은 한국어의 자동문이 프랑스어에서는 *lui*P ... NP object *le bpN*형의 어휘적 사동문으로 번역됨을 볼 수 있다. 그러한 한국어 자동문은 다음과 같이 몇 가지 유형으로 나타난다(아래 한국어 예문에서 옅게 밑줄 친 원인적 표현이 프랑스어의 타동문에서 사동자로 번역되고 있음을 볼 수 있다).

---

48) faire는 영어의 make에 대응하는 프랑스어의 사동 양태동사이다. 바로 (46i, j)의 자동사 *lever*와 *battre*가 사동 양태동사 *faire*의 도움으로 사동성을 갖는 경우이다.

(49) 자동사로 이루어진 경우

(49)-1 : '어/아지다'로 된 경우

  a. <u>그는</u> 돌에 맞아 머리가 깨졌다.

    → Le coup de pierre <u>lui</u> <i>a cass</i>é la tête.

  b. 산책을 하면 <u>네</u> 기분이 나아질 거야.

    → Une promenade te changera les idées.

  c. 충격으로 <u>그의</u> 어깨가 빠졌다.

    → Le choc <u>lui</u> <i>a dé</i>b<i>oî</i>té l'épaule.

  d. <u>그는</u> 맞아 팔이 부러졌다.[49]

    → Le coup <u>lui</u> <i>a cass</i>é le bras.

(49)-2 : '되다'로 된 경우

  a. <u>그의</u> 두개골이 충격을 받아 함몰되었다.

    → Le choc <u>lui</u> a déprimé le crâne.

  b. 병에 걸려 <u>그의</u> 안색이 납빛이 되었다.

    → La maladie <u>lui</u> plombait le visage.

  c. 바람 좀 쐬면 생각이 정리될 것이요.

    → Prenez l'air, cela vous éclaicira les idées.

  d. 졸중으로 <u>그의</u> 팔이 불수가 되었다.

    → Un coup de sang <u>lui</u> a estropié le bras.

(49)-3 : '기타' 경우

  a. <u>사랑의 불꽃으로</u> 내 피가 끓었다.

    → Le feu d'amour me brûlait le sang.

  b. <u>병 때문에</u> <u>그는</u> 볼(눈)이 움푹 들어갔다.

    → La maladie <u>lui</u> a creusé les joues(yeux).

---

49) 여기서 '깨다→ 깨지다, 낫다→ 나아지다'와는 달리, 그 기본형이 없는 '빠지다, 부르
지다'도 똑같이 기동보조동사 '...어지다'의 의미를 가진 동일 부류로 볼 수 있을 것이다.

c. 그는 식사를 하고 나서 배탈이 났다.

   → Ce repas **lui** a dérangé **l'estomac**.

d. 이 모닥불 때문에 그는 얼굴이 화끈거린다.

   → Cette flambée **lui** grille **le visage**.

e. 차가운 바람에 우리는 코와 귀가 꽁꽁 얼었다.

   → Le vent glaciel **nous** gelait **le nez et les oreilles**.

f. 추위 때문에 그의 얼굴에 반점이 생겼다.

   → Le froid **lui** marbrait **le visage**.

g. 이 옷 때문에 피부가 따끔거린다.

   → Ce vêtement **me** pique **la peau**.

h. 벽난로의 열기로 그의 등이 후끈거린다.

   → La cheminée **lui** rôtit **le dos**.

i. 고통 때문에 배가 뒤틀린다.

   → L'angoisse **lui** tord **l'estomac**.

j. 우리는 기뻐서 어깨가 들썩들썩한다.

   → La joie **nous** saccade **les épaules**.

k. 이 외마디 소리 때문에 그는 등골이 오싹했다.

   → Ce cris **lui** a figé **le sang**.

l. 슬픔으로 가슴이 조이는 듯 멘다.

   → La tristesse **me** serre **le coeur**.

(50) 형용사로 이루어진 경우

  (50)-1 : '어/아지다'로 된 경우

    a. 불규칙적인 생활로 그는 위가 나빠졌다.

      → Sa vie irrégulière **lui** à déréglé **l'estomac**.

    b. 그것 때문에 그는 머리가 이상해졌다.

      → Cela **lui** a détraqué **le cerveau**.

    c. 이 희소식으로 그는 마음이 환해졌다.

→ Cette bonne nouvelle **lui** a dilaté **le cœur**.

d. 그 소식을 듣고 <u>그의</u> 마음이 밝아졌다.

→ Cette nouvelle **lui** a épanoui **le cœur**.

e. 피로로 <u>그의</u> 얼굴이 초췌해졌다.

→ La fatigue **lui** a meurtri **le visage**.

f. 분칠을 해서 <u>그녀의</u> 얼굴이 하얘졌다.

→ La poudre **lui** blanchit **le visage**.

g. <u>추워서</u> 얼굴이 새파래졌다.

→ Le froid **lui** a bleui **le visage**.

h. <u>절망으로</u> 그의 머리가 혼란에 빠졌다.

→ Le désespoir **lui** a brouillé **la cervelle**.

(50)-2 : '어 보이다'로 된 경우.

a. <u>머리 모양을 새로 하니</u> <u>그녀는</u> 얼굴이 길어 보인다.

→ Sa nouvelle coiffure **lui** allonge **le visage**.

b. <u>이 옷 때문에</u> <u>그녀는</u> 몸매가 날씬해 보인다.

→ Ce vêtement **lui** amincit **la taille**.

c. <u>머리모양 때문에</u> <u>그의</u> 얼굴이 굳어 보인다.

→ Cette coiffure **lui** durcit **le visage**.

(50)-3 : 기타 일반형

a. <u>이 일 때문에</u> <u>나는</u> 기분이 언짢다.

→ Cette affaire **me** chiffonne **l'esprit**.

b. <u>햇볕으로</u> 등이 따갑다.

→ Le soleil **me** cuit **le dos**.

c. <u>움직이지 않고 있었더니</u> 다리가 저린다.

→ L'immobilité **m'**a engourdi **les jambes**.

d. <u>그는</u> 독서 때문에 눈이 피로하다.

→ La lecture **lui** fatigue **les yeux**.

e. 이 외마디 소리 때문에 그는 등골이 오싹했다.

→ Ce cri **lui** a figé **le sang**.

f. 추워서 손이 아려요.

→ Le froid **me** mord **les mains**.

g. 연기 때문에 눈이 따갑다.

→ La fumée **me** pique **les yeux**.

h. 슬픔으로 가슴이 조이는 듯 멘다.

→ La tristesse **me** serre **le coeur**.

i. 통풍 때문에 사지가 아프다.

→ La goutte **me** travaille **les membres**.

　상기의 많은 예들이 보여주듯이, 이곳 한국어 자동문의 'bpN이'는 통사적으로는 .문장의 주어로 기능하나, 의미적으로는 문두에 대부분 위치한 부사적(곧 원인적) 표현에서 기인된 상태 변화의 결과나 결과적 상태[50]의 대상으로 나타나고 있음을 볼 수 있다. 이것은 바로 이들 자동문이 사동화되어 이들의 원인적 표현은 주어로서 사동주의 역할을 하고, 이들의 주어는 피사동자로 상태 변화를 겪는 목적어로 기능하는 (46)과 같은 사동문으로 환언될 수 있음을 의미한다. 이러한 사실은 이들 한국어 자동문과 대응하는 프랑스어 문장이 대부분의 경우 어휘적 사동문으로 번역되고 있다는 언어 유형론적 사실로도 뒷받침된다.

---

50) '상태 변화의 결과'를 나타내는 경우란 상태변화의 기간이 순간적으로 종결되는 경우이다. 그것은 술어의 어휘적 의미(ex. 움푹 들어가다, 돌다, 얼다, 등) 때문일 수도 있고, 기동보조동사 '*어지다*'나 피동성 낱말 '*되다*'와 같은 조동사의 쓰임 때문일 수도 있다. 이에 비해, '결과적 상태'란 '상태 변화의 결과'에 속하지 않는 경우로 원인 현상에 따른 상태변화의 결과가 종결되지 않고 지속적인 상태로 남아 있는 경우를 말한다.

결론적으로, 상기 예문 (46), (46'), (49), (50)을 통해 확인할 수 있는 것은 다음과 같다. 즉 한국어의 bpN이 상태변화를 겪는 사동문의 목적어로 실현되거나 아니면 원인적 부사 표현과 더불어 상태변화의 결과나 결과적 상태를 나타내는 자동문의 주어로 실현될 때, 이들 한국어 술어의 프랑스어 대응 동사는 대부분의 경우 사동 의미를 어휘적 차원에서 갖는 사동사이므로, '그의 bpN을(이)'은 luiP를 동반하는 NP object le bpN으로 불역된다.[51]

한편, 5.2.1.1.에서 정리한 <표 3>의 여섯 가지 기준에 비춰볼 때, (46)의 한국어 사동문은 그곳의 유형 <2>(luiP ...le bpN)를 특징짓는 모든 자질을 공유함을 알 수 있다. 다른 점은 이곳의 상태변화동사의 주어는 사동적 의미의 상태변화를 야기하는 '원인자역'을 갖는다는 것과, 이들 동사가 갖는 '사동적 작용성' 때문에 목적어 bpN이 받는 '피영향성'이 극대화된다는 점이다. 이렇듯 사동사의 목적어 bpN이 극대화된 [+피영향성] 자질을 갖는다는 것은 주제성의 정도가 현저히 낮다는 것을 말한다. 바로 이 점에서 이들 사동문에서 실현되는 '그의 bpN을'의 '그의'가 luiP로만 불역된다는 점이 설명된다.

---

51) 앞 5.1.2.1.의 (1)의 <2> 유형2에서도 '그의 bpN이'는 원인적 부사 표현과 함께 하는 자동문의 주어이다. 그러나 다음 (i)에서처럼 그 불역문도 여전히 'de N'형의 원인 보어를 동반한 자동문으로 나타난다.

  (i) a. 놀라서 <u>그의 가슴이</u> 두근거렸다.
      → **Le coeur lui** *bondissait* de surprise(「프」).
    b. 기뻐서 <u>내 가슴이</u> 터질 것 같다.
      → **Le coeur m'**éclate de joie(Camus, TLF).

이 경우 불역문에서 원인의 부사 표현이 주어로 나타나는 타동문으로 실현되지 않는 것은 해당 프랑스어 동사가 타동형식을 갖지 않기 때문이다.

5.2.2. ʻNP object *son bpN*ʼ으로 불역

앞 5.2.1.에서 ʻbpN을(이)ʼ이 ʻ부분적ʼ 여격(*lui*P, *se*P)의 동반 여부를 떠나 NP object *le bpN*으로 불역됨을 볼 수 있었다. 이에 비해 5.2.의 예문 (40)에서처럼 ʻbpN을(이)ʼ이 프랑스어에서 ʻSon bpNʼ로 번역되는 이유는 어디에 있을까?

5.2.2.1. ʻbpN을ʼ의 [−피영향성]

<1> son bpN 1형

예문 (40a)의 ʻbpN을, 그녀의 귀를ʼ이 5.2.1.1.의 ʻ<2> *lui*P...le bpN형ʼ과 같이 자질 [−bpN의 자발성]과 [−bpN과 주어의 연대성]을 갖는 데도 불구하고 ʻson bpN, *ses oreilles*ʼ로 번역되는 것은 해당 술어의 주어가 [행위주역]을 갖는 동사가 아니고, 다음의 예들에서처럼 지각, 기억, 상상, 개념, 판단, 감정 등의 정신과정을 나타내는 주관동사(subjective verbs)의 부류에 속하기 때문이다.

> (51) a. 나는 <u>그녀의</u> 귀를 *좋아한다.*
>   → Jʼaime **ses oreilles**.
>   b. 나는 <u>그녀의</u> 눈을 *상상한다.*
>   → Jʼ*imagine* **ses yeux**.
>   c. 나는 <u>그녀의</u> 얼굴을 안다.
>   → Je *connais* **son visage**.
>   d. 한 심사원은 <u>그녀의</u> 코를 높이 *평가한다.*
>   → Un juge *apprécie* **son nez**.
>   e. 나는 <u>그녀의</u> 얼굴을 *기억한다.*

→ Je *retiens* **sa** **figure**.

f. 나는 **그녀의** 다리를 *싫어한다*.

→ Je *déteste* **ses** **jambes**.

g. 나는 **그녀의** 눈을 *잊을 수 없다*.

→ Je ne peux pas *oublier* **ses** **yeux**.

h. 경찰이 **그의** 얼굴을 *오인했다*.

→ L'agent de police a *méconnu* **son** **visage**.

i. 경찰이 **그의** 얼굴을 *알아본다*.

→ L'agent de police *distingue* **son** **visage**.

이처럼, 이들 주관동사(*좋아하다, 싫어하다, 상상하다, 알다, 기억하다, 잊다, 평가하다, 보다, 알아보다 등*)와 더불어 나타나는 'bpN을'이 'son bpN'로 번역될 수밖에 없는 주된 두 가지 이유는 이들 동사가 내재한 어휘-의미적 자질에 있다. 하나는 이들 동사의 주어가 갖는 의미적 역할이 [+경험주역], 곧 [-행위주역]이라는 것이고, 다른 하나는 'bpN을'이 [-행위주역]을 내재한 주어로부터 어떤 영향을 입는 논항이 아니기 때문에 자질 [-피영향성]을 띤다는 것이다. 이는 곧 [-행위주역]의 주어로부터 [-피영향성]의 목적어로의 이행성의 정도가 낮다는 것을 말한다. 이처럼 이행성이 낮은 문장의 목적어 '그의 bpN을'은 주제성의 정도가 높기 때문에 '그의'는 *lui*P가 아닌 Son으로 불역된다.

<2> son bpN 2형

앞 5.2.의 예문 (40b)의 '그의 bpN을'을 지배하는 동사가 다음 (52)의 예문들과 마찬가지로 행위동사(앞 5.2.1.1. 참조)인데도 불구하고 '*lui*P ... le bpN'으로 불역되지 않고 son bpN으로 불역되는 이유는 어디에 있을까?

(52) a. 그는 **내** 눈을 피했다.

　　　→ Il a *évité* **mes yeux**.

　b. 자동차 전조등이 <u>그녀의</u> **다리**를 비춘다.

　　　→ Le phare *reflète* **ses jambes**.

　c. 나는 <u>그녀의</u> **젖가슴을** 얼핏보았다.

　　　→ J'ai *aperçu* **ses seins**.

　d. 그는 그런 <u>그녀의</u> **얼굴**을 멀거니 *살피다가* (...). (금 24)

　　　→ Kojuk *regarda* distraitement **son visage** (...). (oiseau 33)

　e. 그가 **내** 발을 *측정한다.*

　　　→ Il *mesure* **mes pieds**.

　f. 나는 <u>그녀의</u> 눈과 *마주쳤다.*

　　　→ Je *rencontrai* **ses yeux**.[52]

　g. 위험하다는 본능적인 직감이 <u>그의</u> **머릿속을** 파고들었다. (밤 406)

　　　→ L'intuition que cela représentait un danger *pénétra* **son esprit**. (nuit 79)

　h. 이상한 전류 같은 것이 **등골을** *찌르며 지나가더니* (...).(금 48)

　　　→ Un étrange frisson *parcourut* **sa colonne vertébrale** et (...). (oiseau 66)

　i. 그는 자신이 말을 하지 않고 <u>그의</u> **입을** *빌려* 누군가 대신 말해 주
　는 것 같은 착각을 느꼈다. (밤 410)

　　　→ Il avait l'illusion de ne pas parler lui-même, que quelqu'un d'autre

　　　　empruntait **sa bouche** pour parler à sa place. (nuit, 86)

여기에 쓰인 동사들(*피하다, 비추다, 얼핏 보다, 살피다, 측정하다, --과 마주치
다, 파고들다, 찌르며 지나가다(관통하다), 빌리다* 등)은 모두 비접촉 행위동사(untact
agentive verb)이다. 이를테면, 이들 동사의 'bpN을'이 5.2.1.1.에서 <2> *lui*P
...le bpN형이 가지고 있는 자질 [+행위주역], [−bpN의 자발성], [−bpN과
주어와의 연대성] 그리고 [−용언 관형형]을 공유하고 있다. 그럼에도 불

---

52) 이 예의 경우, 한국어문은 자동문이지만 불역문은 타동문이기에 이곳에 예시함.

구하고 이들 '그의 bpN을'의 '그의'가 Son으로 불역되는 이유는 어디에 있을까? 그것은 이들 'bpN을'은 [+행위쥐의 역을 내재한 주어로부터 신체적 접촉이 거의 없는 만큼이나 이 주어의 영향을 받지 않고 있다는 데 있다. 곧 이곳의 'bpN을'은 자질 [-피영향성]을 갖는 만큼 주제성의 정도가 낮지 않다. 따라서 'bpN을'의 '그의'는 주제적인 *lui*P가 아닌 Son으로 불역된다.

5.2.2.2. 'bpN을'의 [-부분성]

<3> son bpN 3형

5.2.의 예문 (40c~e)는 모두 주어가 의미적으로 [+행위쥐로서 역할을 하는 행위동사들(ex. 내어 밀다, 닦아주다, 씻다)로 이루어져 있다. 그럼에도 불구하고 'bpN을'이 'le bpN'으로 번역되지 않고 다음의 다른 예들처럼 'son bpN'으로 번역되는 이유는 어디에 있을까? 5.2.1.1.의 <표 3>에서 목적어 bpN의 하위부류를 나누는 기준으로 사용되었던 [±bpN의 자발성]과 [±bpN과 주어의 연대성]의 여부에 따라 다음과 같은 세 가지 유형으로 나눌 수 있다.

① son bpN+mod[53]1형

(53) a. <u>그는</u> <u>피가 흐르는</u> <u>손을</u> 준호에게 *내어* 밀었다. (밤 383)
   → **Il** *leva* **sa main** en sang vers Chunho (...). (nuit 42)
   b. <u>현수는</u> <u>자유로와진</u> <u>그 팔을</u> 움직이고 있었다. (다리 252)

---

53) mod는 modifier form(관형사형)의 약어이다.

→ **Hyonsu** avait *boug*é **ses bras** enfin devenus libres. (bles 52)

c. 그녀는 긴 다리를 폈다.

→ **Elle** a *tendu* **ses** longues **jambes**.

② son bpN+mod2형

(54) a. 그녀는 젖은 내 머리를 닦아주었다.

→ Elle a *essuyé* **mes cheveux** mouillés.

b. 그는 빳빳하고 긴 나의 콧수염을 매만졌다.

→ Il *caressait* **mes** longues **moustaches** raides.

c. 나는 땀난 그의 얼굴을 닦았다.

→ J'ai *épongé* **son visage** en sueur.

③ son bpN+mod3형

(55) a. 그는 더러운 손을 씻었다.

→ **Il** a *lav*é **ses mains** sales.

b. 열 한 살 때 굶주린 창자를 움켜지고 보리밭 같은 것을 보지 못했
어요.(다리 240)

→ A onze, **je** n'ai pas vu non plus les champs d'orge en *serrant* **mon
ventre** affamée. (bles 37)

c. 그녀는 아픈 머리를 부어 잡았다.

→ **Elle** U **sa tête** souffrante.

d. 그는 땀이 흐르는 이마를 닦았다.

→ **Il** a *essuy*é **son front** ruisselant de sueur.

위 **유형** ①은 자질 [+bpN의 자발성]과 [+bpN과 주어의 연대성]을 갖

는다는 점에서 5.2.1.1.의 '<1> le bpN형'과 비교되고, 유형 ②는 자질 [-bpN의 자발성]과 [-bpN과 주어의 연대성]을 갖는다는 점에서 5.2.1.1. 의 '<2> *lui*P...le bpN형'과 비교되고, **유형** ③은 자질 [-bpN의 자발성]과 [+bpN과 주어의 연대성]을 갖는다는 점에서 5.2.1.1.의 '<3> *se*P...le bpN 형'과 비교된다. 그럼에도 불구하고 이들 세 유형의 '(그의) bpN을'이 'Son bpN'으로만 번역되는 이유가 무엇일까? 그것은 이들 세 유형의 '(그의) bpN을'이 모두 용언 관형형의 수식을 받으므로 해서 자질 [+용언 관형형]을 가지고 있다는 데 있다.

여기서 제기되는 질문은 용언 관형형의 수식을 받는 '(그의) bpN을'은 왜 프랑스어에서 'Son bpN'로 번역될까이다. 그것은 한마디로 'bpN을'은 용언 관형형의 수식을 통해 한 독립된 개체로서의 개별성을 확보하기 때문이다. 말하자면 'bpN을'은 용언 관형형의 수식 때문에 더 이상 자신의 지시적 지주인 개인 주체에 의미-지시적으로 예속되는 '부분'이 아니라, 그것 자체로서의 개체적 자율성을 갖게 된다. 따라서 이 경우 'bpN을'은 그 개인 주체의 '부분'이 되는 내포 관계(inclusive relation)를 더 이상 유지하지 않고, 단지 그 지시주체에 의해 점유됨으로써 이 후자와 소유 관계(possessive relation)를 구성하게 된다.[54] 이는 곧 'bpN을'이 그 개인 주체와 유지했던 '전체-부분 관계'[55]가 용언 관형형의 수식으로 더 이상 지속되지 않음으로써 자질 [-부분성]을 가진다는 것을 말한다.

사실, 용언 관형형의 수식을 받는 'bpN을'은 '개인주변명사(Nouns of the personal periphery. 이하 Npp로 약함)'[56]처럼 행태한다. 그 운용 주체와 소유 관

---

54) '내포 관계'와 '소유관계'에 대한 더 상세한 내용은 Junker et Martineau(1987)을 참조.
55) 이에 대해서는 앞 5.2.1.1.의 뒷부분을 참조할 것.
56) 우리가 여기서 말하는 Npp란 개인의 생활 주변을 가리키는 명사이다. bpN이 그 주체인 개인의 '일부분'을 나타낸다면, Npp란 개인 주체에 예속된 일부분이 아니라 그

계에 있는 'Npp를'은 프랑스어에서 'Son Npp'로 나타난다. 다음 예들에서처럼 개인 생활 주변의 도구를 가리키는 것이 대부분이다.

(56) a. **이중위도 방한모**와 **야전잠바를** *벗었다.* (곡 45)

→ **Le lieutenant Yi** *enleva* lui aussi **son chapeau** et **son gilet**. (chant 35)

b. 아름다운 풍경을 보면 **준호는** 버릇처럼 **파이프를** *꺼내* 들곤 했었다. (밤 391)

→ Quand **Chunho** se trouvait devant un beau paysage, comme par habitude **il** *sortait* **sa pipe**. (nuit 56)

c. 그것은 상처에서 **가아제를** *갈아낼* 때 고통을 참느라고 찡그리고 있던 그의 표정과 똑같은 것이었다. (다리 237)

→ (...), avec la même expression qu'il prenait pour supporter la douleur quand on changeait **son pansement**. (bles 33)

d. **지우개를** *빼앗아 가는* 아이도 없었다. (불 34)

→ Ici, personne ne me *piquait* plus **ma gomme**. (Feu 149)

뿐만 아니라 Npp는 다음 (57)에서처럼 개인의 정신적인 행태나 비도구적인 행태를 나타내는 추상물 명사로 나타나기도 한다.

(57) a. **나는** 웬일인지 사미 앞에서 모든 **가장을** *벗어버리고* 싶다는 생각이 들어. (다리 247)

→ Devant vous, **j**'ai envie d'*arracher* **mon déguisement**. (bles 45)

b. **현수씨**, 젊음은 *낭비하지* 마세요. (다리 267).

→ **Hyonsu**, ne *gaspille* pas **ta jeunesse**. (bles 71)

c. 약간 **여유를** 회복한 **강병장이** 낮은 목소리로 천천히 *대답했다.*

것의 운용 주체가 소유하기도 하고 그의 삶 주변을 구성하기도 하는 독립된 개체를 가리키는 명사를 말한다. 서론의 각주 13)에서 소개된 N2의 명사들이 여기에 속한다.

(곡 56)

→ **Kang**, qui avait retrouvé **son aplomb**, *répondit d'une voix basse.*
(Chant 55)

이처럼 'Npp를'들이 'bpN을'과는 달리 'Son Npp'로 번역되는 것은 이들 Npp의 운용 주체는 개인이지만, 그것들이 그 운용 주체의 내적인 '부분'을 구성하지 못한다는 데 있다. 요컨대, Npp와 그 운용 주체는 '부분-전체 관계'라는 내적 관계(intrinsic relation)로 연대되어 있지 않다. Npp는 그 운용주체 밖에 '독립적으로' 외재해 있으므로, 그 운용주체에 의해 점유되는 식으로 그것과 외적인 소유 관계를 맺는다.

이러한 'Npp를'과 마찬가지로 'bpN을'이 용언 관형형의 수식을 통해서 자신과 지시관계에 있는 개인 주체와 더 이상 '전체-부분 관계'를 구성하지 않을 정도로 그것 자체로서의 개별성, 곧 높은 주제성을 가질 때는 자신의 지시적 주체인 '그의'는 주제적인 *lui*P가 아닌 Son으로 불역된다. 이는, 결국, 용언 관형형의 수식을 받는 'bpN을'과 그 지시적 주체(곧 '그의')의 관계는 Npp의 경우와 마찬가지로 외적인 소유관계로 변하기 때문이다.

이와 반대로, 'Npp를'이 -어휘 그 자체로는 Npp에 속하지만- 자신을 운용하는 주체의 '일부분'을 구성할 정도로 '습관적으로' 그 운용 주체와 내적인 관계를 유지한다면, 그것의 지시성은 다음 예문에서처럼 Son이 아닌 *lui*P를 통해서 이루어질 수 있다.

(58) a. 간수들은 **나의 수갑을** 풀었다.

    → Ils **m**´ont alors ôté **les menottes**.

  b. 그는 그것이 **그의** 장화를 닦기 위한 것이라고 아마 생각하는 것

같다.

→ Il croit peut-être que c'est pour **lui** cirer **les bottes**.

Herslund(1988: 250)는 바로 이러한 점에서 '의복류, 액세서리 등'으로까지 bpN의 범위를 확대하고 있다.[57]

<4> son bpN 4형

5.2.의 (40f-h)의 유형과 동일한 다음 예문들을 보자.

(59) a. 그는 주머니에 손을 찔러 넣었다.

　　　→ **Il** a mis **ses mains** dans ses poches.

　　b. 체조선수는 평행봉을 향해 팔을 들어올린다.

　　　→ **Le gymnaste** élance **ses bras** vers les barres parallèles.

　　c. (...), 그녀의 금발 음모 위에 입을 맞추면서도 (...). (밤 384)

　　　→ (...), même pendant qu'**il** posait **ses lèvres** sur les poils blonds du pubis de cette fille, (...). (nuit 44)

　　d. 호주머니에서 손을 빼라.

　　　→ Enlève **tes mains** de tes poches.

　　e. 그는 다리를 발 받침 위에 올려놓았다.

　　　→ **Il** a reposé **ses jambes** sur un tabouret.

　　f. 그는 가방 안에 손을 다시 집어넣는다.

　　　→ **Il** replonge **sa main** dans le sac.

　　g. 그는 양손을 의자의 팔걸이에 도로 올려놓았다.

　　　→ **Il** a ramené **ses mains** sur les bras du fauteuil.

---

57) 본 5장의 각주 1) 참조.

h. 그는 난간에 등을 기대다.

→ **Il** appuie **son dos** <u>à la balustrade</u>.

(60) a. 나는 끈으로 **그녀의** 머리를 묶었다

→ J'ai noué **ses cheveux** <u>avec une ficelle</u>.

b. 그는 **내** 발을 물에 다시 담근다.

→ Il remet <u>mes</u> **pieds** <u>dans l'eau</u>.

c. 나는 그물에 **그의** 발을 옭맨다.

→ J'empêtre **ses pieds** <u>dans le filet</u>.

(61) a. 그는 연고로 입술을 촉촉히 한다.

→ **Il** baigne **ses lèvres** <u>avec un onguent</u>.

b. 그녀는 손수건으로 얼굴을 부채질하다.

→ **Elle** évente **son visage** <u>avec un mouchoir</u>.

c. 그녀는 머리를 뒤로 빗어 넘겼다.

→ Elle a ramené **ses cheveux** <u>en arrière</u>.

d. 미친 여자는 (...) 도로 의자 위에 엉덩이를 주저앉힌다.(역 98)

→ La folle, (...), revient poser **ses fesses** <u>sur le banc</u>. (gare 61)

이곳의 예들은 모두 행위동사로 구성되어 있다.[58] 두 가지 자질, [±bpN 의 자발성]과 [±bpN과 주어의 연대성]을 고려할 때 (59)~(61) 유형의 예 들에 쓰인 'bpN을'은 모두 5.2.1.1.에서 논한 '<1> le bpN형', '<2> *lui*P...le bpN형' 그리고 '<3> *se*P...le bpN형'으로 각각 번역될 수 있을 것

---

58) 유형<4>의 예들이 거의 대부분 행위동사로 이루어져 있지만, 다음 (i)에서처럼 상태 동사로 된 경우도 있다.

(i) 슬픔 때문에 **그 여자의** 얼굴이 눈물로 *젖었다*.
→ Le chagrin *noyait* **son visage** <u>de larmes</u>(「프」).

같아 보인다.[59] 그러나 실제로는 이들 'bpN을'이 상기 예들이 보여주듯이 'Son bpN'로 불역되고 있다. 그 이유는 어디에 있을까?

우리의 대답은 'bpN을'이 '장소, 도구' 등을 나타내는 부가어(adjunct) ―위 예문들에서 이들 보어들은 옅은 밑줄로 표시되고 있다― 와 결합적 관계(syntagmatic relation)에 있으므로 해서 이들 부가어와 대비되어 쓰인다는 데 있다. 그러한 상대적인 대비 관계가 있는 만큼 'bpN을'은 그 자체로서의 개체적 자율성을 띠게 된다. 이를테면, 부가어를 동반한 술어의 행위 때문에 목적어 'bpN을'은 자신의 개체적 특성을 '외형적으로' 드러나게 할 수밖에 없는 것이다. 그래서 'bpN을'과 그 지시적 주체 사이에는 더 이상 '부분―전체'라는 내적 포함관계는 존재하지 않고, 후자가 독립된 개체인 전자를 차지하는 '소유 관계'가 나타난다. 이렇듯, 'bpN을'이 '장소, 도구' 등을 나타내는 부가어와의 결합적인 대비를 통해서 자신의 개인 주체인 '그의'에 예속되지 않을 정도로 그것 자체로서의 개별성, 곧 높은 주제성을 가질 때는 '그의'는 주제적인 *lui*P가 아닌 Son으로 불역된다.

<5> son bpN 5형

5.2.의 (40i~m)의 유형들과 동일한 다음 예문들을 보자.

> (62) a. <u>**그녀는 젖가슴을**</u> 노출했다.
>
> → <u>**Elle**</u> *exhiba* <u>**ses**</u> **seins**.
>
> b. <u>**그는 팔을**</u> 뻗었다.

---

59) 요컨대, (59)의 예들은 [+bpN의 자발성]과 [+bpN과 주어의 연대성]의 자질을 갖는다면, (60)의 예들은 [−bpN의 자발성]과 [−bpN과 주어의 연대성]의 자질을 갖고 있고, (61)의 예들은 [−bpN의 자발성]과 [+bpN과 주어의 연대성]의 자질을 갖는다.

→ Il a *étendu* __ses__ bras.

c. 아낙은 (...) 익살맞게 __이빨을__ 들어내고 웃는다. (역 94)

→ (...), __la marchande__ riait en *montrant* __ses__ dents. (gare 54)

(63) a. 그녀는 __내__ 손톱을 다듬고 있다.

→ Elle *soigne* __mes__ ongles.

b. 내가 __그녀의__ 머리를 빗고 있다.

→ Je peigne __ses__ cheveux.

(64) a. __그는__ 수염을 만지작거리고 있다.

→ Il *tortille* __sa__ moustache.

b. __그는__ 더 잘 보려고 눈을 비빈다.

→ __Il__ *frotte* __ses__ yeux pour mieux voir.

(65) a. 그 치료가 __그의__ 다리를 아물게 했다.

→ Le traitement a *cicatris*é __sa__ jambe.

b. 모닥불이 __나의__ 언발을 녹였다.

→ Le feu de bois a *déglac*é __mes__ pieds.

c. 커다란 두 눈이 __그녀의__ 얼굴을 훤하게 했다.

→ Deux grands yeux *éclairaient* __son__ visage.

d. 작은 땀방울들이 __그의__ 관자놀이를 축축하게 했다.

→ Les gouttelettes de sueur ont *humect*é __ses__ tempes.

(66) a. 동상 때문에 __그의__ 손가락이 부었다.

→ Les engelures ont *enfl*é __ses__ doigts.

b. __그의__ 머리카락들이 피로 엉겨붙었다.

→ Le sang avait *coll*é __ses__ cheveux.

c. 꿀이 묻어 __내__ 손가락이 끈적거린다.

→ Le miel *englue* **mes doigts**.

d. 병환으로 <u>그의</u> **얼굴**이 초췌해졌다.

→ La maladie a *ravagé* **son visage**.

e. <u>그녀는</u> 창피해서 **얼굴**이 *붉어졌다.*

→ La honte *enflammait* **ses joues**.

f. 기쁨으로 <u>그들의</u> **얼굴**이 *환하게 밝아졌다.*

→ La joie *épanouissait* **leurs visages**.

(62)~(64)의 예문들은 5.2.1.1.의 예문과 똑같이 행위동사의 지배를 받는다. 그리고 두 가지 자질인 [±bpN의 자발성]과 [±bpN과 주어의 연대성을 고려할 때 (62), (63), (64)의 세 유형으로 나뉜다는 점도 5.2.1.1의 세 유형과 똑같다. 그런데 앞 (59)~(61)의 세 유형에서처럼 부가어를 동반하지 않는데도 불구하고, 이곳에 쓰인 '(그의) bpN을'이 5.2.1.1.의 세 유형과는 달리 'son bpN'로 불역되는 이유는 어디에 있을까?

또한 (65)과 (66)의 경우, 5.2.1.2.에서와 마찬가지로 원인적 표현과 더불어 타동문(곧 사동문)과 자동문에 모두 쓰일 수 있는–한국어의 경우–상태변화동사로 되어 있다. (65)의 사동문의 경우, 'bpN을'이 [원인자역]을 내재한 주어로부터 '피영향성'을 받고 있다. 그럼에도 불구하고 이곳의 '(그의) bpN을'이 5.2.1.2.에서의 대응하는 예들과는 달리 'Son bpN'로 번역되는 이유는 어디에 있을까?

이러한 두 가지 질문에 대한 우리의 대답은 다음과 같다. 곧 (62)~(66)의 예문에 쓰인 동사 술어들의 어휘적 특성 때문이다. 한국어만큼이나 프랑스어에서도 이곳에 사용된 동사의 의미 때문에 bpN의 개체적 자율성이 관형형의 수식이나 부가어와 같은 다른 통사적 환경의 도움 없이도 두드러지게 부각되기 때문이다. '노출하다; 뻗다; 들어내다; 다듬다;

빗다, 비비다, 만지작거리다 등의 행위동사는 물론이고, '아물다-아물게 하다, 녹다-녹이다, 훤하다-훤하게 하다, 축축하다-축축하게 하다, 붓다-붓게 하다, 엉겨붙다-엉겨붙게 하다, 끈적거리다-끈적거리게 하다, 초췌하다-초췌해지다, 붉다-붉어지다, 밝다-밝게 하다' 따위의 상태변화동사도 신체부위가 독립된 개체로서 갖는 외형 그 자체만을 묘사하는 것으로 특징되는 동사들이다. 바로 그러한 이유로, 이곳의 bpN은 자신의 개인 주체에 내포되는 것으로 해석되기보다는 자신의 지시적 개별성을 외향적으로 더 두드러지게 드러내고 있다. 따라서 해당 동사가 나타내는 어휘적 특징 때문에 자질 [-부분성]을 띠고서 주제성의 정도가 높은 요소로 나타나는 이곳 'bpN을'의 '그의'도 주제적인 luiP가 아닌 Son으로 불역된다.[60]

지금까지 말한 자질들을 가지고 'bpN을'이 프랑스어에서 le bpN의 어느 한 형식이 아닌 son bpN로 번역되는 다섯 가지 유형의 문형을 정리하면 다음 <표 4>와 같다.

<표 4> '(그의) bpN을'과 son bpN의 불역형

문형들 ＼ 자질들	[±행위쥐]	[±Npc의 자발성]	[±Npc와 주어와의 연대성]	[±용언 관형형]	[±피영향성]	[±부분성]
<1> son bpN 1형	−	−	−	−	−	o
<2> son bpN 2형	+	−	−	−	−	o

60) 프랑스어의 경우, 상태변화동사(곧 사동사)가 갖는 어휘적 특성에 따라 목적어 bpN의 유형이 'le bpN'형이냐 아니면 'son bpN'형이냐에 대한 더 상세한 논의는 김지은 (2001a: 661쪽 이하) 참조.

<3> **son bpN** **3형**	①son bpN+mod1형	+	+	+	+	-	-
	②son bpN+mod2형	+	-	-	+	-	-
	③son bpN+mod3형	+	-	+	+	-	-
<4> **son bpN** **4형**	①son bpN+부가어1형	+	+	+	-	-	-
	②son bpN+부가어2형	+	-	-	-	-	-
	③son bpN+부가어3형	+	-	+	-	-	-
<5> son bpN 5형 (술어 특징: bpN의 외형 묘사)	[+행위주]/[+원인자 주체]	o	o	-	-	-	

이곳 5.2.절에서 논의된 바를 정리하면 다음과 같다. 즉 한국어에서 목적어로 나타나는 '그의 bpN을'이 목적어 명사구로 불역될 때(그러나 5.2.1.2. 에서 보았듯이 상태변화동사의 'NP subject *그의 bpN이*'가 사동문의 'NP object *bpN*'으로 불역되는 경우는 예외이다), 우리가 제기한 문제는 다음과 같았다. 곧 번역어(프랑스어)의 bpN 목적어(NP object *bpN*)와 연대관계를 구성하는 개인 주

체의 통사적 기능을 결정하는 한국어에서의 요인은 무엇이며, 프랑스어의 목적어 명사구(NP object *bpN*)가 le와 Son 중에서 어느 한 한정사를 수반케 하는 한국어에서의 통사-의미적 변수는 무엇인가였다. 특히 'bpN을'이 내재하는 주제성의 정도에 따라 이 명사구의 속격형 '그의'가 주제적인 *lui*P로 불역되는지 아니면 Son으로 불역되는지를 설명하는 것이었다. 이에 대한 대답은 다음과 같이 정리된다.

[1] 개인 주체와 연대되는 'bpN을'이 자질 [+bpN의 자발성]과 자질 [+bpN과 주어와의 연대성]을 가질 경우 그 개인 주체는 프랑스어에서 주어로만 나타난다면, 자질 [−bpN의 자발성]과 자질 [+bpN과 주어와의 연대성]을 가질 경우는 그 개인 주체가 주어와도 공지시적인 여격 재귀사 *se*P로 나타난다. 그리고 '(그의) bpN을'이 자질 [−bpN의 자발성]과 자질 [−bpN과 주어와의 연대성]을 가질 경우 그 개인 주체는 주어와는 무관한 '부분적' 여격 *lui*P로 불역되는 것이 기본이다.

[2] 'bpN을'이 자질 [+bpN과 주어와의 연대성]을 띰으로써 주어와 공시지적인 경우를 제외할 때, 즉 'bpN을'이 자질 [−bpN의 자발성]과 자질 [−bpN과 주어와의 연대성]을 가질 때는, 이 bpN의 속격형 '그의'는 *lui*P만이 아니라 Son으로도 불역될 수 있다. 이 경우 이 두 형태소의 배타적 선택은 주제성 정도의 개념으로 설명된다. 즉 이때 자질 [±피영향성] 과 [±부분성]에 따라 'bpN을'의 주제성 정도를 나눌 수 있다.

먼저, 자질 [±피영향성]의 경우를 보자. 이 기준은 문장 주어의 행위나 원인에 따라 'bpN을'이 '피영향성'을 받는가의 여부이다. 행위동사는 자신의 주어가 갖는 행위주역을 통해 목적어인 대상에 가하는 영향력이 큼에 따라 그 의미적 이행성이 강한 동사이다. 상태변화의 사동사 또한 원인자역의 주어가 목적어인 대상에 가하는 사동적 작용성 때문에 그 의미적 이행성이 극대화되는 동사이다. 이같이 의미적 이행성이 강한 이 두 동사의 목적어 'bpN을'이 [+피영향성]의 자질을 가지므로 주제성의 정도는 낮다. 바로 이점에서 이들 동사의 목적어 'bpN을'의 '그의'가, 주제성의 위계에서 충돌 없이, 주제적 형태소인 *lui*P로 불역되는 것이 설명된다.

이에 반해, '좋아하다, 싫어하다, 상상하다, 알다, 기억하다, 잊다, 평가하다, 보다, 알아보다' 등의 주관동사는 그 주어가 갖는 경험자역을 통해 목적어인 대상에 미치는 의미적 이행성이 약한 동사이다. 따라서 이들 주관동사의 'bpN을'은 [−피영향성]의 자질을 갖는다. 또한 '피하다, 비추다, 얼핏 보다, 살피다, 측정하다, ──과 마주치다, 파고들다, 찌르며 지나가다(관통하다), 빌리다' 등의 동사는 그들의 주어가 행위주역을 내재한 행위동사이다. 그러나 이들 행위동사의 목적어인 대상(곧 'bpN을')은 주어의 행위로부터 물리적 접촉이 거의 없는 만큼이나 이 후자의 영향을 입는 정도가 약하다. 따라서 이들 '비접촉 행위동사'의 'bpN을'도 [−피영향성]의 자질을 갖는다. 이렇듯, 이들 두 유형의 동사의 경우, 목적어 'bpN을'이 [−피영향성]의 자질을 가지므로 그 주제성의 정도는 높다. 바로 이러한 이유에서 이들 동사의 목적어 'bpN을'의 '그의'는 주제적인 NP object *bpN*과 주제성의 위계에서 충돌을 일으키는 *lui*P 대신에 Son으로 불역된다.

이제 자질 [±부분성]의 경우를 보자. 다른 조건은 동일하다고 할 때, '그의 bpN을'에서 'bpN을'이 그 개인 주체인 '그(의)'에 의미적으로 내포되는 '부분-전체 관계'를 구성한다는 것은 'bpN을'이 자질 [+부분성]을 띠고서 개체로서의 개별성을 갖지 않는다는 것을 말한다. 이처럼 'bpN을'이 자질 [+부분성]을 가진다는 것은 그 개인 주체에 비해 주제성의 정도가 약한 요소라는 것을 말하므로, '그의 bpN을'의 '그의'가 luiP로 불역되는 데는 주제성의 위계에서 아무런 충돌을 야기하지 않는다.

그러나 'bpN을'이 다음 세 가지 경우에서처럼 자질 [-부분성]을 가짐에 따라 개체로서의 개별성을 가질 때, 곧 그것의 주제성의 정도가 높아질 때는 '그의'는 주제적인 luiP가 아닌 Son으로 불역된다. 이를테면, 'bpN을'이 용언 관형형의 수식을 받는 경우, '장소, 도구' 등을 나타내는 부가어와 결합적인 대비 관계에 있으므로 해서 자신의 개체적 자율성을 갖추는 경우, 그리고 '노출하다, 뻗다, 만지작거리다, 끈적거리다-끈적거리게 하다, 초췌하다-초췌해지다, 붉다-붉어지다, 밝다-밝게 하다' 등에서처럼 동사 그 자체가 'bpN을(이)'이 갖는 외형적 신체부위의 개별성을 어휘적으로 표현하는 경우이다.

이렇게 볼 때, [-bpN의 자발성]과 [-bpN과 주어와의 연대성]의 자질을 내재한 'bpN을'이 또한 [+피영향성]과 [+부분성]의 자질을 가질 때만이 이 명사구의 '그의'가 luiP로 불역된다. 이는 'bpN을'의 불역인 NP object bpN이 [+피영향성]과 [+부분성]의 자질을 가짐으로써 주제성의 정도가 낮을 경우라야 주제적인 luiP와 -주제성의 위계상 충돌 없이- 공기할 수 있기 때문이다. 그렇지 않고 명사구 'bpN을'이 [-피영향성]이나 [-부분성]의 자질을 가질 때는 '그의'는 Son으로 불역된다. 이는 명사구 'bpN을'이 [-피영향성]이나 [-부분성]의 자질을 가진다는 것은 이 명사구가 독립된 개체로서 주제성의 정도가 높다는 것을 의미하므로, 이 명사구의 '그의'는 주제성의 위계상 충돌을 낳는 주제적인 luiP 대신에 Son으로 불역된다.

이처럼 'bpN을'이 문장 차원에서 갖는 주제성 위계의 원리에 따라 이 명사구의 '그의'가 *lui*P로 불역되는지 아니면 Son으로 불역되는지가 설명된다.

제 6 장
결론

제 6 장

결 론

이 책은 한국어의 속격 명사구인 'N1의 N2'와 '그의 bpN(신체부위명사)'
이 그 번역 대응어인 프랑스어 명사구―그 형태가 단순형이든 보어를 동
반한 복합형이든―로 어떻게 번역되는지를 수집한 한국어―프랑스어 병렬
코퍼스를 중심으로 기술하고, 또한 그러한 불역을 지배하는 출발어(곧 한
국어) 쪽의 언어학적 요인은 무엇인지를 밝히는 번역 언어학 차원의 연구
이다. 지금까지 본론에서 논의된 결과를 정리하면 다음과 같다.

[1] 한국어의 'N1의 N2'를 구성하는 N1과 N2 사이의 의미 관계, 곧
{의}의 의미 기능은 여섯 가지 유형의 한국어 명사 부류, 곧 사람 명사,
공간물 명사, 개체물 명사, 추상물 명사, 사태명사, 추상적 관계명사가
나타내는 N1과 N2의 결합 가능성을 바탕으로 '<1> N1이 N2의 주체인
경우, <2> N1이 N2의 공간적 지주인 경우, <3> N1이 N2의 객체인 경
우, <4> N1이 N2의 존재 양식(곧 시간, 수량, 형상 그리고 속성)의 표지인 경
우 그리고 <5> N2가 N1의 술어명사인 경우'라는 다섯 가지 유형으로
나누어진다.

3장의 <표 5-1>과 <표 5-2>에서 정리되고 있듯이 'N1의 N2'에서 N1과 N2 사이의 여러 의미 관계는 그 다수가 프랑스어에서도 또한 속격 형태소인 전치사 de의 여러 용법으로 불역된다. 그러나 'N1의'가 상응하는 의미의 형용사형으로 불역되는 '소생(곧 국적)'의 경우(예: 인도의 시성→ un grand poète(시성) indien(인도의))를 제외하면 다음 여덟 가지 유형의 'N1의 N2'의 {의}는 de 외의 다른 전치사로 불역된다.

(1) a. N2가 N1에 소속: <u>민수의</u> 따귀 → la gueule(따귀) **à** Minsu(민수의)

　　b. 소재1(N1에 있는 N2): <u>접시의</u> 우유 → du lait(우유) **dans** une écuelle (접시의)

　　c. 소재2(N1에 있는 N2): <u>바닥의</u> 그림 → le dessin(그림) **au** sol(바닥의)

　　d. 소재3(N1에 있는 N2): <u>병 속의</u> 새 → l'oiseau(새) **dans** la bouteille (병 속의)

　　e. 소관(N1에 관한 N2): <u>죽음의</u> 이야기 → l'histoire(이야기) **sur** la mort (죽음의)

　　f. 소위(N1을 위한 N2): <u>민수의</u> 선물 → un cadeau(선물) **pour** Minsu(민수의)

　　g. 소반(N1에 반하는 N2): <u>인플레의</u> 방지책 → la mesure préventive(방지책) **contre** l'inflation(인플레의)

　　h. N1이 N2의 '형상' 표지: <u>거구의</u> 사내들 → des hommes(사내들) <u>**au** corps massif</u>(거구의)

(1a)에서처럼 {의}가 'N2가 주체인 N1에 소속됨'을 나타낼 때는 {의}는 '-에 속한'을 뜻하는 전치사 à의 '소속'의 용법으로 불역된다. (1b)에서처럼 'N1의'가 그 자체의 경계에 의해 N2의 외연을 한정할 수 있을 때는 -이곳 '접시의'는 '접시 속의'로 환언될 수 있다는 점에서 경계 지

어진 영역이다. {의}가 '위치'의 전치사 dans으로 불역되는 반면, (1c)의 'N1의, 바닥의'처럼 그 자체의 경계를 지을 수 없을 때-'바닥의'는 '바닥 속의'로 환언될 수 없다는 점에서 경계 지어진 영역이 아니다-{의}는 전치사 à의 '위치'를 나타내는 용법으로 불역된다. (1d)의 'N1+locN의, 병 속의'는 위치명사(locN) '속'을 통해 그 자체의 경계 표지를 명시적으로 갖는 만큼 전치사 dans에 의한 불역은 자연스러운 것이다. (1e)처럼 '소관(所關)'의 의미를 갖는 'N1의'는 '-에 관해'를 뜻하는 전치사 sur를 수반하여 'sur N1'로 불역되고, (1f)처럼 '소위(所爲)'의 의미를 갖는 'N1 의'는 '-를 위해'를 뜻하는 전치사 pour를 수반하여 'pour N1'로 불역된다. (1g)처럼 '소반(所反)'의 의미로 해석되는 'N1의'는 '-에 반하는'을 뜻하는 전치사 contre를 수반하여 'contre N1'로 불역된다. 마지막으로, (1h) 처럼 N2의 '외형적 특징'을 나타내는 'N1의'는 'N1을 가진, N1이 있는' 의 용법을 갖는 전치사 à를 수반하여 'à N1'로 불역된다.[61]

이렇듯, 'N1의 N2'의 {의}는 프랑스어에서 그 대응어인 전치사 de가 나타낼 수 있는 여러 용법을 넘어, '위치'의 전치사 dans, '위치', '소속' 그리고 '형상'의 전치사 à, '주제'의 전치사 sur, '이익'의 전치사 pour, 그리고 '대립'의 전치사 contre의 의미까지도 포괄하는 용법을 갖는다. 이를 통해서 한국어의 조사 {의}가 나타내는 의미의 범위가 프랑스어의 전치사 de보다 더 넓다는 것을 알 수 있다.

[2] 관사가 없는 한국어에서 'N1의 N2'의 N1과 N2는 프랑스어에서 각각 정관사 le와 부정관사 un을 선택적으로 수반하여 다음 네 가지 유형의 속격 명사구로 불역될 수 있다.

---

61) (1c, h)의 불역에 쓰인 'au'는 전치사 à와 정관사 le의 축약형(à+le=au)이다.

(2) a. N1의 N2 → le N2 de le N1

　　b. N1의 N2 → un N2 de un N1

　　c. N1의 N2 → le N2 de un N1

　　d. N1의 N2 → un N2 de le N1

(2)의 네 가지 각 유형에서 N1과 N2가 각각 'le N'이나 'un N' 중의 하나로 불역되게끔 하는 언어학적 요인은 무엇이며, 또한 어떤 언어학적 환경에서 N1과 N2가 총칭적, 특정적, 비특정적 그리고 술어적 의미의 'le N'이나 'un N'으로 불역되는가를 정리하면 다음과 같다.

<1> (2a)에서처럼 'N1의 N2'의 N1과 N2가 모두 le를 수반하여 'le N2 de le N1'로 불역되는 언어학적 환경은 다음 두 가지로 나누어 볼 수 있다. 첫째, 'N1'이 단일성의 어떤 존재가 있다는 것을 기본적으로 전제하는 '존재적 지시'로 쓰일 때는 일반성을 지향하는 총칭적 의미의 'le N1'로 불역되는 반면, 'N1'이 문맥이나 상황적 맥락을 통해서 자신의 단일성이 지시적으로 확인될 때는 특정적 의미의 'le N1'로 불역된다. 둘째, N2가 속격 논항(곧 'N1의')을 필요로 하는 명사 제시, 곧 관계명사나 사태명사일 때는 술어적 의미의 'le N2'로 불역되는 반면, 실체물 명사나 추상물 명사로 된 N2가 'le N2'로 불역되는 것은 이들 유형명사들이 담화적 차원에서 'N1의'에 의해 한정될 때이다.

<2> (2c)에서처럼 N2는 'N1의'의 한정에 의해서 지시적이거나 술어적인 'le N2'로 불역될 수 있는 데 반해, 비한정적인 'N1'은 다음에서와 같이 총칭적, 비특정적 그리고 특정적 의미를 각각 달리 갖고서 'un N1'로 불역된다.

첫째, 비정언문에서 '처럼'이나 '같다'와 같은 비교 표현의 대상으로

나타나는 'N1의 N2'의 'N2'가 'N1'을 논항으로 하는 명사 제사일 때, 'N1'은 해당 부류의 개별적 총칭성이 강조되는 'un N1'로 불역된다.

둘째, 'N1의 N2'의 N1은 다음 두 경우에 비특정적 의미의 'un N1'로 불역된다. 하나는 정언문으로 실현되는 'N1의 N2'에서 N2가 동태의 사건명사인 경우이고, 다른 하나는 'N1의 N2'의 N1이 동태동사에 의해 지배되는 미완료적인 비정언문에서 실현될 때이다.

셋째, 'N1의 N2'의 'N1'이 비정언문에서 문맥이나 상황적 맥락상 그 존재가 전제되지 않은 어떤 부류의 한 유형적 요소를 나타낼 수 있다. 이때 N1은 비한정적이지만 특정적 대상을 가리키고 그 불역형은 'un N1'이 된다.

<3> (2b)와 (2d) 유형의 주된 특징은 머리명사인 N2가 'N1의'의 한정을 받는 데도 불구하고 'un N2'로 불역되는 경우이다. 그 이유는 다음 두 가지로 정리된다. 하나는 N2가 갖는 통사–지시적인 지위이다. 곧 N2는 술어성을 띤 명사 제사가 아니라 그 자체로서 통사–지시적 자율성을 가진 실체 명사나 추상물 명사이다. 다른 하나는 이처럼 통사–지시적 자율성을 갖는 N2가 어떤 언어학적 환경에서 비한정성을 띠게 되는가의 문제로 다음 세 가지를 들 수 있다(2d의 경우). 첫째, 'N2'가 비정언문적 맥락에서 비한정적인 새로운 정보를 끌어오는 조사 '처럼'이나 형용사 '같다' 등과 같은 어사에 의한 비교의 대상으로 나타날 때이다. 둘째, 'N2'가 'N1에 있는'으로 환언될 수 있는 처소적 의미를 갖는 'N1의'의 수식을 받을 때는 특정적 의미의 'un N2'로 불역될 수 있다. 이는 처소인 N1에 소개되는 'N2'는 그것의 존재가 사전에 알려지지 않은 비한정적인 신정보를 구성하기 때문이다. 셋째, N2가 'N1의'의 수식에 의해 그

것의 '외형적 특징'에 대한 내포적 특성을 더하여 새로운 하위 부류로 개념화되는 비한정적인 명사구일 때는 'un N2'로 불역된다.

[3] '그의 bpN'가 주어나 목적어로 실현될 때 '그의'가 특히 '부분적' 여격인 *lui*P나 소유 형용사 Son으로 불역되게끔 하는 언어학적 요인은 주제성 정도의 개념으로 설명될 수 있다.

먼저, 주어 명사구로 실현된 '그의 bpN'가 어떻게 불역되는지를 정리하면 다음과 같다. <1> 타동문의 주어나 행위동사에 의해 지배되는 자동문의 주어로 나타나는 '그의 bpN이'의 '그의'는 주제성의 정도가 높은 *lui*P로는 결코 불역될 수 없고 Son으로만 불역 가능하다. 이는 이들 타동문의 주어와 행위동사로 된 자동문의 주어가 주제성의 정도가 높은 명격항을 내재하고 있기 때문이다.

<2> 자동문의 주어로 나타나는 '그의 bpN이'가 프랑스어에서 능격동사의 'NP subject *bp*N'으로 번역될 때, '그의'는 *lui*P로 불역된다. 이는 해당 능격동사가 갖는 동사형식군의 개념으로 설명된다. 이를테면, 프랑스어에서 능격동사의 자동문 'NP subject *bp*N'가 높은 주제성의 *lui*P와 연대될 수 있는 것은 이 'NP subject *bp*N'이 동사형식군의 틀 내에서 주제성 정도가 낮은 목적어의 절대격항이나 처소격 논항의 의미를 공유하기 때문이다.

<3> 자동문의 NP subject *bp*N이 프랑스어의 동사형식군 틀 내에서 주제성 정도가 낮은 논항과 연계된다는 사실이 '그의'가 *lui*P로 불역되는 것을 보장하는 절대적 조건은 아니다. 요컨대, 어떤 함축된 '원인'에 따라 개인 주체(곧 '그의')가 신체부위(bpN)를 통해서 감지하는 느낌을 나타낼 때, bpN은 그 개인 주체의 '부분'을 구성할 수밖에 없을 정도로 주제

성의 정도가 낮은 요소이다. 바로 이 경우에 'NP subject 그의 *bp*N이'의 '그의'는 주제적인 *lui*P로 불역된다. 반면, 자동문의 'NP subject *bp*N'가 그 자체의 외형적 변화나 외형적 모습을 나타내는 술어와 쓰여 자신과 지시관계에 있는 개인 주체에 포함되지 않을 정도로 개체로서의 개별성을 띨 때는 그 자체의 주제성 정도는 높아진다. 이때 'NP subject 그의 *bp*N이'의 '그의'는 주제적인 *lui*P가 아닌 Son으로 불역된다.

다음으로, 한국어에서 목적어 명사구로 실현된 '(그의) bpN을'의 불역은 다음과 같이 요약된다.

<1> 'bpN을'이 자질 [+bpN의 자발성]과 자질 [+bpN과 주어와의 연대성]을 가질 경우 그 개인 주체는 프랑스어에서 주어로만 불역되는 반면, 자질 [-bpN의 자발성]과 자질 [+bpN과 주어와의 연대성]을 가질 경우는 그 개인 주체가 재귀적 여격인 *se*P로 불역된다. 그리고 'bpN을'이 자질 [-bpN의 자발성]과 자질 [-bpN과 주어와의 연대성]을 가질 경우 그 개인 주체는 주어와는 무관한 '부분적' 여격 *lui*P로 불역되는 것이 기본이다.

<2> 'bpN을'이 자질 [+bpN과 주어와의 연대성]을 띰으로써 주어와 공시지적인 경우를 제외할 때, 즉 'bpN을'이 자질 [-bpN의 자발성]과 자질 [-bpN과 주어와의 연대성]을 가질 때는, 그 속격형 '그의'는 *lui*P만이 아니라 Son으로도 불역될 수 있다. 이 경우 이 두 형태소의 배타적 선택은 주제성 정도의 개념으로 설명된다. 이때 자질 [±피영향성]과 [±부분성]에 따라 'bpN을'의 주제성 정도를 나눌 수 있다.

먼저, 자질 [±피영향성]은 주어가 가질 수 있는 행위나 원인에 따라 'bpN을'의 '피영향성'이 결정된다. 요컨대, 행위동사는 그 주어가 갖는

행위주역을 통해서, 그리고 상태변화의 사동사는 그 주어가 갖는 원인자역을 통해서 각각 목적어인 대상에 미치는 의미적 이행성이 강한 동사이다. 이처럼 의미적 이행성이 강한 이 두 동사의 목적어 'bpN을'은 [+피영향성]의 자질을 가지므로 그 주제성의 정도가 낮다. 바로 이점에서 이들 동사의 '그의 bpN을'의 '그의'가 주제성의 위계에서 충돌 없이 주제적 형태소인 *lui*P로 불역되는 것이 설명된다.

이에 반해, '좋아하다, 상상하다, 알다' 등의 주관동사는 그 주어가 갖는 경험자역을 통해 목적어인 대상에 미치는 의미적 이행성이 약한 동사이다. 또한 '피하다, 비추다, 얼핏 보다' 등의 비접촉 행위동사는 그 주어가 행위주역을 가지나 그들의 목적어인 대상(곧 'bpN을')은 주어의 행위로부터 물리적 접촉이 거의 없는 만큼이나 의미적 이행성이 약한 동사이다. 이처럼 의미적 이행성이 약한 이들 두 유형 동사의 목적어 'bpN을'은 [-피영향성]의 자질을 가지므로 그 주제성의 정도가 높다. 바로 이러한 이유에서 이들 동사의 '그의 bpN을'의 '그의'는 주제적인 NP object *bpN*과 주제성의 위계에서 충돌을 일으키는 *lui*P 대신에 Son으로 불역된다.

이제 자질 [±부분성]의 경우를 보자. '그의 bpN을'에서 'bpN을'이 그 개인 주체인 '그(의)'에 의미적으로 내포되는 '부분-전체 관계'를 구성한다는 것은 'bpN을'이 자질 [+부분성]을 띠고서 개체로서의 개별성을 갖지 않는다는 것을 말한다. 이처럼 'bpN을'이 자질 [+부분성]을 가진다는 것은 그 개인 주체에 비해 주제성의 정도가 약한 요소라는 것을 말하는 바, '그의 bpN을'의 '그의'가 *lui*P로 불역되는 데는 주제성의 위계에서 아무런 충돌을 야기하지 않는다.

그러나, 'bpN을'이 용언 관형형의 수식을 받는 경우, '장소, 도구' 등을 나타내는 부가어와 결합적인 대비 관계에 있으면서 자신의 개체적 자율성을 갖추는 경우, 그리고 '노출하다, 만지작거리다, 붉다-붉어지다' 등에서처럼 동사 그 자체가 'bpN을(가)'이 갖는 신체부위의 외형적 개별성을 어휘적으로 표현하는 경우에서처럼, 'bpN을(가)'이 자질 [-부분성]을 가짐에 따라 개체로서의 개별성을 가질 때, 곧 그것의 주제성 정도가 높아질 때는 속격형 '그의'는 주제적인 *lui*P가 아닌 Son으로 불역된다.

이처럼 'bpN을'이 문장 차원에서 갖는 주제성 위계의 원리에 따라 그 속격형 '그의'가 *lui*P로 불역되는지 아니면 Son으로 불역되는지가 설명된다.

지금까지 우리는 한국어의 속격 명사구가 어떻게 불역되는지를 한국어-프랑스어 번역서와 불한 및 한불 사전에서 수집한 병렬 코퍼스를 중심으로 다음 세 가지 차원에서 접근했다. 첫째, 한국어의 'N1의 N2'를 구성하는 N1과 N2 사이의 의미 관계는 어느 정도까지 개념화될 수 있는지, 그리고 그렇게 개념화된 여러 의미 관계의 유형은 프랑스어에서는 어떻게 번역되는지를 체계적으로 기술했다. 둘째, 'N1의 N2'의 불역형인 'N2 de N1'에서 N1과 N2가 각각 'le N'이나 'un N' 중의 하나로 불역되게끔 하는 언어학적 요인은 무엇인지를 기술하고 설명했다. 셋째, '그의 bpN'의 속격 명사구가 주어나 목적어로 실현될 때 '그의'가 특히 *lui*P나 Son으로 불역되게끔 하는 원리(곧 규칙)는 무엇인지를 주제성 정도의 개념으로 설명했다.

그러나, 'N1의 N2'에서 {의}의 생략 가능성과 불역 문제, 'N1 N2'와 'N1의 N2'의 의미-통사적 차이와 불역 문제, 조사 {의}의 용법과 그 프랑스어 대응어인 전치사 de의 용법은 물론 à, *dans, sur, pour, contre* 등과 같은 프랑스어 전치사들이 보이는 정신 공간(mental space)에서의 용법 문제 등을 더 세밀히 대조하는 연구들은 이 책의 부족한 부분을 메워주는 동시에 앞으로 더욱 심화시킬 수 있는 주제들로 남아 있다. 빠른 시간 내에 이러한 주제들이 말끔히 구명되어 한국어 속격 명사구의 불역 문제가 온전히 정리될 수 있기를 기대한다.

참고문헌

1. 1차 문헌(코퍼스 수집 텍스트)

정지영, 홍재성 외(1998), 『동아프라임 불한사전』, 두산동아. (「프」로 약칭)

한국불어불문학회 편(1993), 『삼화 모델 불한중사전』, 삼화출판사. (「모」로 약칭)

한국불어불문학회 편(2007), 『새한불사전』, 한국외국어대학교출판부.(「새한불」로 약칭)

BUSSE, W. et DUBOST, J.-P.(1977). *Französisches Verblexikon. Die Konstruktion der Verben im Französischen*, Stuttgart, Klett-Cotta. (Busse로 약칭).

GUILBERT, L. et al.(1971). *Grand Larousse de la langue française*, Librairie Larousse. (GL로 약칭).

IMBS, P. et QUEMADA, B. (depuis 1971). *Trésor de la Langue Française*, Paris, Edition du CNRS. (TLF로 약칭).

LITTRE, E.(1965). *Littré. Dictionnaire de la langue française*, Gallimard/ Hachette. (LE로 약칭).

ROBERT, P.(1985). *Le Grand Robert de la langue française*, Le Robert. (GR로 약칭).

ROTHENBERG, M.(1974). *Les verbes à la fois transitifs et intransitifs en français contemporain*, The Hague. Paris, Mouton. (Roth로 약칭).

[맨 : 김성동(1995), 「만다라 外」, 『한국소설문학대계』 73, 동아출판사, 11-244.

[man] : Kim Song Dong(1992). *Mandala*, roman traduit du coréen par Lee Kyoung Hae et J. Golfin, Editions Philippe Picquier.

[밤] : 최인호 (1995), 「깊고 푸른밤」, 한국소설문학대계 58, 동아출판사, 361-412.

[nuit] : Ch'oe Inho (1992), *Une nuit bleue et profonde*, récit traduit du coréen par R. Leverrier, Actes Sud.

[불] : 양귀자 (1995). 「유황불 外」, 『한국소설문학대계』77, 동아출판사, 30-52.

[Feu] : Yang Gui-ja (1995). "Feu soufré de l'enfer", traduit par Choi, Kyungran & Le Clec'h, Ludovic, *Anthologie de nouvelles coréennes contemporainnes*, Tombe 1, édition établie par Gilles Baud Berthier, Editions Philippe Picquier, 141-176.

[금] : 이문열 (1987), 『금시조』, 고려원.
[oiseau] : Yi Munyol (1990), *L'Oiseau aux ailes d'or*, récit traduit du coréen par Ch'oe Yun et Patrick Maurus, Actes Sud.

[다리] : 이어령 (1995[1984]), 『환각의 다리』, 책세상.
[bles] : Yi Ortong (1994). *Blessures d'avril*, récit traduit du coréen par Ch'oe Yun et Patrick Maurus, Actes Sud.

[역] 임철우 (1995), "사평역", 『곡우운동회 外』, 한국소설문학대계 83, 동아출판사, 1995. pp. 72-103
[gare] Lim Chul-woo (1995), "La gare de Sap'yong", traduit par Vincent Corpet, *Anthologie de nouvelles coréennes contemporainnes*, Tombe 1, édition établie par Gilles Baud Berthier, Editions Philippe Picquier, 21-64.

[고양이2-1]: 김진경(2007), 『고양이학교(2부)-태양신검의 수호자』(1권), 문학동네.
[chat2-1]: Kim Jin-kyeong(2007), *Les nouvelles aventures de l'école des chats. 1, Les défenseurs de l'épée du soleil*, traduit du coréen par Lim Yeong-hee et F. Nagel, Philippe Picquier.

[고양이2-2]: 김진경(2007). 『고양이학교(2부)-금관의 비밀』(2권), 문학동네.
[chat2-2]: Kim Jin-kyeong(2007), *Les nouvelles aventures de l'école des chats. 2, Le Secret de la couronne d'or*, traduit du coréen par Lim Yeong-hee et F. Nagel, Philippe Picquier.

[고양이2-3]: 김진경(2007), 『고양이학교(2부)-흰빛의 불가사리』(3권), 문학동네.
[chat2-3]: Kim Jin-kyeong(2007). *Les nouvelles aventures de l'école des chats. 3, Le Bulgassari blanc*, traduit du coréen par Lim Yeong-hee et F. Nagel,

Philippe Picquier.

2. 2차 문헌

강범모(2001), "술어명사의 의미구조", 『언어학』제31호, 3-29.

고영근·남기심(1983), 『국어의 통사·의미론』, 탑출판사.

고영근(1986), "능격성과 국어의 통사구조", 『한글』192, 43-76.

국립국어연구원(1999), 『표준국어대사전』, 두산동아. (『표준』으로 약칭)

김광해(1984), "{의}의 의미", 『문법연구』5, 국어연구회, 161-228.

김명희(1997), "{의}의 의미기능", 『언어』12-2. 248-260.

김석득(1980), "자리 만듦성[능격성, Ergative]과 시킴월[사동월]되기 제약", 『말』5, 35-52.

김승곤(1969), "관형격조사고(冠形格助詞攷)-現代語를 中心으로", 『문호』제5권 1호, 건국대학교 국어국문학과, 65-75.

김영희(1988), "겹주어론", 『한국어 통사론의 모색』, 탑출판사, 7-36.

김영희(1988), "보족어와 격표시", 『한글』244, 75-109.

김인균(2002), "국어 명사의 의미 특성과 분류", 『시학과 언어학』4, 268-293.

김지은(1997), "대명동사연구-Approche pronominale 이론을 중심으로-", 『한국프랑스학논집』, 제23집, 335-365.

김지은(1999a), "SN défini le N에 대한 고찰-네 가지 방법론의 비교분석을 중심으로", 『한국프랑스학논집』, 제27집, 333-358.

김지은(1999b), "불·한 번역에서의 관사의 문제-주어 명사구를 중심으로", 『한국프랑스학논집』, 제28집, 333-368.

김지은(2001a), "주제성 개념에 의한 '부분적' 여격 Lui와 소유사 Son의 배분 원리 : Npc가 SN objet인 경우", 『불어불문학연구』46, 639-681.

김지은(2001b), "불·한 번역에서의 목적어 명사구-한정사 문제를 중심으로", 『한국프랑스학논집』, 제36집, 55-93.

김지은(2002a), "한·불 번역에서의 신체부위명사 문제-목적어 명사구로 번역되는 경우", 『현대문법연구』, 제27호, 197-225.

김지은(2002b), "주제성의 정도에 의한 '부분적' 여격 Lui와 소유사 Son의 분포 문제-Npc가 SN sujet인 경우", 『불어불문학연구』51, 217-259.

김지은(2005), 『프랑스어의 능격성』, 계명대학교 출판부.

김지은(2009), "조사 '이/가'와 '은/는'의 대치오류 분석", 『언어과학연구』 48, 1-40.

김지은(2010a), "주어의 언어 유형론적 연구: 한국어와 프랑스어의 대조", 『한국프랑스학논집』, 제70집, 1-30.

김지은(2010b), 「의미-통사적 특성에 따른 국어 명사의 분류 시도」, 『인문학연구』 43, 91-109.

김지은(2011a), "속격 명사구 'N1의 N2'의 불역과 관사 문제", 『현대문법연구』, 제63호, 241-276.

김지은(2011b), 『한·불 번역에서의 속격 명사구 연구』, 박사학위논문(2011년 6월), 경북대학교 대학원 국어국문학과.

김지은 역(2014), 『언어학의 이해를 위한 언어나라의 앨리스』(Marina Yaguello, *Alice au pays du langage. Pour comprendre la linguistique*, Paris: Seuil, 1981), 한국문화사.

김지은 역(2018), 『거울나라의 앨리스와 함께 하는 언어와 언어학의 탐구』(Marina Yaguello, *Language Through the Looking Glass : Exploring Language and Linguistics*, Oxford University Press, 1998), 박이정.

김지은 역(2019), 『원형의미론 : 범주와 어휘 의미』(Georges Kleiber, *La sémantique du prototype. Catégories et sens lexical*, Paris, PUF, 1999: 2nd Edition), 한국문화사.

김효중(1998), 『번역학』, 민음사.

남길임(2004), 『현대 국어 「이다」구문 연구』, 한국문화사.

박만규(2007), "술어명사 개념의 비판적 분석", 『불어불문학연구』71, 341-375.

변정민(2002), "인지동사의 범주", 『한국어학』제16집, 307-332.

서정목(2010), "대조언어학과 번역학에 있어서 코퍼스에 기반한 연구방법론의 연구", 『언어과학연구』53, 81-104.

서정수([1996] 2006), 『국어문법』(수정판), 도서출판 한세본.

石綿敏雄, 高田誠(오미영 역)(2007), 『대조언어학』, 제이앤씨.

손호민(2008), "한국어의 유형적 특징", 『한글 학회 창립 100돌 기념 국제학술대회 논문집』, 한글학회, 12-33.

심재기(1979), "관형화의 의미기능", 『어학연구』15-2, 109-121.

우형식(1996), 『국어 타동구문 연구』, 박이정.

이남순(1988), 『국어의 부정격과 격표지 생략』, 탑출판사.

이병규(2006), "명사", 『왜 다시 품사론인가?』, 커뮤니케이션북스, 5-27.

이병규(2009), 『한국어 술어명사문 문법』, 한국문화사.

이병모(2001), "명사의 하위 분류에 대하여", 『한글』251, 167-201.

이상규(1980), "'을/를'의 범주와 기능", 『문학과 언어』1, 123-139.

이익섭 외(1997), 『한국의 언어』, 신구문화사.

이정민 외(1987), 『언어학사전』, 박영사.

이희재(2009), 『번역의 탄생』, 교양인.

임지룡(1989), 『국어 대립어의 의미 상관체계』, 형설출판사.

임지룡(1992), 『국어 의미론』, 탑출판사.

임지룡(1999), 『인지 의미론』, 탑출판사.

임지룡(2018), 『한국어 의미론』, 한국문화사.

임홍빈([1972] 1998a), "국어의 주제화 연구", 『국어문법의 심층 2. 명사구와 조사구의 문법』, 태학사, 207-281.

임홍빈([1981] 1998b), "존재전제와 속격표지 '의'", 『국어문법의 심층 2. 명사구와 조사구의 문법』, 태학사, 283-306.

전성기(1996), 『佛韓 번역 대조 분석』, 어문학사.

전재호, 박태권(1970), 『표현을 위한 국어문법』, 선명문화사.

질 포코니에(Gilles Fauconnier)(2015), 『정신 공간 : 자연 언어의 의미 구성 양상. *Mental spaces: Aspects of meaning construction in natural language*(1994)』 (나익주, 요시모토 하지메 역), 한국문화사.

채 완(1984), "화제와 총칭성, 특정성, 한정성", 『목천 유창균 박사 환갑 기념 논문집』, 743-755.

최경봉(1998), 『국어 명사구의 의미연구』, 태학사.

최현배([1937] 2004), 『우리말본』, 정음사.

허 웅(1996), 『20세기 우리말의 형태론』(고친판), 샘문화사.

홍사만(1975), "국어 후치사의 격에 대한 무표성 연구", 『어문학』33, 293-314.

홍사만(1987), "'旣知, 未知'의 情報構造", 『于海 李炳銑 博士 回甲記念論叢』, 339-355.

홍사만(2002), 『국어 특수조사 신연구』, 역락.

홍순성(1988), "조응어와 선행어: '이, 그, 저'를 중심으로", 『한국학논집』 15, 13-24.

홍재성(1999), "기능동사 구문 연구의 한 시각: 어휘적 접근", 『인문논집』41, 인문학 연구소(서울대학교), 135-173.

BAKER, M.(1993). "Corpus Linguistics and Translations Studies. Implication and Applications", In M. Baker, G. Francis, and E. Tognini-Bonelli(eds). *Text and Technology*, Amsterdam & Philadelphia: Benjamins, 233-250.

BAKER, M.(1995). "Corpora in Translation Studies: An Overview and Some Suggestions for Future Research", *Target* 7(2): 223-243.

BALLY, Ch.(1926). "L'expression des idées de sphère personnelle et de solidarité dans les langues indo-européennes", in *Festschrift Louis Gauchat*, 68-78.

BARNES, B.K.(1985). "A functional Explanation of French nonlexical Datives", *Studies in Language* 9-2, 159-195.

BLANCHE-BENVENISTE, Cl., DEULOFEU, J., STEFANINI, J. et VAN DEN EYNDE, K.(1984). *Pronom et syntaxe : L'approche pronominale et son application au français*, SELAF.

BLINKENBERG, A.(1960). *Le problème de la transitivité en Français moderne. Essai syntacto-sémantique*, KØbenhavn, Munksgaard.

BONNARD, H.(1971). 'L'article', *Grand Larousse de la langue française*, t. 1, 258-260.

BRESNAN, J. & KANERVA, J.M.(1989). "Locative Inversion in Chichewa: A Case Study of Factorization in Grammar", *Linguistic Inquiry* 20-1.

CARLIER. A.(1998). "Norme et (a)normalité dans les phrases génériques", *La variation La généricité*, Recherches en linguistique et psychologie cognitive No 9, Presses universitaires de Reims, 107-144.

CHAFE, W.L.(1970). *Meaning and the Structureof Language*, The University of Chicago Press.

CHARAUDEAU, P.(1992). *Grammaire du sens et de l'expression*, Hachette.

COMRIE, B.(1981). *Language universals and linguistic Typology*. Chicago: University of Chicago Press.

DIK, S.(1978). *Functional Grammar*, North-Holland Linguistics Series, 37, Amsterdam: North-Holland Publishing Company.

DIXON, R.M.W.(1987). "Studies in ergativity", *Lingua* 71. 1-16.

DIXON, R.M.W.(1994). *Ergativity*. Cambridge Studies in Linguistics 69, Cambridge

University Press.

DUBOIS, J. et al.(1994). *Dictionnaire de linguistique et des sciences du langage*, Larousse.

DUCROT, O.(1972). "Descriptions définies et présupposés existentiels", in *Dire et ne pas dire*, Hermann, 221-245.

EBELING, J.(1998). "Contrastive Linguistics, Translation, and Parallel Corpora", in Laviosa, S.(ed), *Corpus-based Translation Studies: Theory, Findings, App- lications*, Amsterdam: Rodopi B.V.

FAUCONNIER, G.(1984/1994). *Mental spaces: Aspects of meaning construction in natural language*, Cambridge University Press.

GIVÓN, T.(1976). "Topic, Pronoun, and Grammatical Agreement", in *Subject and Topic*, ed. by Ch. N. Li, New York. San Francisco. London, Academic Press, 149-188.

GRANGER, S.(2009). "코퍼스 접근법: 대조 언어학과 번역학을 향한 공동 번영의 길", 『대조 언어학과 번역학의 코퍼스기반 방법론 연구』(박기성 역 2009), 도서출판 동인, 18-39.

GRANGER, S., LEROT, J., PETCH-TYSON, S.(ed.)(2003). *Corpus-based Approches to Contrastive Linguistics and Translations Studies*, Rodopi B. V. Press. (박기성 역 2009, 『대조 언어학과 번역학의 코퍼스기반 방법론 연구』, 도서출판 동인.)

GREVISSE, M.(1988). *Le bon usage*, 12e édition refondue par A. Goosse, Duculot.

GRIMSHAW, J.(1990). *Argument Structure*. MIT Press, Cambridge, MA.

GUILLAUME, G.(1973). "Particularisation et généralisation dans le système des articles français", in *Langage et science du langage*, Nizet, 143-156.

HERSLUND, M.(1988). *Le datif en français*, Louvain-Paris, Peet

HYMAN, L.M. and ZIMMER, K.E.(1976). "Embedded Topic in French", in *Subject and Topic*, ed. by Ch. N. Li, Newyork. San Francisco. London, Academic Press, 189-211.

JÄGER, G.(1975). *Translation und Translationslinguistik*, Halle.

JUNKER, M.-O. & F. MARTINEAU(1987). "Les possessions inaliénables dans les constructions objet", *Revue Romane*, 22-2, 194-209.

KEENAN, E.L.(1984): "Semantic correlates of the ergative/ absolutive distinction", *Linguistics*, 22, 197-223.

KLEIBER(1981). G. *Problèmes de référence : descriptions définies et noms propres*, Paris, Klincksieck.

KLEIBER, G.(1987). *Du côté de la référence verbale-les phrases habituelles*, Peter Lang, Berne.ers.

LANGACKER, R.W.(1999). *Foundations of cognitive grammar. 2. Descriptive application.* Stanford: Stanford Univ. (김종도 역 1999, 『인지 문법의 토대 Ⅱ』, 도서출판 박이정.)

LAVIOSA, S.(2009). "코퍼스와 번역학", 『대조 언어학과 번역학의 코퍼스 기반 방법론 연구』(박기성 역 2009), 도서출판 동인, 62-77.

LI, Ch. N.(ed.)(1976). *Subject and Topic*, New York, San Francisco. London, Academic Press.

MARTIN, R.(1983). *Pour une logique du sens*, Puf. (박옥숙 역 1993, 『의미의 논리를 위하여』, 한국문화사.)

MEL'ČUK, I.(2003). "Actants", *Proceedings of MIT 2003*, Paris, 16-18 juin 2003.

MELIS, L.(1990). *La voix pronominale*, Paris. Louvain-la-Neuve, Duculot.

OLIE, A.(1984). "L'hypothèse de l'inaccusatif en français", *Lingvisticae Investigationes*, 8.2, 363-401.

POSTAL, P.M.(1977). "Antipassive in French", *Lingvisticae Investigationes* I:2, 333-374.

ROTHENBERG, M.(1974). *Les verbes à la fois transitifs et intransitifs en français contemporain*, The Hague. Paris, Mouton.

RUWET, N.(1988). "Verbes météorologiques et hypothèse inaccusative", in *Grammaire et histoire de la grammaire. Hommage à la mémoire de Jean STEFANINI*, Publication de l'univ. de Provence, 383-402.

STRAWSON, P.F.([1959] 1973). *Les individus*, Editions du Seuil, Paris.

TENNY, C.(1994). *Aspectual roles and the syntax-semantics interface*, kluwer Academic Publishers.

WINKELMANN, O.(1980). "Some reflections on the French Article system" in *the semantics of Determiners*, ed. by John Van der Auwera, Croom Helm, London, 290-340.

ZRIBI-HERTZ, A.(1987). "La réflexivité ergative en français", *Le français moderne* 55, 23-54.

찾아보기

저자 소개

김 지 은

경북대학교 문리과대학 불어불문학과에서 학사와 서울대학교 대학원 불어불문학과에서 불어학 석사를 마친 후, 1987년 프랑스 엑스-마르세이유 1(Aix-Marseille 1)대학교 언어학과에 입학하여 DEA에 이어, 1992년 말에 언어학 박사학위를 취득했다. 1994년부터 계명대학교 인문대학 프랑스어문학과 교수로 재직 중, 2011년 경북대학교 대학원 국어국문학과에서 국어학 박사학위를 취득했다. 현재 계명대학교 사범대학 국어교육과 교수로 재직하고 있다.

〈저서와 역서〉

저서로는 『프랑스어의 능격성』(계명대학교 출판부. 2005, 2005년 문화관광부 선정 우수학술도서)이 있고, 역서로는 『프랑스 사회와 문화 1』(샤를르 드바쉬 & 장마리 퐁티에 저)(공역)(서울대학교 출판부, 2004), 『언어학의 이해를 위한 언어나라의 앨리스』(마리나 야겔로 저)(한국문화사, 2014), 『이방인·시지포스 신화』(알베르 카뮈 저)(계명대학교 출판부, 2017), 『거울나라의 앨리스와 함께 하는 언어와 언어학의 탐구』(마리나 야겔로 저)(박이정, 2018), 『원형의 미론-범주와 어휘 의미』(조르주 클레베르 저)(한국문화사, 2019) 등이 있다.

한·불 번역에서의 속격 명사구

초판1쇄 인쇄 2020년 6월 22일
초판1쇄 발행 2020년 6월 30일

지 은 이 김지은
펴 낸 이 이대현
펴 낸 곳 도서출판 역락
책임편집 임애정
편   집 이태곤 권분옥 문선희
디 자 인 안혜진 박선주 김주화
마 케 팅 박태훈 안현진

주   소 서울시 서초구 동광로46길 6-6 문창빌딩 2층(우 06589)
전   화 02-3409-2060(편집), 2058(영업)
팩   스 02-3409-2059
전자메일 youkrack@hanmail.net
홈페이지 www.youkrackbooks.com
등록번호 1999년 4월 19일 제303-2002-000014호

정가는 뒤표지에 있습니다.

ISBN 979-11-6244-557-0 93710

*정가는 뒤표지에 있습니다.

*이 책의 판권은 지은이와 도서출판 역락에 있습니다. 서면 동의 없는 무단 전재 및 무단 복제를 금합니다.
*잘못된 책은 바꿔 드립니다.